세계사를 보다

세계사를 보다3

초판 1쇄 발행 2010년 1월 30일
개정판 1쇄 발행 2021년 6월 10일
개정판 2쇄 발행 2022년 1월 24일

지은이 박찬영, 버질 힐라이어 **펴낸이** 박찬영 **편집** 김혜경, 안주영, 황민지 **교정** 김형주, 이효숙, 리베르스쿨 편집부
디자인 박시내, 오필민, 박경민, 박민정, 이재호 **그림** 문수민 **마케팅** 조병훈, 박민규, 최진주
발행처 (주)리베르스쿨 **주소** 서울특별시 성동구 왕십리로 58, 서울숲포휴 11층
등록번호 제2013-16호 **전화** 02-790-0587, 0588 **팩스** 02-790-0589 **홈페이지** www.liber.site
커뮤니티 blog.naver.com/liber_book(블로그)
e-mail skyblue7410@hanmail.net
ISBN 978-89-6582-306-3(04900), 978-89-6582-303-2(세트)
Copyright ⓒ PCY

리베르(Liber 전원의 신)는 자유와 지성을 상징합니다.

스토리텔링과 이미지의 역사여행

세계사를 보다

박찬영 · 버질 힐라이어 지음

근대 · 현대 **3**

㈜리베르스쿨

머리말

이 책은 우리 아이들이 태어나기 훨씬 전에 이 세상에 어떤 일이 일어났는지 궁금증을 풀어 주는 이야기 세계사이자 대안 교과서입니다. 흔히 아이들은 눈앞의 세계만 보기 때문에 작은 세계를 자신의 시각으로 확대 해석하는 경향이 있습니다. 그 결과 우물 안 개구리처럼 자기중심적인 세계관을 가질 수도 있습니다. 따라서 세상을 바라보는 **눈을 더 넓히고 사고의 깊이를** 더함으로써 지나간 시대를 전체적으로 조망할 수 있는 능력을 길러 주어야 합니다. 다시 말해 우리가 기억해야 할 중요한 역사적 인물이나 사건을 시간과 공간의 맥락에서 파악할 수 있도록 함으로써 세계사를 더욱 효과적으로 공부할 수 있도록 기틀을 마련해 주어야 한다는 것입니다.

역사 속의 인물이나 사건을 단순히 나열하는 것은 별 도움이 되지 않습니다. 역사적인 이야기의 행간과 맥락을 살필 수 있도록 다양한 그림이나 사진, 지도, 일화 등이 제공되어야 합니다. 기존의 역사 교과서만으로는 역사의 전체 흐름을 파악할 수 없습니다. 아무리 역사적인 지식의 틀이 제공된다고 하더라도 수많은 이야기가 시간이나 공간 차원에서 연결되지 않는다면 물 위에 뜬 기름처럼 머릿속에 제각각 떠다니게 될 뿐입니다.

이 책에서는 각 주제를 연대순으로 기술했습니다. 나라별로 기술하는 것이 아니라 세기나 시대별로 이야기를 엮었습니다. 한 나라 이야기가 진행되는 중간에 다른 나라 이야기가 끼어들어 뒤를 잇는 식으로, 이를테면 소설에서 여러 가지 줄거리가 동시에 전개되는 것과 같은 방식입니다. 이런 방식은 학생들에게 시대를 연속적으로 바라보는 안목을 심어 주고 역사의 개관을 알려 주려는 이 책의 목적과도 일맥상통합니다. 그리스 역사를 처음부터 끝까지 기술한 다음 시간을 거

슬러 올라가 로마 역사를 기술하는 방식과는 다릅니다. 역사를 이런 식으로 기술하는 이유는 역사의 전체 흐름을 이해하고 이후에 공부하면서 세부 사항을 하나씩 채워 넣도록 하기 위함입니다. 화가가 밑그림을 먼저 그려 놓고 세부 묘사로 들어가서 덧칠하는 것과 같은 원리입니다.

이 책은 역사 과목의 보충 자료가 아니라 주교재입니다. 도입부마다 연표가 포함된 지도를 수록했을 뿐만 아니라 내용을 생생하게 전달할 수 있도록 이야기를 풍부하게 실었습니다. 이야기 하나하나를 읽을 때마다 되풀이해서 말하고, 이름과 연대뿐 아니라 전체 이야기에 관해 거듭해서 질문하고 답해 봐야 배운 내용을 잊지 않고 자기 것으로 만들 수 있습니다.

역사는 읽는 것이 아니라 보는 것입니다. 이야기의 이미지가 머릿속에 그려져야 합니다. 그려지지 않는 역사는 기억에 오래 남지 않을 뿐만 아니라 억지로 기억했다 하더라도 곧 잊어버리게 됩니다. 역사가 머릿속에 파노라마처럼 그려졌을 때, 비로소 역사를 입체적으로 이해할 수 있게 됩니다. 단편 지식은 무작정 외웠다 하더라도 시간이 지나면 곧 잊어버리게 마련입니다. 따라서 복잡한 역사를 정복하기 위해서는 '역사 지도, 연대표, 이야기'를 삼위일체처럼 자신의 것으로 만들어야 합니다.

'누군가가 삼위일체 작업을 대신해 주면 얼마나 좋을까?'라는 생각에서 출발해 전문가들의 도움을 받으며 한눈에 보는 역사책인 『세계사를 보다』를 제작하기 시작했습니다. 청소년이 꼭 알아야 할 세계사 지식을 빠뜨리지 않고 다루었을 뿐만 아니라, 두 차례의 세계 답사 여행에서 확인한 역사의 현장을 생생하게 전달하는 것도 잊지 않았습니다. 학습에 꼭 필요한 사진은 직접 찍은 수만 컷의 사진과 자료 사진 중에서 엄선했습니다.

역사는 공들여 공부해야 합니다. 그래야 무너지지 않습니다.
역사를 벼락치기로 공부할 수 있다고 생각하면 큰 오산입니다. 오랫동안 축적된 배경지식과 독서가 바탕이 될 때 비로소 역사가 나에게 다가옵니다. 세계사는 이 세상의 모든 지식이 압축된 과목입니다. 다양한 주제가 언급되는 논술 시험을 위해서도 세계사 읽기는 필수적입니다.

효율적인 책 읽기를 위해『세계사를 보다』가 어떻게 구성되어 있는지, 장점은 무엇인지 소개하겠습니다.

첫째, 세계사를 단순하게 나열하는 것이 아니라 재미있는 이야기를 들려주듯 구성했습니다.

이 책에는 차 한 잔이 제1차 세계 대전의 원인이 됐으며, 백의의 천사 나이팅게일이 크림 전쟁을 승리로 이끈 진짜 영웅이라고 묘사되어 있습니다. 게다가 중세의 성당 자체가 한 권의 성경이라고 서술하고 있습니다. 한마디로 『세계사를 보다』는 무궁무진한 이야기의 보물 창고인 셈입니다.

세계사는 잘 짜여진 한 편의 드라마와 같습니다. 역사적 사실의 전후 관계와 인과 관계를 살핀다면 이것처럼 재미있고 쉬운 과목도 없을 것입니다. 세계사가 재미없고 어렵게 느껴지는 이유는 교과서와 참고서가 암기해야 할 토막 지식 위주로 구성돼 있기 때문입니다.

둘째, 중요한 역사적 사실을 사진이나 그림을 이용해 보기 쉽게 제시했습니다.

요즘 학생들이 활자 세대가 아니라 이미지 세대임을 감안해 사진이나 그림, 지도 등을 적극적으로 활용했습니다. 이들 시각 자료만 보아도 세계사를 쉽고 빠르게 이해할 수 있을 것입니다. 시각 자료는 그 자체로 세계사의 길잡이 역할과 요점 정리 역할을 할 것입니다. 이 책

은 선사 시대부터 현대에 이르기까지 역사적인 현장을 두 발로 직접 걸어 다니며 경험한 결과물이기도 합니다. 무엇보다 역사적인 현장을 직접 찍은 사진과 현지 작가들의 사진은 세계사의 실제 장면 속으로 뛰어드는 느낌이 들도록 해 줄 것입니다.

셋째, 지도 속에 연표와 중요 사건을 표시해서 입체적 학습이 가능하도록 유도했습니다.

연표와 중요 내용을 지도를 통해 확인하고, 동시대 주변 지역의 사건까지 비교할 수 있을 것입니다. 단편적인 역사 지식은 기억에서 쉽게 사라져 버리게 마련입니다. 역사는 꼬리에 꼬리를 무는 인과 관계의 연속이기 때문입니다. 도도한 역사의 흐름을 정확히 연결하려면 역사적 사건과 관련된 장소는 물론이거니와 연도를 반드시 확인해야 합니다. 역사는 역사 지도, 연대 표, 시대적 배경 등이 종횡으로 연결돼야 비로소 자신의 것이 됩니다.

이 책은 세계사 공부를 이제 막 시작한 초등학생과 중학생을 위해 만들었습니다. 하지만 고등학생이 꼭 알아야 할 필수적인 교과 내용도 빠뜨리지 않고 다루었습니다. 따라서 배경지식의 이해를 요구하는 **수능 시험과 논술 시험에 가장 적합한 교재**라고 자부합니다. 성인도 세계사를 공부하는 것이 아니라 재미있는 이야기처럼 읽고자 한다면 적극 추천합니다.

'이미지 독서 방식'을 도입한 『세계사를 보다』는 세계사를 재미있는 과목으로 생각할 수 있도록 인식을 전환하는 데 한몫을 담당하고자 합니다. 이 책을 통해 세계사를 공부하는 참맛을 느끼고, 더 나아가 세계사를 여행하면서 온 세상이 공부의 마당이라는 깨달음을 얻을 수 있다면 더 이상의 기쁨이 없겠습니다.

지은이 씀

차례

1 신세계를 발견한 영웅 |
신대륙 발견

이탈리아의 한 소년은 동방의 신비한 나라에 관한 이야기를 정말 좋아했습니다. 이야기 속의 동방은 아름다운 금은보화가 가득한 곳이었습니다. 소년은 책에서만 보았던 신비로운 땅에 언젠가 꼭 가고야 말겠다는 꿈을 품었습니다. 그 소년이 바로 1492년에 신대륙을 발견한 크리스토퍼 콜럼버스입니다. 역사상의 그 어떤 위대한 왕이나 장군이 이룩한 업적도 탐험가인 콜럼버스가 이루어 낸 성과와 비교하기 어렵습니다. 비록 콜럼버스는 신대륙을 짓밟은 침략자지만 우리에게 "불가능에 도전하라."라는 희망을 선물했기 때문입니다.

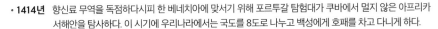

- **1414년** 향신료 무역을 독점하다시피 한 베네치아에 맞서기 위해 포르투갈 탐험대가 쿠바에서 멀지 않은 아프리카 서해안을 탐사하다. 이 시기에 우리나라에서는 국도를 8도로 나누고 백성에게 호패를 차고 다니게 하다.
- **1488년** 포르투갈인 바르톨로뮤 디아스가 아프리카 케이프 반도 최남단에 있는 희망봉을 발견한다. 희망봉은 원래 폭풍의 곶이라고 불렸으나, 인도와 동양의 만남을 기대하며 바르톨로뮤 디아스가 이름을 바꾸다.
- **1492년** 콜럼버스 일행이 대서양을 건너 바하마 제도의 한 섬에 도착하다. 원주민들이 과나아니라고 부르던 섬을 콜럼버스가 산살바도르 섬이라고 이름을 붙이다.

콜럼버스, 산살바도르 섬·쿠바 섬·아이티 섬 발견(1492년)

포르투갈의 왕자 엔리케가 보낸 항해가들, 마데이라 제도 발견(1418년)

바르톨로뮤 디아스, 희망봉 발견(1488년)

항해 왕자 엔리케

중국 명의 정화 원정대가 태평양과 인도양을 한창 누비고 있던 때인 1414년에 포르투갈 원정대는 아프리카 서해안을 탐험하고 있었습니다. 이 탐험대를 지원한 인물은 포르투갈의 엔리케 왕자입니다. 그의 아프리카 항해는 전설상의 기독교 왕국을 찾는다는 명분으로 시작되었지만 진짜 동기는 경제적 이윤이었어요. 1441년 그가 아프리카로 보낸 배 한 척이 노예와 금을 싣고 오면서 노예 무역의 가치가 확인되었지요. 당시 건강한 아프리카 노예는 한 사람당 700퍼센트의 이익을 올릴 수 있었습니다. 엔리케는 노예 무역과 아프리카 탐험의 독점권으로 막대한 부를 쌓았지만 평생 독신으로 지냈어요.

1434년에는 포르투갈의 에아네스가 마의 북회귀선(23도 27분)을 돌파하는 데 성공했습니다. 이때만 해도 북회귀선을 넘어가면 천 길 낭떠러지로 떨어진다고 믿던 시대였어요. 당시 유럽 한복판에서는 프랑스와 잉글랜드가 백 년 전쟁을 벌이고 있었습니다. 잔 다르크가 화형을 당하고 3년이 지난 때였습니다. 두 나라가 무의미한 전쟁을 벌이고 있었을 때, 포르투갈의 바르톨로뮤 디아스는 1488년 남아프리카의 남쪽 끝에 있는 희망봉을 발견했어요.

크리스토퍼 콜럼버스

포르투갈의 라이벌이었던 스페인이 그냥 보고만 있을 수는 없었겠지요. 스페인 여왕 이사벨 1세가 또 다른 무역 항로를 개척하고자 했어요. 이때 콜럼버스가 그녀 앞에 나타났습니다. 이탈

◯ 엔리케 왕자
주앙 1세의 셋째 아들로 태어나 왕위를 계승할 가능성이 없었던 엔리케는 바다에 자신의 미래를 걸었습니다. 금은보화가 넘쳐 났던 북아프리카의 부유한 무역 도시 세우타를 시작으로 아프리카 연안을 점령해 나갔습니다. 하지만 세우타 점령은 20세기 초반까지 이어진 식민지 건설과 제국주의 침탈의 첫 단추로 기록됩니다.

리아의 소년 콜럼버스는 그 어떤 이야기보다 금은보화가 가득하다는 동방의 이야기를 무척 좋아했습니다. 항구 도시인 제노바에서 태어난 그는 부두에 앉아 뱃사람들의 모험담을 들으며 자랐습니다. 덕분에 그는 책에서만 보고 이야기로만 들었던 바다 건너의 아름다운 땅에 반드시 가고야 말겠다는 꿈을 품게 됩니다.

마침내 14세가 되었을 때 첫 번째 항해를 떠난 그는 중년이 될 때까지 바다를 수없이 항해했습니다. 그러나 마르코 폴로의 『동방견문록』에서 읽었던 나라에는 한 번도 가 보지 못했습니다.

당시 많은 사람은 인도로 가는 최단 거리를 찾는 데 노력을 기울이고 있었습니다. 기존의 육로를 이용할 경우 거리가 너무 멀었기 때문입니다. 그들은 바다로 가면 훨씬 더 빨리 인도에 도착할 수 있을 거라고 확신했습니다. 게다가 이젠 길을 알려 줄 나침반이 있었기 때문에 두려울 것이 없었습니다. 선원들은 용감하게 바닷길을 찾기로 했습니다.

그때는 이미 많은 책이 인쇄되어 팔리고 있었습니다. 그중에는 고대 그리스·로마인이 쓴 여행에 관한 책들도 있었는데, 하나같이 지구가 둥글다고 믿는 것은 잘못이라고 단언하고 있었습니다. 하지만 콜럼버스는 세계가 진짜로 둥글지도 모른다고 생각했습니다. 지구가 둥글다면 서쪽으로 배를 저어 가도 인도에 도착할 수 있을 거라고 생각했던 거예요. 생각

에 생각을 거듭할수록 확신이 강해졌습니다. 배를 구해 생각을 실행에 옮길 수 있기를 점점 더 열망하게 되었습니다. 그러나 모두가 그를 비웃으며 어리석다고 조롱했습니다. 일개 선원이었던 콜럼버스에겐 배를 살 돈은커녕 돈을 빌릴 수도 없었고, 아무도 그런 그를 도와주려고 하지 않았습니다.

그래서 그가 찾아간 곳이 바로 포르투갈이라는 작은 나라였습니다. 포르투갈은 서쪽 바다 끝에 있는 나라였어요. 콜럼버스는 포르투갈을 뛰어난 해군의 나라라고 생각했고, 그의 생각은 옳았습니다. 당시 포르투갈은 고대 페니키아가 그랬던 것처럼 해상 무역으로 맹위를 떨치고 있었습니다. 콜럼버스는 포르투갈 사람이라면 관심을 가지고 도와줄 거라고 생각했습니다. 게다가 포르투갈 국왕은 새로운 땅을 찾는 데 매우 관심이 많은 사람이었습니다.

포르투갈 국왕 역시 콜럼버스를 어리석은 사람이라고 생각했지만 꼭 한 번 확인해 보고 싶었습니다. 그래서 유능한 선장들을 불러 탐험을 보냈습니다. 얼마 후 탐험에서 돌아온 그들은 갈 수 있는 한 멀리까지 가 보았지만, 서쪽에는 아무것도 없고 오로지 물뿐이라고 입을 모았습니다. 콜럼버스는 다른 나라로 떠났습니다. 이번에 그가 찾은 나라는 페르난도 2세와 이사벨 1세가 공동으로 통치하는 스페인이었습니다. 그러나 국왕 부부는 너무 바빠서 콜럼버스의 말에 귀 기울이지 않았습니다. 당시 스페인은 이슬람 세력과 전쟁을 치르고 있었

○ 콜럼버스를 만나는 이사벨 1세
콜럼버스의 생각과 계획에 큰 관심을 보였던 스페인 여왕 이사벨 1세는 그를 후원하기로 약속했어요.

⊙ 산타마리아 호

콜럼버스는 '산타마리아', '니냐', '핀타'라는 세 척의 작은 배를 이끌고 망망대해를 항해해서 신대륙에 도착했습니다. 작은 배로 대서양을 횡단하려면 요즘 사람들도 무서워할 것입니다. 하물며 바다 너머에 무엇이 있는지도 몰랐던 시절에는 어떠했을까요? 그림은 앤드리스 반 에어트벨트의 작품입니다.

거든요. 전쟁 끝에 국왕 부부는 이슬람 세력을 스페인 땅에서 몰
아냈고, 그 후로 콜럼버스의 계획에 큰 관심을 보이던 이사벨 1
세가 마침내 그를 후원하기로 약속하기에 이릅니다. 그녀는 보
석을 팔아서라도 배를 살 돈을 마련해 주겠다고 했을 정도였어
요. 그러나 보석까지 팔 필요는 없었습니다. 콜럼버스는 이사벨
1세의 후원으로 작은 선박 세 척을 사고, 각각 '니냐', '핀타', '산
타마리아'라는 이름을 붙였습니다. 그중 산타마리아 호는 길이
23미터, 너비 7.5미터 크기의 무장상선으로 알려져 있습니다.

위험한 항해

마침내 모든 준비가 끝나고 콜럼버스는 스페인의 팔로스 항에
서 약 500여 명의 선원을 데리고 배에 올랐습니다. 선원들 대다
수는 감옥에 갇혀 있는 것보다 목숨을 걸고 항해하는 편이 낫겠
다고 생각한 죄수들이었습니다. 콜럼버스의 배는 태양이 지는

쪽을 향해서 대서양으로 나아갔습니다. 카나리아 제도를 지나 계속해서 낮이고 밤이고 상관없이 같은 방향으로 쉬지 않고 나아갔습니다.

잠시 당시 사람들이 했던 대로 생각해 보세요. 아는 만큼 보인다고 하지 않던가요? 사람들은 자신이 배운 것을 세상의 전부로 알고 살아가게 마련입니다. 북아메리카나 남아메리카 대륙 따위는 다 잊어야 합니다. 당시 사람들은 그런 땅이 있는 줄도 몰랐거든요. 갑판 위에 서서 낮에는 파도를 살피고 밤에는 어둠을 꿰뚫는 콜럼버스가 상상이 되나요? 언젠가는 중국이나 인도가 보일 거라는 희망으로 배를 저었던 그를 머릿속에 그려 보세요. 그는 정작 신대륙을 생각하지도 않았습니다. 신대륙을 찾아 떠난 것이 아니었기 때문입니다. 콜럼버스의 배는 한 달 넘게 바다에 떠 있었습니다. 선원들이 지치는 건 당연했어요. 사방 어디를 둘러봐도 바다 외엔 아무것도 보이지 않았거든요. 선원들은 다시는 고향에 못 갈지도 모른다는 생각에 덜컥 겁이 났습니다. 다들 콜럼버스에게 돌아가자고 애원했습니다.

콜럼버스는 선원들을 설득하려고 했으나 허사였습니다. 육지가 나타나지 않으면 고향으로 돌아가겠다고 약속할 수밖에 없었어요. 며칠을 더 보냈지만 역시 새로울 것이 없자, 선원들은 날이 저물면 콜럼버스를 배 밖으로 떨어뜨려 죽이자고 음모를 꾸몄습니다. 그런 다음 고향으로 돌아가 콜럼버스가 사고로 배에서 떨어져 죽었다고 말하면 그만이었습니다.

❍ 콜럼버스의 지도
콜럼버스가 사용했던 항해 지도입니다. 그의 지도에 신세계는 그려져 있지 않습니다.

콜럼버스를 제외한 모두가 희망을 포기했을 때쯤 열매가 달린 나뭇가지 하나가 바다 위에 둥둥 떠다니는 것이 한 선원의 눈에 들어왔습니다. 도대체 어디에서 온 것일까요? 하늘에는 새들이 날고 있었습니다. 해안가에서 멀리 떨어진 곳으로 절대 가지 않는 새였습니다. 그리고 그날 밤, 드디어 저 멀리서 반짝이는 불빛이 보였습니다. 항해를 시작한 지 두 달도 더 지났을 때였습니다. 작은 불빛 한 줄기가 그토록 큰 기쁨을 주었던 예가 또 있었을까요?

불빛이 뜻하는 것은 단 하나였습니다. 드디어 육지를 찾은 것입니다. 1492년 10월 12일 아침, 세 척의 배가 바하마 제도의 어느 해안에 닿았습니다. 콜럼버스는 배에서 뛰어내려 무릎을 꿇고 하나님께 감사 기도를 올렸습니다. 그러고는 스페인 국기를 꽂고 스페인의 이름으로 그 땅을 점령했습니다. 그 섬에는 산살바도르라는 이름을 붙였습니다. 이는 스페인어로 '성스러운 구세주'라는 뜻입니다. '콜럼버스가 하나(1)를 사고(49) 두(2) 개를 팔러 왔다'는 문장을 만들어 외우면 연도를 쉽게 암기할 수 있겠죠.

콜럼버스는 자신이 도착한 땅을 인도라고 생각했으나, 사실 그는 남아메리카와 북아메리카라는 커다란 대륙에 가로막혀 인도로 가지 못했습니다. 그가 다다른 땅은 아메리카 대륙의 해안에 있는 조그만 섬들 중 하나였을 뿐입니다.

콜럼버스의 눈에는 그곳 사람들이 이상하게만 보였습니다. 피부색부터 모든 것이 자신과 다른 데다가 머리에 깃털을 꽂은 모양도 낯설었습니다. 콜럼버스는 그들을 인도인이라고 생각했

산살바도르
1492년 8월 3일 콜럼버스는 팔로스 항을 떠나, 같은 해 10월 12일에 지금의 바하마 제도의 과나아니 섬(지금의 와틀링 섬으로 추정)에 도달했다. 그는 이 섬을 산살바도르라고 이름 붙였다. 이어서 콜럼버스는 쿠바, 히스파니올라(지금의 아이티)에 도달했다. 제1회 항해 후 1493년 3월에 귀국한 그는 '신세계'의 부왕으로 임명되었다.

습니다. 그래서 그들을 오늘날까지도 인디언이라고 부릅니다.

콜럼버스는 가까이 있는 다른 섬에도 가 보았지만, 눈을 씻고 찾아봐도 기대했던 금은보화는 없었습니다. 너무 오래 지체했다는 생각에 그는 왔던 길을 따라 스페인으로 되돌아가기로 했습니다. 출발하기 전에 고향 사람들에게 보여 줄 생각으로 인디언 몇 명을 대동하고 담뱃잎도 조금 챙겼습니다. 들도 보도 못한 식물을 말아서 피워대는 모습이 신기해 보였기 때문입니다.

콜럼버스의 달걀

얼마 뒤 콜럼버스는 무사히 스페인에 도착했습니다. 사람들은 저마다 그를 만나 모험 이야기를 들으려고 난리였습니다. 그러나 들뜬 분위기는 금세 가라앉았습니다. 서쪽으로 항해해 땅을 발견한 것은 누구나 할 수 있는 일이라고 말하기 시작했습니다.

신대륙 발견을 축하하는 귀족들의 만찬이 베풀어졌을 때의 일입니다. 그가 한 일을 별것 아닌 일로 치부하는 귀족들 앞에서 콜럼버스는 달걀을 하나 꺼내 놓았습니다. 그리고 식탁에 둘러 앉은 귀족 한 명 한 명에게 달걀을 식탁 위에 세워 보라고 했습니다. 그러나 아무도 달걀을 세우지 못했습니다. 그의 차례가 되자 콜럼버스는 달걀을 손에 쥐고 식탁 위에 살짝 내리쳤습니다. 그러자 달걀 끝이 약간 깨지면서 뭉툭하게 되었습니다. 끝이 뭉툭해진 달걀이 식탁 위에 선 것은 당연했습니다. 콜럼버스가 입을 열었습니다.

"보시다시피 이미 알고 있는 일을 하는

○ 콜럼버스의 달걀
콜럼버스의 달걀은 발상의 전환을 언급할 때 자주 인용됩니다. 하지만 목적을 이루기 위해 물불을 가리지 않는 탐욕적·반생명적 발상이라는 비난을 받기도 합니다.

것은 매우 쉽습니다. 이제 서쪽으로 배를 몰아 땅을 찾아가는 것은 아주 쉬운 일이 되었습니다. 제가 이미 다녀와서 방법을 알려 드렸기 때문이죠."

콜럼버스는 그 이후에도 아메리카 대륙에 세 번이나 더 갔지만, 자기가 신세계를 발견했다는 사실은 죽을 때까지 몰랐습니다. 콜럼버스가 보물이나 진귀한 물건을 가지고 오지 못하자 그런 것들을 기대했던 스페인 사람들은 콜럼버스에게 흥미를 잃었습니다. 콜럼버스의 성공을 시기해 그에게 잘못을 물어야 한다고 주장하는 사람들도 있었습니다. 이에 국왕 페르난도 2세는 콜럼버스의 자리를 다른 사람에게 내주었습니다. 콜럼버스는 쇠사슬에 묶여 배를 타고 고향으로 돌아가야 했습니다. 오래지 않아 자유의 몸이 되었지만, 그는 은혜를 모르는 사람들을 기억하겠다는 의미로 그 쇠사슬을 버리지 않고 잘 보관해 두었고, 죽을 때 함께 묻어 달라고 부탁했습니다. 그 후에도 콜럼버스는 한 번 더 항해했습니다. 하지만 친구들의 기억에서조차 잊힌 채로 혼자 스페인에서 쓸쓸한 죽음을 맞이했습니다.

탐험가로서 콜럼버스는 우리에게 희망을 선물했습니다. 돈도 친구도 행운도 없이 그는 길고 긴 절망의 세월을 견뎌 냈습니다. 조롱당하고 괴짜라고 불리며 심지어 죄인 취급까지 받으면서도 그는 결코 포기하지 않고,

단념하지 않고,

굴복하지 않았습니다!

신대륙 발견이 가지는 의의는 무엇일까요?

신대륙 발견으로 인해 고전 과학의 굴레에서 벗어날 수 있었습니다. "지구는 편평하다."라는 시각을 깨뜨림으로써 지구 과학이 발전하는 계기가 되었습니다. 또한, 유럽 사회가 발전하는 계기가 되었습니다. 아메리카 대륙에서 들여온 옥수수와 같은 농작물은 유럽 사회의 기근을 없애는 데 일조했고, 금과 은은 유럽 사회가 부강할 수 있도록 도와주었습니다. 이 밖에도 지도의 확대를 꼽을 수 있습니다. 당시 유럽인들은 이슬람 세력 때문에 이슬람 너머의 세계를 알지 못했습니다. 따라서 대부분의 무역은 지중해를 중심으로 이루어졌습니다. 하지만 신대륙이 발견되면서 무역의 중심이 지중해에서 대서양으로 변하게 됩니다. 부정적인 측면도 있습니다. 당시 유럽인들은 아메리카 대륙에 살던 원주민을 노예로 삼거나 잔인하게 학살했고, 그것을 당연하게 여겼습니다.

2 위대한 탐험가들 |
탐험의 역사

신대륙은 콜럼버스가 발견했지만 정작 신대륙의 이름은 이탈리아의 항해사 아메리고 베스푸치의 이름을 따서 아메리카라고 불렀습니다. 독일인 지도 제작자가 자신이 펴낸 책에 신대륙을 '아메리고의 땅'이라고 기록했기 때문이에요. 아메리고는 이탈리아 피렌체 출신으로 스페인에서 콜럼버스를 만나 탐험가의 길을 걸었고, 1499년부터 네 차례에 걸쳐 아메리카 대륙을 탐험했습니다. 콜럼버스 이후에 희망봉을 지나 인도로 간 포르투갈의 탐험가 바스코 다 가마와 세계 일주를 시도한 마젤란 등 위대한 탐험가들이 속속 등장하면서 세계는 점차 좁아졌습니다.

- **1497년** 포르투갈의 탐험가 바스코 다 가마가 리스본에서 네 척의 함선을 이끌고 제1차 항해를 떠난다. 희망봉을 돌아 이듬해 봄에 인도에 도착하다.
- **1499년** 이탈리아의 탐험가 아메리고 베스푸치가 네 차례에 걸쳐 아메리카 대륙 탐험을 시작하다. 그의 이름을 따서 북아메리카와 남아메리카 대륙을 아메리카 대륙이라고 부르다.
- **1505년** 마젤란이 세계 최초로 세계 일주 항해를 시작하다. 이 시기에 우리나라에서는 연산군을 내쫓고 진성대군을 왕으로 추대하는 중종반정이 일어나다.

마젤란, 세계 최초로 세계 일주 항해 시작(1505년)
엘카노 등 18명, 세비야로 귀항(1522년)

바스코 다 가마의 함대가 희망봉을 돌아 항해를 계속한 끝에 인도의 캘리컷에 도착(1498년)

바스코 다 가마, 희망봉 경유(1497년)

아메리고 베스푸치

신세계에는 이름이 없습니다. 금방 태어난 아기를 '신생아'라고 부르듯 그저 '신대륙'이라고 불렀을 뿐입니다. 하지만 그것이 무엇이든지 처음 발견한 것에는 대체로 발견한 사람의 이름을 붙이게 마련입니다. 따라서 신대륙도 처음 발견한 사람의 이름을 땄다면 아메리카가 아니라 컬럼비아쯤 되었을 텐데 그렇지 않았습니다.

AMERIGO VESPUCCI

이탈리아에서 태어난 아메리고 베스푸치는 콜럼버스나 마젤란에 비해 덜 알려진 인물이었습니다. 그런데 왜 그런 것일까요? 그것은 지도 제작자인 마르틴 발트제뮐러가 1507년에 펴낸 『지리학 입문』이라는 책에서 신대륙을 아메리고의 땅이라는 뜻으로 '아메리카'라고 불렀기 때문입니다. 그는 아메리고 베스푸치를 신대륙의 진정한 발견자라고 생각한 거예요.

이런 사실을 콜럼버스가 알았다면 화를 내면서 당장 이름을 바꾸라고 요구하지 않았을까요? 하지만 때는 이미 늦었습니다. 몇몇 미국인들이 미국을 '컬럼비아'라고 부른다고 해서 지도상의 이름이 바뀌는 것은 아닙니다. 미국에 콜럼버스나 컬럼비아라는 이름을 가진 도시와 마을, 구역, 길이 많은 이유는 그 때문입니다.

배를 타고 멀리 나가면 바다의 끝에 이르러 떨어질 것이라고 생각했던 사람들에게 콜럼버스의 탐험은 놀라움 그 자체였습니다. 이후 인도로 가는 바닷길을 찾던 모든 사람들은 콜럼버스가 발견한 뱃길을 따라 항해했습니다. 원래 지혜로운 사람 한 명이 무엇인가를 시작하면 나머지 수천 명의 사람들은 아무 이유도 모른 채 그가 하는 행동을 그대로 흉내 내게 마련입니다.

향신료를 구하라!

선장들은 너 나 할 것 없이 새로운 땅을 찾아 정신없이 서쪽으로 배를 몰았고, 엄청나게 많은 탐험이 이루어졌습니다. 이 시대를 탐험의 시대라고 합니다. 그들의 목적지는 한결같이 인도였습니다. 인도에는 자신들이 그토록 찾아 헤매던 황금과 향신료가 가득할 것이라고 믿었기 때문입니다.

향신료
음식의 맛과 향을 돋우는 고추, 후추, 마늘, 파, 생강 따위의 양념을 말한다. 홍콩에서는 진주 가루를 향신료로 사용하기도 한다.

계피나 후추와 같은 향신료 때문에 위험을 무릅쓰고 먼 길을 떠나다니 도저히 이해하기 어려울 거예요. 도대체 왜 향신료를 찾아 머나먼 여행을 떠나게 된 걸까요? 그건 순전히 유럽의 날씨 때문이었습니다. 워낙 기온과 습도가 높아서 음식이 쉽게 상하기 때문에 향신료가 없으면 음식을 요리하기 어려웠던 거예요.

하필이면 유럽에 자생하지 않는 향신료가 꼭 필요했으니 어떤 일이 벌어졌을까요? 보석보다 귀한 대접을 받은 것은 당연한 일이겠죠. 고대 로마에서는 후추 한 줌으로 노예 한두 명을 살 수 있었습니다. 이탈리아에서 가장 먼저 꽃피웠던 르네상스도 동서를 잇는 향신료 무역을 통해 벌어들인 돈이 없었다면 불가능했을 거예요. 향신료 중에서 후추는 이탈리아의 베네치아 상인에게 가장 큰 이윤을 남겨주었어요.

탐험의 역사

포르투갈의 탐험가 바스코 다 가마도 바다를 통해 인도로 가려고 했습니다. 그러나 그는 콜럼버스처럼 서쪽으로 가지 않고 남쪽으로 내려가 아프리카를 돌아서 인도로 가려고 했습니다. 하지만 그때까지 누구도 성공하지 못했고, 실패한 사람들의 모험담은 하나같이 소름이 끼쳤습니다. 마치 『신드바드의 모험』에나 나올 법한 이야기들이 떠돌았습니다.

전하는 말에 따르면 아프리카의 남쪽 끝에 있는 '폭풍의 곳'은 파도가 무척 거센 데다가 바닷물마저 무척 뜨겁고, 주위에 자석으로 만들어진 산이 있어 나침반이 제 기능을 못했다고 합니다. 또 배에 붙어 있는 쇠붙이란 쇠붙이를 모두 끌어당겨 배가 산산조각 날 수 있었다고 합니다. 배를 한입에 꿀꺽 집어삼킬 수 있는 커다란 바다 괴물을 보았다는 선원도 있었습니다. 사람들은 불행을 이겨 내기 위해 이곳을 '희망봉'이라고 불렀습니다.

○ 바스코 다 가마
포르투갈의 항해가로 1497년부터 1524년에 걸쳐 세 차례나 인도를 항해했습니다. 유럽에서 아프리카 남해안을 거쳐 인도까지 항해한 최초의 인물로 기록되고 있어요. 그의 인도 항로 개척에 힘입어 포르투갈은 해상 제국으로 발돋움하게 되었지요.

하지만 이런 이야기들은 바스코 다 가마의 발길을 붙잡지 못했습니다. 그는 남쪽으로 배를 몰았습니다. 수많은 고난과 위험을 이겨 내고 마침내 희망봉을 돌아 인도에 도착했습니다. 그리고 향신료를 가지고 고향으로 무사히 돌아왔습니다. 콜럼버스의 첫번째 항해가 있은 지 6년 뒤인 1498년의 일입니다. 그리하여 바스코 다 가마는 바다를 통해 인도로 간 최초의 유럽인이 되었습니다. 신세계 발견의 영예가 스페인으로 돌

○ 인도에 도착한 바스코
다 가마
인도의 캘리컷(지금의 코지코
드)에 도착한 바스코 다 가마
가 보트를 타고 해안으로 접
근하고 있습니다.

아갔다면, 최초로 바닷길을 통해 인도에 도착한 영예는 포르투
갈이 안게 된 셈입니다.

영국도 영예로운 탐험의 주인공을 배출했습니다. 바스코 다
가마가 인도에 도착한 바로 그해에 잉글랜드에서 캐벗이라는
사나이가 탐험을 떠났습니다. 첫 번째 탐험은 실패로 끝났으나
두 번째 탐험에서 지금의 캐나다 땅에 도착해 미국 해안을 따라
항해했습니다. 캐벗은 새로 발견한 땅에 잉글랜드라는 이름을
붙여 주었으나 정작 영국은 이후 약 100년 동안이나 그가 발견
한 땅에 별 관심을 두지 않았습니다.

스페인 탐험가였던 발보아는 중앙아메리카를 탐험했습니다.
북아메리카와 남아메리카를 잇는 길고 가느다란 땅, 즉 지금의
파나마 지협을 건너자 갑자기 또 다른 대양이 펼쳐졌습니다. 그
는 오늘날 태평양이라고 부르는 이 미지의 바다에 '남해'라는 이
름을 붙였습니다. 남아메리카와 북아메리카를 잇는 파나마 지
협이 구부러져 있어 그곳에서 바다 너머로 남쪽을 볼 수 있었기
때문입니다.

유럽인들은 15세기를 '대발견의 시대'라고 부릅니다. 그러나 그들이 아프리카, 아메리카, 인도를 발견하기 전에 이미 원주민들은 고유한 문화를 발전시키며 살고 있었습니다. 게다가 엔리케 왕자가 아프리카 서안을 발견하기 전에 이미 명의 정화 원정대는 아프리카와 무역을 하고 있었어요. 만약 유럽의 어떤 나라가 "우리가 조선을 발견했다."라고 말하면 기분이 좋을까요? 따라서 유럽 중심의 역사관에서 벗어나 세상을 객관적으로 보는 눈을 키워야 합니다.

마젤란의 여행

역사상 가장 오랜 시간이 걸린 여행은 신대륙을 지나 인도로 가고자 했던 포르투갈의 항해가 마젤란의 여행입니다. 그는 인도에 가려면 그 사이를 가로막고 있는 신대륙을 반드시 지나야 한다고 생각했습니다. 그는 이 여행의 후원을 받기 위해 애썼습니다.

그러나 포르투갈은 이번에도 콜럼버스와 똑같은 실수를 저지르고 말았습니다. 마젤란의 말에 귀를 기울이지 않았던 거예요. 그래서 마젤란은 스페인으로 갔고, 스페인은 그에게 다섯 척의 배를 내주었습니다.

마젤란은 다섯 척의 배를 이끌고 바다를 건넜습니다. 남아메리카에 도달한 마젤란은 대륙을 횡단할 수 있는 바닷길을 찾아서 해안을 따라 남쪽으로 내려갔습니다. 바닷길이라고 생각되는 지점이 여럿 있었지만 가까이 가 보면 전부 강어귀일 뿐이었습니다. 이 과정에서 배 한 척이 난파되어 네 척만 남았습니다.

○ 마젤란
포르투갈 태생의 스페인 항해가였던 마젤란은 인류 최초로 세계 일주 항해를 지휘한 인물입니다. 마젤란 해협과 태평양, 필리핀, 마리아나 제도 등의 이름을 짓기도 했지요.

마젤란은 남은 네 척의 배를 이끌고 해안을 따라 내려가, 마침내 오늘날 케이프 혼이라고 부르는 곳에 도달했습니다. 그는 케이프 혼 부근의 벌어진 틈을 따라서 위험한 항해를 계속했습니다. 이 벌어진 틈은 후에 마젤란의 이름을 따서 마젤란 해협으로 불렸습니다. 이 과정에서 배 한 척이 도망쳐서 왔던 길로 되돌아가고, 세 척만이 남게 되었습니다.

마젤란이 이끈 세 척의 배는 드디어 대륙 맞은편의 광활한 바다를 마주하게 됩니다. 발보아가 남해라고 이름 붙였던 바로 그 바다였습니다. 마젤란은 이 바다에 '태평양'이라는 이름을 붙였습니다. '태평양'은 '고요하다'는 의미였습니다. 그들을 내내 괴롭히던 폭풍우가 이 바다에 이르러 잠잠해졌기 때문에 붙은 이름이에요.

하지만 시간이 지날수록 음식과 물은 바닥났고, 선원들도 지쳐갔습니다. 몹시 목이 마르고 배가 고픈 나머지 갑판 위를 돌아다니는 쥐까지 잡아먹기도 했습니다. 병에 걸리고 목숨을 잃는 선원들이 늘어만 갔습니다. 함께 출발했던 선원 대다수가 숨을 거두었지만 마젤란은 멈추지 않고 계속 앞으로 나아갔습니다.

마침내 마젤란 일행은 지금의 필리핀 제도에 도착합니다. 필리핀 제도의 원주민은 야만인이었습니다. 그래서 마젤란과 선원들은 원주민과 전쟁을 치렀고, 그 과정에서 마젤란이 목숨을

○ 마젤란 해협
마젤란은 평온한 바다(태평양)의 오른쪽 아래에 있는 섬에 '불의 땅'이란 뜻으로 '티에라델푸에고'라는 이름을 붙여 주었습니다. 푼타아레나스는 마젤란의 항해 이후 항해가들에게 식량을 공급하며 성장한 도시입니다.

잃고 말았습니다. 이제 선원이 얼마 남지 않아 배가 세 척이나 필요하지 않게 되었습니다. 선원들은 배 한 척을 불태운 뒤, 나머지 두 척을 타고 필리핀 제도를 떠났습니다.

처음 마젤란과 함께 떠났던 다섯 척의 배 중에서 오직 두 척만이 항해를 계속했습니다. 그러다 한 척마저 길을 잃은 채 사라져 버렸고, 빅토리아 호라는 이름의 배만 남게 되었습니다. 이 배마저 난파되고 나면, 이 기나긴 여행은 완전히 베일에 가려지게 될 참이었습니다. 빅토리아호는 아프리카를 도느라 또 한 번 고군분투해야 했습니다. 선원들은 배고픔과 추위 때문에 지칠 대로 지친 상태에서도 바람과 폭풍우에 맞서 싸웠습니다. 빅토리아 호는 여기저기 구멍이 나고 부서진 채 18명의 선원을 태우고 스페인의 항구에 도착했습니다. 무려 3년이라는 세월이 흐른 뒤였습니다.

선장 마젤란은 죽었지만 빅토리아 호는 세계 일주에 성공한 최초의 배로 기록되었습니다. 이로써 지구는 평평하지 않고 둥글다는 사실이 밝혀졌습니다. 세계를 한 바퀴 돈 배가 있는데 더 이상 무슨 말이 필요할까요? 🖼

마젤란 일행이
세계사에 끼친 영향은 무엇일까요?

당시 유럽인들은 신대륙이 발견된 후에도 동쪽으로 계속 항해하면 지구 끝에
다다라 낭떠러지에서 떨어져 죽을지도 모른다고 생각했습니다. 하지만 콜럼
버스에 이어 마젤란의 세계 일주로 다시 한 번 지구가 둥글다는 사실이 입증
되면서 유럽은 경제적·문화적으로 크게 주목받게 되었습니다. 이 시기에 스
페인과 포르투갈은 경쟁적으로 신대륙을 찾아 나섰고, 식민지를 점차 넓혀
유럽 최고의 강대국으로 성장할 수 있었습니다. 그 결과 포르투갈이 장악하
고 있던 향신료 무역의 독점도 깨어지게 되었습니다. 마젤란 일행이 지나간
신대륙에는 그들이 가져간 종교 때문에 가톨릭으로 개종하는 사람들이 점차
늘어났습니다. 이 밖에도 마젤란은 세계 곳곳에 자신의 발자취를 남겨 놓았
습니다. 마젤란 해협도 그의 이름을 따서 붙인 것입니다.

3 유혹의 땅 |
라틴 아메리카 문명

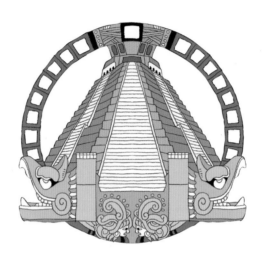

멕시코의 아스텍 제국은 스페인의 에르난 코르테스에게 정복되었고, 페루의 잉카제국은 스페인의 프란시스코 피사로에게 정복되었습니다. 두 사람은 독실한 기독교도였지만, 정복자로서는 해적과 다름없는 행동을 서슴지 않았습니다. 단지 종교가 달랐을 뿐인데 변변한 무기조차 없는 원주민들에게 총칼을 들이대고 학살을 서슴지 않았다는 것은 명백한 범죄입니다. 게다가 금은보화뿐 아니라 문화유산까지 약탈을 일삼았으니 변명의 여지가 없을 거예요. 오늘날 아스텍 문명과 잉카 문명의 유물을 유럽의 박물관에서 볼 수 있는 것은 이 부끄러운 역사의 유물이라고밖에 할 수 없습니다.

- **1521년** 스페인의 정복자 에르난 코르테스가 총독의 명령을 무시하고 독자적으로 유카탄 반도에 상륙해 아스텍 제국을 정복하다.

- **1533년** 스페인의 정복자 프란시스코 피사로가 잉카 제국을 정복하고 오늘날 페루의 수도인 리마를 건설하다. 피사로는 코르테스와 친척이기도 하다.

- **1534년** 잉글랜드 왕 헨리 8세가 자신을 잉글랜드 교회의 수장으로 선언하는 수장령을 선포하다. 이 시기에 우리나라에서는 관복 의상을 명에 따르도록 정하다.

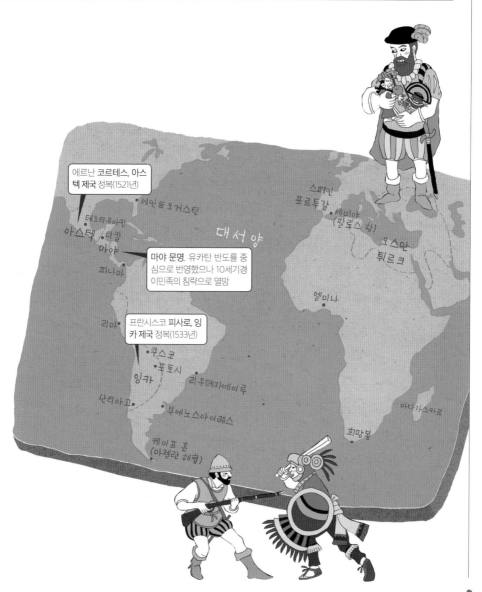

에르난 코르테스, 아스텍 제국 정복(1521년)

세인트오거스틴

테오티우아칸

아스텍 티칼

마야

파나마

대서양

스페인
포르투갈

세비야
(팔로스 항)

오스만
튀르크

마야 문명. 유카탄 반도를 중심으로 번영했으나 10세기경 이민족의 침략으로 멸망

엘미나

프란시스코 피사로, 잉카 제국 정복(1533년)

리마

쿠스코

포토시

잉카

리우데자네이루

산티아고

부에노스아이레스

마다가스카르

희망봉

케이프 혼
(마젤란 해협)

○ 카카오 콩을 든 아스텍족
기원전 6000년 무렵에 인디오들은 콩을 재배해 주요 곡물로 삼았습니다.

마야 · 테오티우아칸 · 아스텍 문명

아메리카 원주민은 초원 지대는 물론 산악 지대와 열대 우림에 이르기까지 다양한 곳에서 살고 있었어요. 안데스 산맥의 원주민은 기원전 6000년 무렵에 강낭콩을 재배했고, 기원전 1650년 무렵에는 땅콩을 재배했다고 합니다. 반면 미국의 초원 지대에 살던 원주민은 19세기까지 들소를 사냥하며 살아갔어요. 산악 지대의 열악한 환경이 오히려 생존 경쟁력을 키운 것이지요.

1세기 이후에는 한국인과 같은 몽고점을 가진 인디오가 중앙 아메리카의 열대 우림 고원에서 도시 국가를 건설하고 화려한 문명을 꽃피웠습니다. 이들 인디오의 문명을 마야 문명이라고 합니다. 마야 문명은 지금의 멕시코 남부, 유카탄 반도, 과테말라, 온두라스, 엘살바도르의 넓은 지역에 분포되어 있었습니다. 특히 과테말라의 티칼은 마야 문명 최대의 유적지입니다. 티칼 국립 공원에는 다섯 개의 대신전을 비롯해 크고 작은 피라미드와 돌 비석이 있습니다.

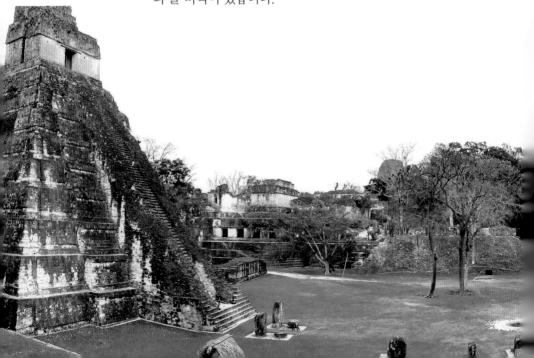

마야 문명은 아직까지도 수수께끼로 남아 있습니다. 그들이 왜 하필이면 열악한 열대 우림 속에서 살았는지부터 의문입니다. 외적의 침입에서 벗어나려고 했던 걸까요? 그래서 외부와 통하는 흔한 길마저 만들지 않았는지도 모릅니다. 또 하나의 의문은 밀림 생활을 한 마야족이 정확한 태양력과 20진법을 사용할 정도로 놀라운 천문학 지식을 가지고 있었다는 것입니다. 마야족은 금성과 달의 운행 주기를 바탕으로 1년의 길이가 365.2420일이라는 사실을 밝혀냈습니다. 오늘날 정확한 과학적 조사로 밝혀진 날짜는 365.2422일입니다. 현대 과학에 의존하지 않고 살아갈 수 없는 우리로서는 그들의 수학적 계산 능력에 놀라지 않을 수 없습니다. 그런 놀라운 능력을 지닌 마야족의 달력은 기원전 3114년 8월에 시작해서 2012년 12월 21일에 끝납니다. 그날은 어떤 의미를 담고 있는 걸까요?

아테네에 버금가는 도시 문명을 이루었던 마야족은 9세기 이후 흔적도 없이 홀연히 사라졌습니다. 말을 만들어 내기 좋아하

○ 티칼 국립 공원

'재규어의 신전'으로 알려진 제1호 신전은 높이가 51미터나 됩니다. 제2호 신전인 '가면의 신전(사진 오른쪽)'은 높이가 38미터에 불과하지만 균형미가 뛰어나 티칼 예술의 최고 걸작으로 꼽힙니다. 현재 발굴된 유물은 전체 유물의 10분의 1에 불과하다고 하니 당시에는 어마어마했겠죠?

○ 아스텍족의 마스크
아스텍족은 1300년경 마야 문명과 테오티우아칸 문명을 계승해 멕시코 북부 지역에 새로운 아스텍 문명을 탄생시켰습니다.

○ 테오티우아칸
해발 2,300미터의 멕시코 고원에 있는 고대 도시인 테오티우아칸에는 주거지뿐만 아니라 광장과 사원, 궁전도 있습니다. 광범위한 교역을 통해 경제력을 축적한 도시입니다.

는 사람들은 외계인설을 들먹이기도 하고 종말설을 거론하기도 합니다. 정확한 이유는 알 수 없지만 인구 증가로 삼림이 사라졌을 수도 있고 전염병에 걸렸거나 북쪽의 아스텍족 같은 이민족의 침입으로 멸망했을 수도 있습니다.

멕시코시티에서 북동쪽으로 한 시간 정도 차를 달리면 고대 아메리카의 최대 도시 국가로 알려진 테오티우아칸의 유적을 만날 수 있습니다. 멕시코가 가장 자랑하는 거대 유적으로 누가 언제 지었는지 전혀 알려지지 않은 수수께끼의 유적입니다. 멕시코 중부에서 가장 광대한 넓이를 가진 테오티우아칸 문명은 서기 원년에서 500년 사이에 정점에 다다랐습니다. 이 시기의 도시 인구는 10만 명에 육박했는데, 이는 같은 시기의 전 세계 모든 도시를 통틀어 가장 많은 인구입니다.

테오티우아칸에 찾아온 아스텍족은 태양과 달의 피라미드가 세워진 웅장한 유적을 보면서 인간이 아닌 신이 만들었다고 생각했습니다. 그래서 '신들의 도시'라는 이름을 붙였습니다.

아스텍족은 1300년경 마야 문명과 테오티우아칸 문명을 계승해 멕시코 북부 지역에 새로운 아스텍 문명을 탄생시켰습니다. 아스텍족은 테오티우아칸의 피라미드를 본떠 신전을 만들었습니다. 현재 남아 있는 가장 큰 피라미드는 한 변의 길이가 230미터, 높이는 63미터나 되지요. 이 신전에는 살아 있는 사람의 심장이 바쳐졌어요. 아스텍족은 텍스코코 호의 안쪽에 있던 늪지를 메워 거대한 계획도시인 테노치티틀란을 건설했어요. 전성기에는 무려 20만~30만 명에 달하는 인구가 살았다고 합니다.

아스텍을 정복한 코르테스

신세계의 풍부한 자원과 진기한 물건에 관한 이야기가 유럽에 널리 퍼지기 시작했습니다. 신세계 어딘가에 젊음의 샘이 있어 그곳에서 목욕하거나 물을 마시면 젊음을 되찾을 수 있다고도 했고, 또 어딘가에는 엘도라도라는 황금의 도시가 있다고도 했습니다.

한편, 스페인의 군인이었던 에르난도 데 소토는 황금의 도시라고 알려진 엘도라도를 찾아 떠났습니다. 엘도라도를 찾는 동안 그는 북아메리카에서 가장 긴 강인 미시시피 강을 발견했습니다. 그러나 소토 역시 엘도라도는 찾지 못하고 열병으로 세상을 떠났습니다.

그런데 스페인 군인들은 인디언에게 겁을 주기 위해서 소토를 하나님이라고 말했기 때문에 그의 죽음을 숨겨야 했습니다. 그래서 모두가 잠든 깊은 밤에 소토의 시체를 미시시피 강 아래에 묻었습니다. 그리고 인디언들에게는 소토가 하늘로 잠시 여

○ 에르난 코르테스
멕시코 지역의 아스텍 제국을 멸망시킨 스페인의 정복자입니다. 1519년 600여 명의 부하를 이끌고 멕시코로 가서 마야 제국을 정복한 뒤, 1519년 11월 아스텍의 수도 테노치티틀란(지금의 멕시코 시티)으로 진군했습니다. 테노치티틀란에는 20만~30만 명이 살고 있었습니다. 아스텍의 황제 몬테수마 2세는 코르테스를 반갑게 맞이했지만, 코르테스는 황제를 투옥하고 마구 약탈했지요.

행을 갔고 조만간 돌아올 거라고 둘러댔습니다.

아메리카 대륙의 한가운데를 멕시코라고 불렀습니다. 당시
멕시코에는 아스텍족으로 알려진 원시 부족이 살고 있었습니
다. 아스텍족은 탐험가들이 만난 그 어느 원시 부족보다 문명이
앞서 있었습니다. 그들은 천막 대신 집을 지어 살았고, 사원과
궁전도 지었습니다. 고대 로마인들처럼 길과 수로도 잘 정비해
놓았습니다. 게다가 그들에게는 엄청난 양의 금과 은이 있었습
니다.

아스텍을 정복한 사람은 스페인에서 파견된 코르테스였습니
다. 콘키스타도르 '(정복자'라는 뜻) 코르테스는 멕시코 해안에 도
착하자마자 선원과 병사들이 고향으로 돌아가지 못하도록 타고
온 배를 불태워 버렸습니다. 아스텍 사람들은 얼굴이 하얀 이 사
람들을 하늘에서 내려온 신이라고 생각했고, 그들이 타고 온 돛
단배는 신을 품었던 하얀 날개의 새라고 생각했습니다.

스페인 사람들이 배에 실어 왔던 말 역시 한 번도 본 적이 없
었기 때문에, 아스텍 사람들은 괴물을 보듯 말을 두려워했습니

다. 스페인 사람들이 대포에 불을 붙일 때에는 극도로 겁에 질렸습니다. 그들은 스페인 사람들이 천둥과 번개를 다스린다고 믿었습니다.

코르테스는 아스텍의 수도로 쳐들어 갔습니다. 아스텍의 수도 테노치티틀란은 지금의 멕시코시티가 있는 곳으로 호수 한가운데 섬에 건설된 도시였습니다. 원주민들은 코르테스의 침략에 필사적으로 맞서 싸웠으나 무기라고는 과거 석기 시대와 청동기 시대에 사용했을 법한 것들이 전부였습니다. 그들은 총과 대포를 가지고 진격하는 스페인 병사들을 당해 낼 수가 없었습니다.

아스텍 왕인 몬테수마 2세는 백인들과 우호 관계를 맺기 위해 코르테스에게 값진 선물과 황금을 가득 실은 마차를 보냈습니다. 그리고 수도에 도착한 코르테스를 적이 아닌 손님으로서 극진히 대했습니다. 그러나 코르테스는 그 정도로 만족하지 못했습니다. 코르테스는 몬테수마에게 그리스도의 이야기를 들려주고 기독교로 개종하라고 했습니다.

○ 몬테수마 2세
1502년부터 1520년까지 아스텍 제국을 통치한 제9대 황제입니다. 그가 군림하던 시기에 스페인이 본격적으로 아스텍을 정복하기 시작했습니다. 당시 제국의 영토는 최대로 커져 지금의 온두라스와 니카라과까지 뻗어 있었습니다.

그러나 자기가 믿는 신들 역시 그리스도만큼 훌륭하다고 생각했던 몬테수마는 코르테스의 말을 듣지 않았습니다. 그러자 코르테스는 태도를 돌변해 몬테수마를 포로로 잡고 다시 끔찍한 전쟁을 시작했습니다. 결국 몬테수마는 살해당했고, 코르테스는 원하던 대로 멕시코를 점령하는 데 성공했습니다. 아스텍족이 아무리 필사적으로 저항한다고 하더라도 총과 대포를 이길 수는 없었기 때문이에요.

황금의 나라

남아메리카의 페루에도 뛰어난 문명을 가진 원주민들이 살고 있었습니다. 아스텍보다 훨씬 더 부유했던 이 제국의 이름은 바로 잉카였습니다. 잉카족은 13세기경 남페루 고원에 정착했고, 15세기 초부터 본격적으로 성장하기 시작했어요. 잉카 제국은 정복 전쟁으로 영토를 넓혀 가면서 15세기 중엽에는 남북으로 4,000킬로미터에 달하는 대제국을 건설했습니다. 잉카는 모든 길이 황금으로 덮여 있는 도시로 알려져 있었습니다.

코르테스가 멕시코를 정복했듯이 잉카 역시 같은 스페인 사람이었던 피사로에 의해 정복되었습니다. 피사로는 잉카 제국의 왕인 잉카에게, 교황이

◐ 마추픽추
페루에 있는 잉카 문명의 고대 도시입니다. '마추픽추'는 '늙은 봉우리'를 뜻합니다. 해발 약 2,057미터에 있어 산자락에서는 그 존재조차 확인할 수 없습니다.

잉카 제국을 스페인에 주었노라고 말했습니다. 그러나 교황이 무엇인지 몰랐던 잉카는 교황이라는 자가 페루와 무슨 관련이 있어서 페루를 제멋대로 남에게 줘 버렸다는 건지 이해할 수 없었습니다. 잉카가 자신의 나라를 스페인에 순순히 넘겨주려 하지 않은 것은 당연한 이치였습니다.

◯ 프란시스코 피사로
잉카 제국을 정복한 콘키스
타도르입니다. 피사로는 현
재 페루의 수도인 리마를 건
설했습니다.

그러자 피사로가 강제로 잉카 제국을 빼앗았습니다. 그가 데리고 온 병사는 고작 몇 백 명에 불과했지만 그에게는 대포가 있었습니다. 잉카 제국 역시 대포 앞에서는 무릎을 꿇을 수밖에 없었습니다.

당시 탐험가들은 해적과 다를 게 없었어요. 맞서 싸울 무기조차 갖추지 못한 사람들을 무차별적으로 죽였다는 점에서 잉글랜드와 프랑스를 침략했던 노르만족보다 더 극악무도한 해적들이라고 할 수 있습니다. 그들은 원주민에게 기독교를 전파하기 위해 그럴 수밖에 없었다고 변명하겠지만, 기독교가 방어조차 제대로 못하는 사람들을 무차별적으로 죽이라고 가르치는 종교라면 원주민이 그런 종교를 믿을 리 없지 않을까요? 이슬람 세력이 칼로써 이슬람교를 전파했다면, 기독교도는 총과 대포로 기독교를 전파한 꼴입니다.

원주민은 정복자의 총칼에만 죽어 나간 것이 아닙니다. 스페인의 정복자들이 도착하기 전에 멕시코 고원 일대에는 2,500만 명이 살고 있었지만, 100년도 채 지나지 않은 16세기 말에는 200만 명을 넘지 않을 정도로 인구가 줄었어요. 원주민이 죽어간 가장 큰 이유는 정복자들이 옮긴 천연두와 홍역, 장티푸스, 독감 같은 전염병 때문이었어요. 🎓

잉카 제국의 멸망은
어떤 의미를 지닐까요?

8만 대군을 거느린 잉카 제국의 황제 아타우알파와 168명의 오합지졸을 거느린 스페인의 정복자 프란시스코 피사로가 맞붙었습니다. 얼핏 보면 상대도 되지 않는 전쟁이라고 생각할지 모르지만, 피사로는 총과 대포를 앞세워 신대륙을 정벌하기 시작했습니다. 수개월에 걸쳐 잉카 제국의 병사들은 일방적으로 학살당했고, 결국 황제마저 처형당하는 일이 벌어지고 말았습니다. 이를 통해 스페인은 유럽 최고의 강대국으로 발돋움하는 계기가 되었을지 모르지만, 잉카 제국 원주민의 입장에서는 잉카문명 고유의 전통과 역사가 단절되는 획기적인 사건이라고 할 수 있습니다. 그들이 믿었던 토착 신은 스페인에서 가져온 그리스도에 밀려 이내 힘을 잃었을 뿐만 아니라 살육의 직접적인 원인으로 작용하기도 했습니다.

4 부활한 고대 세계 |
르네상스 미술의 세계

고 대 그리스 시대에는 집도 예술품이 되었고, 장식물로 사용된 조각 역시 마찬가지였습니다. 그뿐만 아니라 예술과 더불어 문학과 철학도 활짝 꽃을 피웠습니다. 하지만 중세로 접어들면서 유럽은 깊은 잠에 빠져들었습니다. 이 시기를 암흑기라고 합니다. 이후 인쇄술이 발달해 누구나 쉽게 고대 그리스 작품을 접할 수 있게 되면서 자연스럽게 아테네의 영광이 되살아났습니다. 사람들은 이 시기를 르네상스 시대라고 불렀습니다. 이 시기에 부오나로티 미켈란젤로와 산치오 라파엘로, 레오나르도 다 빈치는 위대한 왕들의 업적과 비교할 수 없을 만큼 훌륭한 작품들을 많이 남겼습니다.

- **1300년경** 이탈리아 피렌체에서 문예 부흥 운동인 르네상스가 시작되어 약 200년간 지속되다.
- **1512년** 미켈란젤로가 교황 율리우스 2세의 주문으로 시스티나 성당에 그린 천장화를 완성하다. 이 시기에 우리나라에서는 삼포 왜란으로 중단된 조선과 일본의 교류를 재개하기 위해 임신조약을 체결하다.
- **1519년** 레오나르도 다빈치가 사망하다. 이 시기에 우리나라에서는 조광조의 개혁에 반발한 훈구파가 기묘사화를 일으키다.

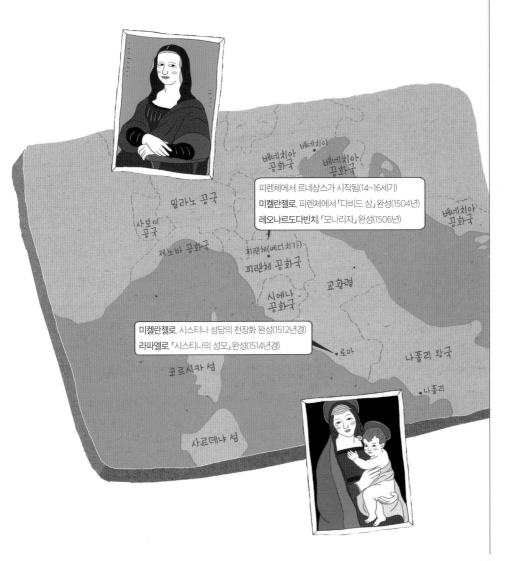

피렌체에서 르네상스가 시작됨(14~16세기)
미켈란젤로, 피렌체에서 「다비드 상」 완성(1504년)
레오나르도다빈치, 「모나리자」 완성(1506년)

미켈란젤로, 시스티나 성당의 천장화 완성(1512년경)
라파엘로, 「시스티나의 성모」 완성(1514년경)

문화의 부활

르네상스(Renaissance)란 '부활'을 뜻합니다. 예수님처럼 죽었다가 다시 살아난 거예요. 지금부터 이야기하고자 하는 부활의 시대를 사람들은 르네상스 시대라고 불렀습니다.

아테네의 페리클레스 시대를 기억하나요? 아름다운 조각상과 건축물이 아테네를 화려하게 장식하던 시절에 모든 그리스인이 모험을 찾아 신세계로 떠났던 건 아닙니다. 신대륙 탐험이 활발히 진행되고 있던 때에도 이탈리아에서는 역사상 가장 위대한 예술가들이 활동하고 있었습니다. 지중해 무역을 통해 부를 쌓은 이탈리아 귀족들은 화려한 건축물을 짓거나 예술과 문학에 돈을 후원했습니다.

건축가들은 고대 그리스와 로마의 신전처럼 건축물을 짓고, 조각가들은 피디아스의 조각상만큼이나 아름다운 조각상을 만들었습니다. 사람들은 고대 그리스의 문학 작품과 작가에 다시 관심을 갖게 되었고, 그 작품들은 인쇄술의 힘을 빌려 책으로 출판되어 누구나 읽을 수 있게 되었습니다. 마치 페리클레스 시대의 아테네인이 다시 살아난 것만 같았습니다. 그래서 사람들은 이 시대를 부활이라는 뜻의 르네상스라고 불렀습니다.

○ 로렌초 데 메디치
피렌체의 명문 메디치가 출신으로, 15세기 최대의 정치가로 꼽힙니다. '위대한 로렌초'는 피렌체의 통치자 중에서도 르네상스 예술의 후원자로 가장 유명합니다.

LAVRENTIVS MEDICES PETRI FILIVS.

르네상스는 16세기에 알프스 산맥을 넘어 서유럽 지역으로 퍼져 나갔어요. 이 지역 사람들은 단순히 그리스 · 로마 문화를 모방하는 데 그치지 않고 당시 사회의 문제점을 비판하는 데까지 나아갔지요. 문학에서는 라틴어 대신 모국어로 쓴 작품이 많이 나왔어요. 스페인의 세르반테스가 쓴 『돈키호테』, 프랑스의 몽테뉴가 쓴 『수

상록』, 영국의 셰익스피어가 쓴 『로미오와 줄리엣』 등이 큰 인기를 끌었습니다. 영국의 토머스 모어는 『유토피아』라는 책에서 이상 사회를 묘사했습니다. 토머스 모어가 '유토피아'를 언급한 이유는 비참한 당시 영국의 현실을 비판하기 위한 것이었어요.

○ 토머스 모어
평생 스콜라주의적인 인문주의자로서 덕망이 높았던 모어는 1516년에 저술한 책에서 이상적인 정치 체제를 지닌 상상의 섬나라 유토피아(Utopia)를 만들어 냈습니다. 그는 헨리 8세가 주장한 잉글랜드 교회의 수장령을 거부한 죄 때문에 처형당했다고 전해집니다.

이 시기에 싹튼 자연에 대한 호기심은 절대주의 시대에 와서 과학 혁명을 이루게 했습니다. 자연을 있는 그대로 관찰하게 되자 사람들은 중세의 세계관이 의심스러워지기 시작했지요. 중세의 세계관 중에서 가장 대표적인 것이 천동설이었지만, 천동설로 여러 가지 천체의 움직임을 온전하게 설명하기 힘들다는 것을 알게 된 거예요. 코페르니쿠스는 지구가 태양을 중심으로 돈다는 지동설을 주장했고, 갈릴레이는 자신이 만든 망원경으로 천체를 관측해 코페르니쿠스의 주장이 옳다는 것을 밝혀냈습니다. 뉴턴은 사과가 나무에서 떨어지는 것을 보고 만유인력의 법칙을 발견했고, 프랑스의 화학자 라부아지에는 여러 번의 실험을 통해 물이 산소와 수소가 결합한 것임을 증명해 냈어요.

르네상스 시대에 가장 영향력 있는 후원자는 메디치 가문의 사람들이었습니다. 피렌체의 메디치 가문은 이름에서도 알 수 있듯이 원래 의사 가문이었는데, 이후에는 금융업을 통해 큰돈을 벌었습니다. 메디치 가문이 피렌체 전체 세금의 65퍼센트를 냈다고 하니, 얼마나 많은 재산을 모았는지 짐작할 수 있을 거예요. 메디치 가문은 엄청난 재력을 바탕으로 미켈란젤로와 레오나르도 다빈치 등 여러 예술가를 적극적으로 후원했습니다.

미켈란젤로

미켈란젤로는 르네상스 시대의 위대한 화가들 중 한 명이었습니다. 그는 단순히 그림만 잘 그리는 화가가 아니라 조각가이자 건축가이며 시인이기도 했습니다. 미켈란젤로는 조각상을 만들고 그림이나 그리면서 평생을 보내는 자신을 하찮게 생각했지만, 그가 완성한 작품들은 오늘날까지도 전 세계인에게 사랑을 받고 있습니다.

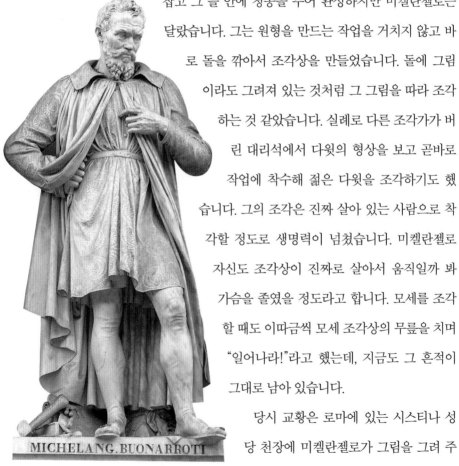

● 미켈란젤로
가족들의 반대에도 불구하고 14세에 당시 유명한 화가였던 도메니코 밑에서 그림 공부를 했습니다. 그 후 예술가들을 후원하던 메디치 가문의 화가 집단에 들어가 '위대한 로렌초'의 총애를 받게 됩니다.

요즘에는 동상을 만들 때, 찰흙으로 본을 뜬 뒤 석고로 틀을 잡고 그 틀 안에 청동을 부어 완성하지만 미켈란젤로는 달랐습니다. 그는 원형을 만드는 작업을 거치지 않고 바로 돌을 깎아서 조각상을 만들었습니다. 돌에 그림이라도 그려져 있는 것처럼 그 그림을 따라 조각하는 것 같았습니다. 실례로 다른 조각가가 버린 대리석에서 다윗의 형상을 보고 곧바로 작업에 착수해 젊은 다윗을 조각하기도 했습니다. 그의 조각은 진짜 살아 있는 사람으로 착각할 정도로 생명력이 넘쳤습니다. 미켈란젤로 자신도 조각상이 진짜로 살아서 움직일까 봐 가슴을 졸였을 정도라고 합니다. 모세를 조각할 때도 이따금씩 모세 조각상의 무릎을 치며 "일어나라!"라고 했는데, 지금도 그 흔적이 그대로 남아 있습니다.

당시 교황은 로마에 있는 시스티나 성당 천장에 미켈란젤로가 그림을 그려 주

MICHELANG. BUONARROTI

길 원했지만 미켈란젤로는 그림을 그리고 싶지 않았습니다. 그래서 교황에게 자기는 조각가이지 화가가 아니라고 말했습니다. 하지만 교황은 고집을 굽히지 않았고, 미켈란젤로는 마지못해 교황의 청을 수락했습니다.

미켈란젤로는 언제 거절했냐는 듯이 온 마음과 정성을 다해 그림을 그리는 데 몰두했습니다. 그 후로 4년 동안이나 미켈란젤로는 시스티나 성당에서 살았습니다. 밤이건 낮이건 그곳을 떠나지 않았습니다. 천장 바로 밑에 베개를 놓고 누워서 시와 성경을 읽으며 '영감이 떠오르는 대로' 그림을 그렸습니다. 어느 날, 천장 구석에 힘들게 작업하고 있던 미켈란젤로에게 한 친구가 물었습니다.

"여보게, 잘 보이지도 않는 곳에 뭘 그렇게 정성을 들여 그림을 그리는가? 대충 그린다고 누가 그걸 알겠는가?"

그러자 미켈란젤로가 대답했습니다.

"내가 알지."

이처럼 칭찬이나 출세와 같은 외적 동기가 아니라 성취감과 같은 내적 동기를 '미켈란젤로의 동기'라고 부릅니다.

그는 성당의 문을 잠그고 아무도 들어오지 못하게 했습니다. 심지어 교황의 출입도 거부했습니다. 작품을 제작하는 동안 누구의 방해도 받지 않고 혼자 있길 원했기 때문입니다. 교황은 미켈란젤로가 그런 특권을 누리는 데 불만을 느꼈습니다. 그러던 어느 날, 교황은 성당 문이 열려 있는 것을 보고 작업이 어떻게 진행되고 있는지 보러 안으로 들어갔습니다. 그때 우연히 미

◉ 미켈란젤로의 천장화
1508~1512년에 시스티나 성당의 천장에 그린 프레스코입니다. 높이 20미터, 길이 41미터, 폭 14미터의 천장에 「창세기」의 '천지창조'에 관한 내용이 그려져 있습니다.

○ 미켈란젤로의 「최후의 심판」

세상의 종말에 그리스도가 지상에 재림해 자신을 믿고 가르침을 실행한 자는 구원하고, 그렇지 않은 자는 멸한다는 교의를 담은 그림입니다. 「최후의 심판」은 「아담의 창조」를 완성하고 20년이 지난 후 제단 뒤의 서쪽 벽에 그렸습니다.

켈란젤로의 연장 하나가 아래로 떨어져 하마터면 교황의 머리에 맞을 뻔했습니다. 교황은 크게 화가 나서 그 후로 결코 그 방에 들어가지 않았습니다. 지금도 전 세계 사람들이 미켈란젤로의 천장화를 보러 갑니다. 천장화는 바닥에 드러눕거나 거울에 비춰 봐야 편안히 감상할 수 있을 정도로 크기가 엄청납니다. 미켈란젤로는 90세까지 살았지만 사람들과 거의 인연을 맺지 않았습니다. 사람들과 함께 지내는 지루한 시간을 견디지 못했거든요. 그래서 그는 사람들과 멀리 떨어진 곳에서 그림 속 신이나 천사들을 벗 삼아 살았습니다.

라파엘로

라파엘로 역시 이탈리아의 유명한 화가들 중 한 명이었습니다. 그는 미켈란젤로와 같은 시대에 살았지만, 거의 모든 면에서 미켈란젤로와 정반대의 삶을 살았어요. 미켈란젤로가 혼자 있는 걸 좋아했던 반면에, 라파엘로는 사람들과 함께 있는 걸 좋아했습니다.

라파엘로는 인기도 좋았습니다. 그는 언제나 친구와 제자들에 둘러싸여 있었습니다. 사람들은 재능이 넘치고 다정한 그를 매우 사랑했습니다. 그의 밑에서 공부하는 제자만 해도 50명이 넘었습니다. 제자들은 라파엘로가 어딜 가든 함께했습니다. 심지어 산책할 때도 따라다녔습니다. 그의 발이 닿는 땅이라면 기도라도 올릴 수 있는 사람들이었습니다.

라파엘로는 아기 예수를 안고 있는 아름다운 성모 마리아의 모습을 많이 그렸습니다. 이 작품들을 성모화라고 합니다. 당시의 화가들은 거의 성모화만 그렸습니다. 라파엘로의 성모화 중에서 「시스티나의 성모」는 특히 아름다운 작품으로 손꼽힙니다. 「시스티나의 성모」는 세계에서 가장 훌륭한 미술 작품 열두 점 가운데 하나입니다. 원래 작은 교회에 걸기 위해 그려진 이 작품은 현재 대형 미술관의 커다란 방 하나를 혼자 차지하고 있습니다. 「시스티나의 성모」 곁에 걸 만큼 좋은 작품이 없다고 여겼기 때문입니다.

라파엘로는 젊은 나이에 세상을 떠났지만, 살아 있는 동안 매우 열심히 또 지속적으로 작품 활

○ 라파엘로
1504년 미켈란젤로와 레오나르도 다빈치가 있는 피렌체로 가서 「시스티나의 성모」 「아테네 학당」을 비롯한 수많은 작품을 남겼습니다.

○ 「시스티나의 성모」
라파엘로가 빵집 딸을 모델로 그린 그림입니다. 성모를 그린 그림 중에서 가장 유명합니다.

동에 매진해 수많은 작품을 남겼습니다. 그는 보통 자기 작품에서 가장 중요한 부분(대개는 등장인물의 얼굴)만을 직접 그리고, 몸통이나 손, 옷과 같은 부분은 제자들에게 그리도록 했습니다. 스승의 작품에 손가락 하나만 그릴 수 있어도 제자들은 커다란 영광으로 생각했습니다. 미켈란젤로의 작품에서 강하고 공격적인 남성미가 느껴진다면, 라파엘로의 작품에서는 부드럽고 사랑스러우면서도 우아한 여성미가 느껴집니다.

레오나르도 다빈치

레오나르도 다빈치 또한 르네상스 시대를 장식했던 위대한 화가들 중 한 명이었습니다. 그는 왼손잡이였지만 무엇이든 잘했습니다. 만능 재주꾼이었거든요. 여러 가지 일을 하는데도 모든 방면에서 뛰어났습니다. 그는 화가이자 기술자이며 시인이자 과학자였습니다. 아메리카라는 이름을 새긴 신대륙 지도를 처음으로 만든 사람도 레오나르도 다빈치라고 알려져 있습니다. 그러나 그는 많은 미술 작품을 남기진 못했습니다. 그림 외에도 하는 일이 너무 많았기 때문입니다. 하지만 몇 점 안 되는 그의 그림들은 매우 아름답습니다. 그중 하나가 「최

○ 레오나르도 다빈치
이탈리아 르네상스를 대표하는 근대적 인간의 전형으로 꼽힙니다. 그는 화가이자 조각가, 발명가, 건축가, 기술자, 해부학자, 식물학자, 도시 계획가, 천문학자, 지리학자, 음악가였습니다. 호기심이 많아서 어려서부터 인상 깊은 사물이나 관찰한 것 착상 등을 즉시 스케치했다고 합니다.

LEONARDO DA VINCI

◈「모나리자」

레오나르도 다빈치가 그린 초상화로 현재 파리 루브르 박물관에 전시되어 있습니다. 모나(mona)는 이탈리아어로 유부녀 이름 앞에 붙이는 경칭이고, 리자(Lisa)는 초상화의 모델이 된 여인의 이름입니다. 우리말로는 '리자 여사'를 의미하지요. 모나리자 그림에는 눈썹이 그려져 있지 않습니다. 이에 대해서는 눈썹을 뽑는 것이 당시에 유행했다는 설과, 이 모나리자 작품이 눈썹을 그리지 않은 미완성작이라는 설이 있습니다.

루브르 박물관 소장

○「최후의 만찬」
예수 그리스도가 십자가에
서 죽기 전날, 열두 제자와
함께 만찬을 나누는 장면을
표현한 작품입니다. 세 개의
창문, 네 개의 무리를 이룬
열두 제자 등은 기독교의 삼
위일체와 네 복음서, 그리고
새 예루살렘의 열두 문을 상
징한다고 해석하기도 하지
요. 이 작품이 소장된 산타마
리아 델레 그라치에 성당은
세계 문화유산으로 지정되
어 있어요.

후의 만찬」입니다. 「최후의 만찬」은 라파엘로의 「시스티나의 성
모」와 마찬가지로 회반죽을 칠한 벽 위에 그려졌기 때문에 시간
이 지나면서 많이 벗겨졌습니다. 지금은 대부분 덧칠을 해서 원
래 그림이 거의 남아 있지 않습니다.

레오나르도 다빈치는 미소를 짓고 있는 여성의 그림을 주로
그렸습니다. 그중에서 가장 유명한 작품이 바로 '알 수 없는' 미
소가 일품인 「모나리자」입니다. 그림 속의 여인은 정말 웃고 있
는 건지 아니면 웃고 있다고 착각하게 만드는 건지 도저히 분간
할 수 없는 미소를 짓고 있습니다.

모나리자(Mona Lisa)의 '모나(mona)'는 이탈리아어로 유부녀
이름 앞에 붙이는 경칭이고, '리자(Lisa)'는 초상화의 모델이 된
여인의 이름입니다. 그림의 모델은 피렌체에서 태어나 16세에
부유한 상인인 조콘다와 결혼한 리사 마리아 게라르디니로 알
려져 있습니다.

르네상스는
유럽 역사에 어떤 영향을 끼쳤을까요?

중세 이전의 고대 그리스·로마를 동경하는 이탈리아의 르네상스는 자기 주변 생활에 대한 철저한 관찰을 강조하는 플랑드르의 르네상스와 다릅니다. 당시 이탈리아 사람들은 인쇄술의 발달로 지식의 대중화가 가속화되는 가운데 관념적인 사상보다 경험적인 사상에, 종교적인 삶보다 현실적인 삶에 더 관심을 가졌습니다. 이와 관련해 르네상스 시기가 중세의 암흑기가 끝나고 근대로 넘어가는 과도기적 시기라고 보는 시각도 있지만, 소수의 가진 자들에 의한 변화였을 뿐 대부분의 사람들은 여전히 중세를 벗어나지 못했다는 비판도 존재합니다. 물론 르네상스 때문에 유럽이 변화하는 계기를 맞이했다는 주장은 누구도 부인하기 어렵습니다. 이탈리아의 르네상스가 대항해 시대가 시작될 무렵에 끝났다는 것은 결코 우연이라고 할 수 없습니다.

5 종교 개혁 |
르네상스 시대

Karl V

교황 레오 10세는 성 베드로 성당을 건축하기 위해 큰돈이 필요했습니다. 그래서 돈을 받고 교황의 이름으로 죄를 용서한다는 면죄부를 팔았습니다. 면죄부를 구입해야 천국에 들어갈 수 있다고 가르친 거예요. 죽은 사람도 예외는 아니었습니다. 이처럼 교회의 부패가 극에 달하자 비텐베르크 대학교의 마르틴 루터는 즉각 교황의 행동을 비난하는 '95개조의 반박문'을 비텐베르크 교회에 내걸었습니다. 비로소 종교 개혁이 시작되었습니다. 독일의 황제 카를 5세는 보름스 국회를 소집하고 루터를 소환해 반박문의 취소를 요구했습니다. 하지만 루터는 신념을 굽히지 않았고, 결국 파문을 당했습니다.

- **1517년** 교황 레오 10세가 성 베드로 대성당을 개축할 목적으로 면죄부를 판매하자 마르틴 루터가 이를 비난하는 내용의 반박문을 발표하다.

- **1534년** 헨리 8세가 로마 가톨릭교회와 결별하고 영국 국교회를 설립해 종교 개혁을 단행하다. 1536년 칼뱅이 개신교를 옹호하는 『기독교 강요』를 저술하다.

- **1598년** 앙리 4세가 공직 취임에서 차별받던 개신교 신자들에게 가톨릭교도와 동등한 권리를 주는 낭트 칙령을 선포하다. 그 결과 상공 계층의 개신교도인 위그노와 가톨릭교도 간의 종교 분쟁인 위그노 전쟁(1562~1598)이 종결되다.

마르틴 루터, 면죄부 판매를 비판하는 '95개조의 반박문' 발표. 종교 개혁의 발단이 됨(1517년)

카를 5세, 아우크스부르크 국회에서 루터주의의 정치적 권리를 승인. '아우크스부르크 화의'로 불림(1555년)

헨리 8세, 로마 가톨릭교회와 결별하고 영국 국교회를 설립해 종교 개혁 단행(1534년)

교황 바오로 3세, 종교 개혁에 맞서 가톨릭의 교리와 체계를 재정비해 선교 활동을 강화하는 트리엔트 공의회 개최(1545~1563년)

프랑스의 앙리 4세, 낭트 칙령을 선포(1598년)

칼뱅, 개신교를 옹호하는 『기독교 강요』 저술(1536년) 제네바에서 종교 개혁에 성공하고 신권 정치 체제를 수립

성 베드로 대성당

당시에는 감리교니 장로교니 침례교니 하는 구분이 없었습니다. 오직 가톨릭뿐이었고, 모두가 똑같은 기독교도였습니다. 그러나 루터의 반박문이 공개된 이후 사람들은 가톨릭에도 변화가 필요하다고 생각했습니다.

물론 그렇게 생각하지 않는 사람들도 있었습니다. 문제의 발단은 로마의 교황 레오 10세가 과거 콘스탄티누스 대제가 교회를 지었던 자리이자 사도 베드로가 십자가에 거꾸로 매달려 순교했던 자리에 성 베드로 대성당의 신축을 추진하면서 시작되었습니다. 교황은 "내가 이 반석 위에 내 교회를 세우리니……." 라는 하나님의 말씀에 따라 세상에서 가장 크고 화려한 교회를 짓고 싶었습니다.

성 베드로 대성당은 중세의 고딕 양식과 르네상스 양식으로 화려하게 꾸며졌습니다. 미켈란젤로와 라파엘로가 그 일을 맡았습니다. 특히 성모 마리아가 예수의 시신을 안고 있는 미켈란젤로의 「피에타」는 최고의 예술품으로 평가받고 있습니다. 성 베드로 대성당을 신축하는 데 필요한 자재를 구하기 위해 교황은 이전 교황들이 했던 것처럼 로마에 있는 다른 건물을 부수고 그곳에서 나온 돌을 이용하기로 했지만, 엄청난 금액의 공사비가 필요했기 때문에 신도들에게 돈을 걸을 방법을 찾았습니다.

성 베드로 대성당을 짓기 위해 교황은 면죄부를 팔았습니다. "금화를 헌금함에 넣어 딸랑거리는 소리가 나면, 죽은 자의 영혼이 천국으로 간다."라고 설교했습니다. 당시 로마 교회가 얼마나 타락했는지 알 수 있겠죠?

○ 레오 10세
제217대 로마 교황입니다. 미켈란젤로와 라파엘로를 지원해 르네상스를 꽃피웠지만 성 베드로 대성당의 공사비 충당을 위해 면죄부를 판매하기도 했습니다.

마르틴 루터의 종교 개혁

비텐베르크 대학교의 신학과 교수였던 마르틴 루터는 교황의 그런 행동이 옳지 않다고 생각했습니다. 물론 가톨릭교회의 타락은 어제오늘의 문제가 아니었습니다. 그는 면죄부에 관한 95개조의 반박문을 작성해 비텐베르크 교회 문 앞에 붙여 놓고 교회의 개혁을 외쳤습니다. 그 내용의 일부는 다음과 같습니다.

○ 마르틴 루터
로마 가톨릭교회의 신부였던 루터는 자신이 가르치고 돌보는 많은 사람에 대한 양심과 책임에 따라 면죄부 판매를 비판했습니다. 하지만 전혀 개선되지 않자 비텐베르크 성의 만인 성자 교회의 문 앞에 '95개조의 반박문'을 내걸고 기존 교회와의 본격적인 논쟁에 들어가게 됩니다. 이것이 종교 개혁의 시작으로 알려져 있지요.

1. 모든 것들의 주인이자 왕인 예수 그리스도가 회개하라고 외친 말의 골자는 성도들의 삶에 참회가 있어야 함을 의미한다.
2. 성도의 구원은 사제의 손에 달려 있지 않다.
3. 오직 육신의 정욕을 모두 이겨 내는 자만이 회개할 수 있다.
4. 성도가 자기 자신을 버리지 않는 한 참회의 가치는 없으며, 성도의 생명이 다하는 날까지 징계 또한 계속될 것이다.
5. 교황이 직권으로 교회의 권위를 이용해 징계를 용서할 수 있는 권세를 갖지 못한다.

수많은 사람이 루터 편에 서서 지지했습니다. 인쇄술의 발달로 그의 메시지는 빠르게 전파되었습니다. 점차 가톨릭교회를 떠나는 사람들이 늘어났습니다. 평소 교황의 간섭에서 벗어나려고 했던 제후들도 루터를 지지했습니다. 이처럼 교황에 반대하는 사람들을 프로테스탄트라고 합니다. 그 후로 지금까지도 로마 가톨릭 신자가 아닌 기독교도를 프로테스탄트라고 부르고 있습니다.

다급해진 교황은 독일의 황제 카를 5세에게 도움을 요청했습

● 성 베드로 대성당의 큐폴라(돔)에서 바라본 성 베드로 광장

349년에 콘스탄티누스 대제의 지시로 예수의 열두 제자 가운데 한 사람이자 로마의 초대 주교, 즉 교황이 된 성 베드로의 무덤 위에 세계에서 가장 규모가 큰 성 베드로 성당이 건립되었습니다. 동쪽에 있는 성 베드로 광장은 1656년부터 11년 동안 베르니니의 설계로 만들어졌습니다. 광장에 들어서면 양쪽에 서 있는 타원형의 회랑이 먼저 눈에 들어옵니다. 모두 284개의 원기둥꼴 대리석 기둥이 각각 네 줄로 양

편에 당당하게 서 있어요. 기둥 하나의 높이가 16미터나 되지요. 그 위에 성인과 교황의 조각상이 세워져 있는데, 모두 140개나 됩니다. 대리석상의 높이가 각각 3.24미터인데도 작게 보이는 이유는 대성전의 웅장한 규모 때문이지요. 광장 한가운데 해시계처럼 우뚝 솟은 거대한 오벨리스크는 받침대를 제외한 높이가 25미터나 됩니다.

니다. 카를 5세는 콜럼버스를 후원했던 페르난도 2세와 이사벨 1세의 손자였습니다. 그는 독실한 가톨릭 신자이자 당시 유럽에서 가장 막강한 권력을 지닌 통치자였습니다. 스페인이 아메리카 대륙을 정복하는 데 앞장서면서 신대륙의 상당 부분이 카를 5세의 것이 되었거든요. 게다가 그는 신대륙 외에도 오스트리아와 독일에 이르는 광대한 제국을 통치하는 황제였습니다. 따라서 교황이 카를 5세에게 도움을 청한 것은 당연한 일이었습니다.

당시 21세였던 카를 5세는 루터를 마인츠의 남쪽에 있는 작은 도시 보름스로 소환했습니다. 루터는 카를 5세로부터 안전을 보장받고 보름스에 도착했습니다. 보름스에 도착한 루터에게 카를 5세는 지금까지 그가 한 말들을 모두 취소하도록 요구했지만 뜻을 이루지 못했습니다. 카를 5세는 루터를 화형에 처할 수도 있었지만 처음 약속한대로 그를 풀어 주었습니다.

루터파 사람들은 다른 가톨릭 신자들이 그를 해칠까 봐 겁이 났습니다. 루터가 자기 자신을 돌보지 않는 사람이라 더욱 걱정했습니다. 결국 루터파 사람들은 아무도 루터를 해칠 수 없도록 1년간 감옥에 가두어 보호했습니다.

루터는 감옥에 갇혀 있는 1년 동안 성경을 독일어로 번역했습니다. 성경이 독일어로 번역된 것은 역사상 처음 있는 일이었습니다. 그는 '복음주의자'로서 복음을 전파하는 데만 뜻을 두었지만, 그 때문에 개신교가 태동했을 뿐 아니라 사회와 역사가 크게 변화했습니다. 무엇보다 경제 활동의 증대 때문에 세속적인 관심이 늘어나면서 이런 변화는 적극적으로 반영되었습니다.

복음주의
성경에 밝혀져 있는 예수 그리스도의 '복음'을 중시하는 기독교의 입장을 말한다. 그 정확한 정의에 대해서는 신학계에서도 중론을 찾기 어렵다.

칼뱅의 종교 개혁

독일에서 루터가 종교 개혁을 하는 동안 타락한 가톨릭에 대한 불만이 여기저기서 터져 나왔습니다. 특히 스위스 제네바에서는 프랑스에서 망명한 신학자 장 칼뱅이 종교 개혁에 성공합니다.

칼뱅은 인간의 구원은 신에 의해 미리 정해져 있으므로 (예정설) 우리 모두 자신의 구원을 확신하고 현재 주어진 일에 충실해야 한다고 주장했습니다. 또 직업을 신에 의해 주어진 신성한 것으로 여기고(직업 소명설) 검소한 생활과 노력으로 재산을 모으는 경제 활동을 적극적으로 권장했습니다. 이 때문에 직업 소명설은 상공업에 종사하는 도시 시민들 사이에 빠르게 전파되었고, 칼뱅파 신교는 도시를 중심으로 유럽 전역으로 퍼져 나갔습니다.

프랑스 출신의 신학자였던 칼뱅은 루터가 종교 개혁에서 주장했던 내용을 더욱 논리적으로 체계화했습니다. 칼뱅은 우선 성경에 나오지 않는 교리와 의식을 모두 없애고 설교, 기도, 찬송가만으로 예배를 진행했습니다.

또 그는 스위스 제네바에 장로들이 운영하는 새로운 교회를 만들었습니다. 이 교회에서는 신자들이 목사를 정했고, 신도들 중에서 장로를 뽑았어요. 따라서 교황의 권위는 의미가 없어졌습니다. 칼뱅파 교도들은 프랑스에서는 위그노, 영국에서는 청교도, 스코틀랜드에서는 장로파로 불리게 됩니다. 오늘날 우리가 장로교회라고 부르는 개신교 종파는 칼뱅의 제네바 교회에 기원을 두고 있습니다.

○ 칼뱅
1564년 5월 27일에 사망하고, 그다음 날 매장되었습니다. 그가 자신의 이름이 드러나고 숭배되는 것을 두려워해 무덤조차 알려지지 않았다고 합니다.

왕관을 버린 왕

오늘날 대부분의 국가에서는 종교의 자유를 인정하고 있습니다. 친구나 가족끼리 종교가 같아야 할 이유는 없습니다. 하지만 예전에는 종교가 다르다는 이유만으로 이웃을 악마로 몰아붙이기도 했고 전쟁도 마다하지 않았습니다.

○ 카를 5세

신성 로마 제국의 황제로, 1516년부터 1556년 퇴위할 때까지 스페인을 다스렸습니다. 보통 카를 5세로 언급되고, 스페인에서는 카를로스 1세로 불리지요. 그는 보름스 칙령을 통해 루터와 그 추종자들의 주장을 물리쳤지만, 개신교에 반대하는 조치를 취하지 못했어요

카를 5세는 광대한 제국 곳곳에서 벌어지는 여러 문제들로 골머리를 썩었습니다. 결국 그는 지쳐 버렸습니다. 왕이 된다는 것은 우리가 흔히 생각하듯 신나는 일이 아니었던 모양입니다. 카를 5세는 모든 지위를 버리고 다른 일을 하면서 살고 싶었어요. 그래서 1556년에 황제의 자리에서 물러나면서 신성 로마 제국의 왕위는 동생 페르디난트 1세에게, 스페인의 왕위는 아들 펠리페 2세에게 각각 물려주었어요. 1557년 퇴위 직후에 카를 5세는 유스테 수도원에 들어가 여생을 보냈습니다. 그곳에서 그는 죽을 때까지 자기가 하고 싶은 일을 하며 살았습니다. 그게 무엇이었을까요? 바로 장난감과 시계 만들기였습니다.

교황을 배신한 사람

독일의 종교 개혁을 루터가 주도했다면 영국의 종교 개혁은 조금 달랐습니다. 카를 5세가 스페인의 국왕이었을 당시, 영국의 국왕은 튜더라는 성을 가진 헨리 8세였습니다. 영국 국왕은 루터의 종교 개혁을 비판했기 때문에 교황으로부터 신앙의 수호자라는 별명까지 얻었을 정도로 독실한 로마 가톨릭 신자였습

니다. 하지만 아이러니하게도 영국의 종교 개혁은 그에게서 시작되었습니다. 이름 뒤에 붙어 있는 숫자가 조금 생소한가요? 옛날에는 이름이 똑같은 왕들이 너무 많아서 이름 뒤에 숫자를 붙였습니다. 그 숫자를 보고 그가 어떤 헨리 왕인지 구분할 수 있었습니다. 이름만 들어도 이전에 몇 명의 헨리 왕이 있었는지 알 수 있지요.

헨리 8세에게는 스페인 출신의 캐서린이라는 왕비가 있었습니다. 왕은 아들을 낳지 못하는 왕비를 내쫓고 싶었어요. 왕비를 폐위시키고 다시 결혼하고 싶었던 거지요. 하지만 이혼하려면 교황에게 동의를 받아야 했습니다. 당시 로마 교황은 전 세계 그리스도 교회의 수장으로서 기독교도가 해야 할 일과 하지 말아야 할 일을 결정하는 권리를 가진 유일한 사람이었거든요. 그러나 교황은 교리를 내세우며 그의 이혼을 허락하지 않았습니다.

헨리 8세는 아무리 교황일지라도 남의 나라인 영국의 일에 간섭하는 것이 부당하다고 생각했습니다. 그래서 그는 독립적인 영국의 통치권을 행사하기로 마음먹습니다. 누구도 왕인 자신의 결정에 문제를 제기하지 못하도록 했던 거예요. 결국 그는 가톨릭과 단절하고 수도원을 해산시켰습니다. 또 수도원의 땅을 몰수해 교황청으로 들어갈 돈을 왕실 재정에 사용했습니다. 그리고 헨리 8세는 스스로 영국 국교회(성공회)의 수장이 되었음을 선포했습니다. 이로써 교황의 동의가 없어도 자신

○ 헨리 8세
헨리 7세의 뒤를 이어 튜더 왕가 출신으로는 두 번째로 영국 국왕에 등극했습니다. 치세 초반기에는 14세기 존 위클리프 이후 활력을 얻기 시작한 종교 개혁을 강력히 억압했지만, 로마 교황청과 대립한 왕으로 더 알려져 있습니다. 이 싸움은 결국 헨리 8세가 종교 개혁을 단행함으로써 6세기 이래 로마 가톨릭의 지배를 받던 영국 교회를 독립시켰습니다.

○ 앤 불린
프랑스 루이 12세의 왕비 메리 튜더의 시녀와 헨리 8세의 왕비 캐서린의 시녀를 거쳐 1533년에 헨리 8세와 결혼식을 올렸습니다.

의 뜻대로 모든 일을 할 수 있게 된 거예요.

영국 국교회의 수장으로서 헨리 8세가 가장 먼저 한 일은 왕비와 이혼하는 것이었습니다. 이제 영국의 모든 교회는 왕의 명령에 따라 움직이게 되었고, 교황의 영향력은 모두 사라졌습니다. 영국의 모든 교회가 교황이 아닌 왕에게 복종하자 로마 가톨릭교회는 또다시 커다란 타격을 입게 되었습니다. 이렇게 헨리 8세가 시작한 영국의 종교 개혁은 다른 나라의 종교 개혁과는 달리 종교적인 원인보다는 정치적 · 경제적인 원인이 컸습니다.

그 후로 헨리 8세는 다섯 명의 왕비를 맞이했습니다. 한꺼번에 여러 부인과 살았다는 말은 아닙니다. 모든 기독교도는 일부일처의 원칙을 따라야 했거든요. 첫 번째 왕비 아라곤의 캐서린(메리 1세의 어머니)과는 이혼했고, 두 번째 왕비 앤 불린(엘리자베스 1세의 어머니)은 목을 잘라 처형했으며, 세 번째 왕비 제인 시모어(에드워드 6세의 어머니)는 병으로 죽었습니다. 네 번째 왕비와도 이혼했고, 다섯 번째 왕비는 목을 잘라 처형했으며, 여섯 번째 왕비는 병으로 죽었습니다. 헨리 8세는 여섯 번째 왕비보다 먼저 죽었습니다. 🗝

마르틴 루터가 시작한 종교 개혁은 역사적으로 어떤 의미가 있을까요?

이탈리아의 르네상스는 억눌려 있던 인간성을 해방시키는 계기가 되었습니다. 경건과 금욕으로 억압받던 사회적인 분위기를 깨고 자유롭게 개성을 표출할 수 있게 된 거예요. 르네상스와 함께 독일에서 일어난 종교 개혁은 유럽의 깊은 잠을 깨워 중세에서 근대로 나아가는 촉매제 역할을 했습니다. 마르틴 루터의 95개조 반박문은 인간의 구원이 교회나 사제의 힘에 달려 있는 것이 아니라, 자신의 신앙심에 달려 있는 것이라고 강조했습니다. 만약 구원이 교회에 바치는 돈의 액수에 의해 결정되는 것이라면 가난한 사람들은 아무도 구원받지 못할 것입니다. 따라서 루터의 반박문은 인류 역사에서 자유로운 개인의 탄생을 선포하는 선언문과 다를 바 없었습니다. 더 나아가 초기의 시민 혁명이라는 평가도 받고 있습니다.

6 이슬람교와 힌두교의 공존 |
무굴 제국의 역사

역사를 보면 정복한 자가 정복당한 자에게 자신의 문화와 종교를 강
요할 경우, 그 나라는 대부분 오래가지 못했습니다. 몽골족이 세운
원 왕조가 그 좋은 예입니다. 하지만 1526년경에 무슬림인 바부르가 인
도 북부에 세운 무굴 제국은 힌두 교도에게 관대한 포용 정책을 사용했습
니다. 이를 통해 무굴 제국은 나라의 기반을 다졌을 뿐만 아니라 오랫동안
번영할 수 있었습니다. 이 시기에 만들어진 타지마할은 힌두문화와 이슬
람 문화가 함께 어우러진 아름다운 건축물로 평가받고 있습니다. 하지만
무굴 제국은 후기로 접어들면서 힌두교를 탄압한 결과 급격히 쇠퇴하기
시작했습니다.

- **1501년** 몽골의 후손인 티무르 제국이 우즈베크족의 우두머리인 샤이바니 칸에 의해 멸망하고, 그 자리에 사파비 왕조가 들어서다.
- **1526년** 티무르의 후손인 바부르가 인도 델리를 점령하고 무굴 제국을 세우다. 무굴은 몽골인을 뜻하는 페르시아어다.
- **1877년** 영국 국왕이 무굴 제국의 황제를 폐하고 인도 황제를 겸하는 인도 제국을 성립시키다.

Suleiman I

카슈가르 한국

•카불

이스마일 1세, 티무르 제국이 멸망한 틈을 타 바그다드를 점령. 사파비 왕조를 세움(1501년)

칭기즈 칸과 티무르의 후예인 **바부르**, 델리를 점령하고 **무굴** 제국 건국(1526년)

사파비 왕조

•델리

네팔

미얀마

•아그라

바부르의 손자 **악바르**(1542~1605년), 인도의 절반을 점령

무굴 제국 제5대 황제 **샤 자한**(재위 1628~1658년), 왕비를 위해 타지마할 건축

무굴 제국

•콜카타

•몽바이

•마드라스

•캘리컷

실론

Akbar the Great

몽골의 부흥을 선언한 티무르 제국

1941년 사마르칸트에서 한 구의 시신이 발굴되었습니다. 주인공은 전쟁광 티무르였어요. 1370년 티무르는 몽골 제국의 부흥을 내세우며 사마르칸트에 수도를 정하고 나라를 세웠어요.

티무르의 시신 발굴과 관련한 재미있는 일화가 있습니다. 검은 돌로 만든 티무르의 관에는 "내가 이 관에서 나올 때, 큰 재앙이 닥칠 것이다."라는 글이 새겨져 있어서 아무도 관을 열지 못했습니다. 그러나 구소련 학자들이 과감하게 관을 개봉했고, 그 일이 있은 지 3일 후에 독일의 대대적인 소련 침공이 시작되었습니다. 제2차 세계 대전의 소용돌이에 휘말린 거예요. 나중에 두려움을 느낀 소련 학자들은 다시 납으로 관을 용접한 후, 두 번 다시 열지 않았다고 합니다. 그는 살아 있을 때 '절름발이 티무르'라고 불렸는데, 실제로 관을 열어 보았을 때 두 다리가 불구였다고 합니다.

티무르는 전쟁에서 단 한 번도 패배하지 않았습니다. 마치 칭기즈 칸이 부활한 것처럼 티무르는 인도의 서북부에서 서아시아에 이르는 대제국을 건설했어요. 1402년 아나톨리아에 진출한 티무르 군대는 앙카라 전투에서 오스만 튀르크를 격파해 자신들의 발아래에 둡니다. 유럽과 이슬람, 중국을 잇는 교통의 요지에 있는 티무르 제국은 동서 무역을 독점하며 번영을 누렸어요.

스스로를 칭기즈 칸의 후예라고 주장했던 티무르는 1404년 일흔 살에 가까운 나이에도 불구하고 20만 명의 군사를 이끌고 명을 정복하기 위해 출발했어요. 그러나 티무르가 원정 도중에

✪ 이집트 군대를 무찌르는 티무르 군대
스스로 칭기즈 칸의 후예라고 주장했던 황제 티무르는 몽골 제국의 부흥을 선언하며 나라를 세운 후 중앙아시아에서 서아시아에 걸친 대제국을 건설했습니다.

갑자기 병사함으로써 몽골 제국의 부흥은 좌절되고 말았습니다. 만약에 티무르가 병사하지 않았다면 명은 전쟁의 신에게 짓밟혀 지도에서 사라졌을지도 모릅니다.

티무르는 생전에 확고한 후계 체제를 준비하지 못했습니다. 그가 죽은 뒤 제국은 급속도로 분열되었고 결국 1508년에 멸망했습니다. 티무르 제국이 멸망하면서 오스만 튀르크가 다시 이슬람 국가의 지배자가 되었고, 지금의 이란 지역에는 사파비 왕조가 들어서게 됩니다.

힌두교에 관대한 무굴 제국

오스만 튀르크는 술레이만 1세 이후 소규모의 봉건 국가로 해체되어 내분이 끊이지 않았어요. 그때 제국의 끄트머리에 있는 조그만 왕국의 바부르 왕자가 차츰 세력을 넓혀 갔습니다. 칭기즈 칸의 직계 후손인 그는 '호랑이 바부르'라고 불릴 정도로 용맹스러웠습니다.

○ 바부르
무굴 제국의 제1대 황제 바부르(재위 1526~1530년)가 신하들과 정사를 논하고 있습니다.

한때 바부르는 나라 밖으로 쫓겨나 떠돌기도 했습니다. 그러다가 북인도 델리의 술탄이 나라를 제대로 다스리지 못하고 있다는 말을 듣게 되었고, 곧바로 델리로 쳐들어 갔습니다. 바부르 군대가 1만여 명에 불과했던 반면, 델리의 술탄은 10만 대군과 1,000마리의 코끼리 부대까지 거느리고 있었습니다. 하지만 바부르 병사들은 용감하게 적을 향해 돌진했습니다. 그들은 델리의 느리고 둔한 코끼리 부대 주위를 에워싸고 총을 쏘아 댔습니다. 코끼리 부대를 앞세운 술탄 병사들은 칼과 활로 맞섰지만 바부르의 총 앞에서 힘을 쓰지 못했습니다.

델리를 정복한 바부르는 1526년 무굴 제국을 세우고 황제가 되었습니다. 그리고 여세를 몰아 주변 왕국을 차례로 정복해 나갔어요. 정복당한 왕국의 힌두 교도들은 바부르가 이교도인 자신들을 죽일까 봐 두려움에 떨었습니다. 하지만 그것은 괜한 걱정에 지나지 않았습니다. 바부르는 무슬림이었지만 힌두교를 존중해 주었을 뿐만 아니라 그들의 아이들을 학교에 보내 글까지 배우게 했거든요.

그 후 무굴 제국은 바부르의 손자인 악바르 시대에 이르러 전성기를 맞이했습니다. 악바르 역시 무슬림이었지만 바부르보다 더 적극적으로 힌두 교도들을 포용하려고 노력했습니다. 그는 힌두 교도의 공주를 아내로 맞이해 그의 자손들에게 힌두인의 피가 흐르게 했습니다. 덕분에 무굴 제국은 오래도록 번성할 수 있었습니다.

세상에서 가장 재수 없는 사나이

악바르가 백성에게 얼마나 너그러웠는지 알려 주는 재미있는 일화가 있습니다. 악바르의 궁전에 굴샨이라는 시종이 있었어요. 궁전에 있는 사람들은 누구나 그를 재수 없는 사람으로 여겼습니다. 그가 주방에 나타나면 멀쩡한 계란이 썩고, 빵이 새카맣게 타 버렸거든요. 악바르는 굴샨에 대한 이야기를 듣고 단지 우연의 일치일 뿐이라고 생각했습니다. 그래서 일부러 굴샨에게 자신의 시중을 들도록 시켰습니다. 깨끗이 단장한 굴샨은 황제의 아침상을 방에 들여놓고 물러 나왔습니다. 아니나 다를까, 악

○ 악바르
무굴 제국은 바부르의 손자인 악바르 황제 때 전성기를 맞이했습니다. 악바르는 고대 마우리아 왕조의 아소카 왕과 함께, 인도가 배출한 최고의 지도자로 손꼽힙니다.

바르가 식사하려고 하자 빵 속에 머리카락 한 올이 떨어져 있는 것이 눈에 띄었습니다.

'뭐 그럴 수도 있지.'

이렇게 생각하며 막 식사를 끝냈을 때, 경호대장이 달려와 변방의 농민이 반란을 일으켰다고 보고했습니다. 악바르는 깜짝 놀라며 명령했습니다.

"군대를 보내 당장 진압하라!"

그런데 이번에는 왕비가 달려와서 왕자가 넘어져 팔이 부러졌다고 말했습니다. 악바르는 결국 참다못해 버럭 소리를 질렀습니다.

"여봐라, 지금 당장 굴샨을 끌고 와 그의 목을 매달아라!"

비르발이라는 신하가 굴샨을 황제 앞으로 데리고 왔습니다. 그러자 악바르가 굴샨에게 물었습니다.

"자네는 소문대로 정말 재수가 없군! 그런데 도대체 오늘의 불운이 어디서부터 시작된 건가?"

굴샨은 울상을 지으며 대답했습니다.

"저는 단지 오늘 아침에 가장 먼저 황제 폐하를 뵈었을 뿐입니다."

불쌍한 굴샨의 모습을 지켜보며 비르발은 악바르에게 말했습니다.

"폐하께서는 아침에 굴샨을 본 이후 잇달아 좋지 않은 일을 당하셨습니다. 그런데도 여전히 살아 계십니다. 하지만 굴샨은 폐하의 얼굴을 제일 먼저 보았을 뿐인데 저형낭할 신세가 되고 말았군요. 그렇다면 도대체 누가 불운을 몰고 온 것입니까?"

현명한 군주였던 악바르는 껄껄 웃고는 굴샨을 놓아주라고 명령했습니다. 그러면서도 자기 옆에는 얼씬도 하지 말라는 주의를 주는 것도 잊지 않았습니다.

세상에서 가장 아름다운 묘당

무굴 제국의 제5대 황제 샤 자한은 페르시아 출신의 절세 미녀
였던 왕비 뭄타즈 마할이 죽자 야무나 강가에 그녀를 위한 묘당
을 지었습니다. 사람들은 화려한 타지마할을 보고 흔히 왕궁이
라고 오해하지만, 사실은 왕비 마할을 위한 묘당입니다.

타지마할은 무굴 제국 시대의 건축물로 둥근 돔과 첨탑의 구
조를 갖추고 있습니다. 이를 이슬람의 모스크 양식이라고 합니
다. 타지마할은 여기에 격자 세공과 연꽃 장식 등을 더해 힌두
양식 또한 엿볼 수 있게 했습니다.

샤 자한은 타지마할을 지은 다음, 그곳이 내려다보이는 강 건
너에 흑대리석으로 자신의 묘를 만들려고 했습니다. 그러나 왕
위를 빼앗은 셋째 아들 아우랑제브가 샤 자한을 성에 가두어 버

⊙ 타지마할 묘당
페르시아 출신의 건축가 우
스타드 이사가 설계하고 2
만여 명의 인부를 동원해 무
려 22년 동안 공사했습니다.
대리석과 청금석, 홍옥수, 공
작석, 터키석 등의 자재를 운
반하기 위해 1,000여 마리
의 코끼리가 동원되었을 정
도라고 합니다.

렸습니다. 샤자한은 6년 동안이나 성의 작은 창문을 통해 타지마할을 바라보다 죽고 나서야 왕비의 옆에 묻힐 수 있었습니다.

아우랑제브 황제는 데칸 고원을 정복해 무굴 제국 최대의 영토를 확보했습니다. 그러나 독실한 무슬림이었던 그는 힌두교는 물론 시크교까지 탄압했습니다. 그러자 잇따라 반란이 일어나면서 무굴 제국은 쇠퇴하기 시작했습니다. 힌두교는 브라만교와 불교를 융합한 종교이고, 시크교는 힌두교와 이슬람교를 융합한 종교입니다. 그러므로 힌두교는 종교의 징검다리라고 할 만합니다.

❂ 샤자한
무굴 제국의 제5대 황제 샤자한이 태자 다라 시코와 함께 있는 모습입니다. 다라는 아우랑제브와의 권력 다툼에서 밀려났고, 샤자한은 성에 갇히게 됩니다.

이란의 역사

오스만 튀르크의 동쪽에는 어떤 나라가 있을까요? 지금의 이란이에요. 이 지역은 사산 왕조 페르시아가 무너진 후, 약 800년간 이민족의 지배를 받았어요.

❂ 뭄타즈 마할
샤자한 왕의 두 번째 왕비입니다. 따뜻하고 후덕한 성품을 지닌 것으로 알려져 있습니다.

사산 왕조가 무너지고
정통 칼리프 시대가 들어서고
셀주크 튀르크가 바통을 넘겨받고
일 한국이 그 뒤를 이었어요. 몽골 제국이 쇠퇴하자
티무르 제국이 들어서고, 티무르 제국이 멸망하자
사파비 왕조가 들어섰습니다.

이 왕조들은 모두 이란 혈통이 아니었습니다. 16세기에 들어서야 이란 혈통의 지도자가 나타났어요. 그가 바로 이스마일

1세입니다.

1501년 이스마일 1세는 티무르 제국이 멸망한 틈을 타 바그다드를 점령하고 사파비 왕조(1501~1736년)를 세웁니다. 그는 서쪽으로는 유프라테스 강, 동쪽으로는 아프가니스탄에 이르는 대제국을 건설하고 스스로를 '왕 중의 왕'이라고 칭했어요. 이스마일은 시아파 이슬람교를 국교로 선포했습니다. 그래서 인접한 오스만 튀르크와 사사건건 충돌했지요.

사파비 왕조는 제5대 왕인 아바스 1세 때에 전성기를 누렸어요. 아바스 1세는 관료 조직과 군대를 정비해 강력한 중앙 집권 체제를 마련하는 한편, 유럽 상인들에게 세금의 특혜와 신앙의 자유를 주어 왕조를 국제 무역의 중심지로 만들었어요.

또한, 이스파한의 중앙 광장을 중심으로 왕의 사원, 로트폴라 사원 등 페르시아 양식의 건축물을 많이 세웠습니다. 이스파한은 '세계의 반쪽'이라는 속담이 만들어질 정도로 아름답고 웅장한 도시였어요. 230여 년간 지속된 사파비 왕조는 오늘날 이란의 모태가 되었습니다. 이슬람 세계는 이제 페르시아의 사파비 왕조, 유럽의 오스만 튀르크, 인도의 무굴 제국으로 나누어졌어요.

오스만 튀르크가
유럽 역사에 끼친 의의는 무엇일까요?

마르코 폴로의 『동방견문록』을 접한 당시 유럽인들은 동양의 신비에 흠뻑 취해 있었어요. 그런데 오스만 튀르크가 세력을 확장하면서 동쪽으로 가는 육로를 막아 버리자 바다로 눈을 돌릴 수밖에 없었습니다. 바야흐로 대항해 시대가 시작된 거예요. 이와 관련해 베네수엘라의 차베스 대통령은 불행한 식민지 시대가 시작되었다고 말했습니다. 뱃길로 세상이 좀 더 가까워진 것은 사실이지만, 그 때문에 약육강식이 지배하는 야만의 시대가 된 거예요. 한편, 1453년 오스만 튀르크에 의해 동로마 제국이 멸망하는 과정에서 수많은 지식인이 로마로 건너감으로써 이탈리아에서 르네상스가 꽃피게 되었습니다. 이 시기에 출간된 에라스무스의 『우신 예찬』은 종교 개혁의 촉매가 되었고, 그리스와 이집트 등지에서 민족 해방 운동이 시작된 것 또한 오스만 튀르크의 강압적인 억압이 그 원인이었습니다.

Suleiman I

7 엘리자베스 여왕 |
영국의 역사

1 553년에 영국 최초의 여왕이 탄생했습니다. 헨리 8세의 유일한 적자인 에드워드 6세는 결핵에 걸려 일찍 세상을 떠났어요. 그러자 그의 이복 누나인 메리 1세가 왕이 된 거예요. 메리 여왕은 교황 편에 서서 프로테스탄트의 반란을 무자비하게 진압했습니다. 그 과정에서 수많은 사람이 교수형이나 화형에 처해졌습니다. 이런 피의 숙청이 무려 3년 동안이나 지속되면서 메리 여왕은 '피의 메리'라고 불리기도 했습니다. 1558년 메리 여왕이 죽은 뒤에 군중의 환영을 받으며 왕위에 오른 엘리자베스 1세는 종교 개혁을 단행하는 한편, 당시 후진국을 면치 못했던 영국을 세계 최대의 제국으로 발전시켰습니다.

- **1564년** '국민 시인' 또는 '에이번의 시인'이라고 불리는 셰익스피어가 영국의 중부 지방에 있는 워릭셔의 스트랫 퍼드 어폰 에이번에서 태어나다.

- **1588년** 스페인 국왕 펠리페 2세의 무적함대가 네덜란드의 반란 세력인 빌럼 1세를 지원하고 있던 영국의 엘리자 베스 1세에게 아르마다 해전에서 참패를 당하다.

- **1590년** 셰익스피어의 희곡 『헨리 6세』, 『리처드 3세』 등이 런던에서 상연되다. 이 시기에 우리나라에서는 임진왜 란(1592년)이 일어나다.

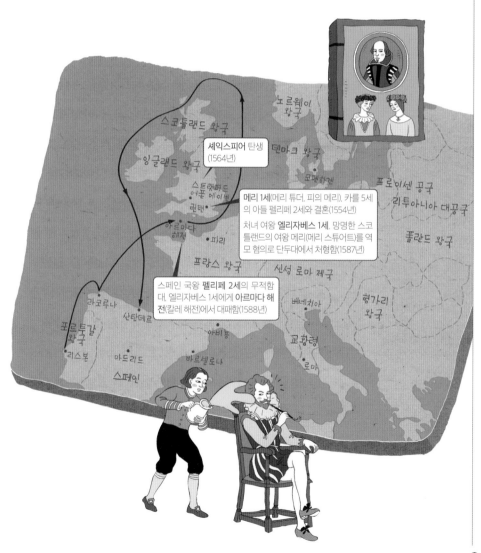

셰익스피어 탄생
(1564년)

메리 1세(메리 튜더, 피의 메리), 카를 5세
의 아들 펠리페 2세와 결혼(1554년)

처녀 여왕 **엘리자베스 1세**, 망명한 스코
틀랜드의 여왕 메리(메리 스튜어트)를 역
모 혐의로 단두대에서 처형함(1587년)

스페인 국왕 **펠리페 2세**의 무적함
대, 엘리자베스 1세에게 **아르마다 해
전**(칼레 해전)에서 대패함(1588년)

피의 메리

메리 1세는 헨리 8세의 첫째 딸로 태어났습니다. 하지만 왕위는 가장 나이가 어린 에드워드 6세가 이어받았어요. 단지 남자라는 이유만으로 왕위 계승권이 가장 높았던 거예요. 우여곡절 끝에 메리 1세가 여왕이 될 수 있었던 것은 에드워드 6세가 결핵에 걸려 일찍 죽었기 때문입니다. 그때가 1553년의 일입니다.

원래 독실한 로마 가톨릭 신자였던 메리 여왕은 헨리 8세가 영국 국교회를 만든 일에 불만이 많았습니다. 그 때문에 아버지 헨리 8세가 어머니 캐서린과 이혼할 수 있었기 때문에 좋은 감정이 있을 리 없었어요. 메리 여왕은 여왕이 된 후에 마치 분풀이라도 하듯 개신교 신자들을 잔인하게 탄압하기 시작했습니다. 그녀는 『이상한 나라의 앨리스』에 나오는 여왕처럼 "저자의 목을 쳐라."라는 말을 입에 달고 살았어요. 그래서 사람들은 그녀를 '피의 메리(Bloody Mary)'라 고 불렀습니다.

◑ 1544년의 메리 1세
헨리 8세와 아라곤의 캐서린 사이에서 태어난 메리 1세의 본명은 메리 튜더입니다. 재위 기간 동안 로마 가톨릭 복고 정책으로 개신교와 성공회를 탄압했습니다.

메리는 영국을 로마 가톨릭 국가로 만들고 싶었습니다. 그래서 의회에서 왕가의 혈통을 이어받은 사람을 결혼 상대로 추천했지만, 독실한 로마 가톨릭 신자인 스페인의 펠리페 2세와 결혼하고 싶어 했습니다. 결국 의회의 심한 반대에도 불구하고 메리 여왕은 끝내 1554년 7월 20일에 펠리페 2세와 결혼했습니다. 이때 메리의 나이는 38세, 펠리페의 나이는 27세였습니다. 1556년에 펠리페는 카를

◐ 헨리 8세의 가족
헨리 8세(가운데)가 세 자녀와 함께 있는 모습입니다. 왼쪽부터 전쟁의 신 마르스'(피의 메리'를 상징), 메리의 남편 펠리페 2세, 메리, 정의의 칼을 받고 있는 에드워드 6세(제인 시모어의 아들), 엘리자베스(앤 불린의 딸), 평화의 여신 팍스(불화의 칼을 밟고 있음)입니다.

5세로부터 스페인 국왕 자리를 물려받기 위해 본국으로 귀국했습니다.

이쯤해서 지난 역사를 한번 떠올려 보겠습니다. 독일에서 종교 분쟁을 끝낸 뒤 1556년 왕관을 버린 카를 5세가 기억날 거예요. 신성 로마 제국 황제였던 카를 5세는 황제 자리에서 물러나면서 영토를 쪼갰어요. 동생 페르디난트 1세에게는 오스트리아 영토와 신성 로마 제국의 황제 자리를 물려줬고, 아들 펠리페 2세에게는 스페인과 네덜란드를 물려줬습니다.

펠리페 2세는 1년 반 후에 런던으로 돌아왔지만 3개월만 머무르고 다시 스페인으로 돌아가 버렸어요. 그는 메리 1세보다 열한 살이나 어렸지만 메리보다 훨씬 더 잔인했습니다. 종교 재판이라는 것을 통해 개신교 신자들을 고문하고 죽였거든요.

당시의 고문 방법은 매우 다양했습니다. 벽에다 그림을 걸듯 사람들을 걸어 두고 고통에 못 이겨 억지로 잘못을 참회하게 하거나 실신하게 만들었습니다. 고문대 위에 사람을 눕혀 놓고 머리통을 잡아 당기기도 했습니다. 개신교 신자임이 밝혀지면 그 자리에서 교수형이나 화형에 처했습니다.

펠리페 2세는 주로 스페인 왕국에 속해 있는 사람들을 괴롭혔습니다. 특히 지금의 네덜란드에는 개신교로 개종한 사람이 많았습니다. 펠리페 2세에게 분노를 느낀 네덜란드의 총독 빌렘 1세(오렌지공 윌리엄이라고도 함)가 마침내 팔을 걷어붙이고 나섰습니다. 그가 이끈 독립군은 펠리페 2세를 상대로 승리를 거두고 스페인 왕국으로부터 독립해 네덜란드 공화국을 세웠습니다. 하지만 빌렘은 펠리페 2세의 손에 살해되고 말았습니다.

❍ 펠리페 2세
합스부르크 왕가 출신의 스페인 국왕입니다. 스페인 최전성기의 통치자로서 대표적인 절대 군주 가운데 한 사람으로 알려져 있지요. 스스로 왕위에서 물러난 카를 5세의 아들이었습니다. 그는 개신교 신자나 개신교로 개종하려는 사람들을 붙잡아다가 재판을 열었고, 강제로 개신교를 포기하게 만들었습니다.

처녀 여왕 엘리자베스 1세

1558년 메리 튜더가 죽고 난 뒤에 그녀의 이복 여동생인 엘리자베스 튜더가 여왕의 자리에 올랐습니다. 그녀는 허영심이 많고 아첨을 좋아했지만 왕으로서의 위엄을 갖추고 있었기 때문에 의회의 지지를 받았습니다.

펠리페 2세는 개신교 신자인 엘리자베스 1세가 로마 가톨릭교회를 탄압하지 못하도록 하기 위해 당시 처제였던 엘리자베스 1세에게 청혼했습니다. 하지만 엘리자베스는 "나는 영국과 결혼했다."라는 말로 그의 청혼을 거절했습니다. 이후 엘리자베스는 평생을 독신으로 지냈기 때문에 '처녀 여왕(The Virgin Queen)'이라고 불렸습니다.

엘리자베스 1세와 5촌 관계인 메리 스튜어트는 영국의 왕위 계승권자로서 스코틀랜드의 여왕이자 프랑스의 왕비였습니다. 그녀는 장로교를 믿는 귀족들의 반란으로 1586년에 어린 아들 제임스 1세에게 왕위를 물려주고 영국으로 망명했습니다. 엘리자베스는 헨리 8세의 딸로 태어났지만 서출로서 서러운 시절을 보냈어요. 배다른 남동생 에드워드와 언니 메리 튜더가 왕좌에 올랐을 때는 언제 죽음을 당할지 몰라 불안해하는 신세였습니

◐ 엘리자베스 1세
평생을 독신으로 지냈기 때문에 '처녀 여왕'이라 불렸습니다. 튜더 왕가는 그녀를 마지막으로 단절되었지요. 엘리자베스는 "나는 영국과 결혼했다."라는 말을 입버릇처럼 해 국민들을 기쁘게 했어요.

다. 엘리자베스는 메리 1세가 죽은 뒤에 국왕 자리에 오르게 되었지만, 헨리 8세의 누나의 손녀딸인 메리 스튜어트가 늘 눈에 걸렸습니다.

메리 스튜어트는 적통법을 내세우며 스페인의 펠리페 2세와 영국의 구교도 귀족들과 손잡고 엘리자베스 1세를 폐위시키기 위한 음모에 가담했지만 결국 발각되고 맙니다. 메리 스튜어트는 국가 반란죄로 무려 20년 동안이나 런던탑에 갇혀 지내다가, 1587년에 엘리자베스의 명령으로 참수형을 당합니다. 다른 종교를 믿는다는 이유로 어떻게 자기 피붙이를 그렇게 냉혹하게 죽일 수 있는지 이해하기 힘들지만, 당시에는 그런 일이 아주 흔했습니다. 나중 이야기지만 메리 스튜어트의 아들인 제임스가 처녀 여왕 엘리자베스 1세가 죽은 뒤 제임스 1세로 잉글랜드와 스코틀랜드의 국왕이 되니 세상은 돌고 도는 요지경인 것 같습니다.

메리 스튜어트가 참수형을 당하자 펠리페 2세는 스페인의 무적함대를 이끌고 1588년 영국을 향해 돌진했습니다. 이날을 '오(5)! 펠리페(88)'라고 외우면 기억할 수 있겠죠. 상대적으로 영국 함대는 장난감 수준이었습니다. 하지만 그들이 사용한 전략은 상식을 초월했습니다. 영국군은 스페인군의 예상을 뒤엎고 바다 멀리 돌아서 무적함대의 뒤를 공격했습니다. 그리고 재빨리 빠져나왔어요.

또 낡은 배에 불을 질러 스페인 함대 쪽으로 보내기도 했습니다. 스페인 함대는 불길에 휩싸인 배를 피해 스코틀랜드 북부 지역을 빙돌아서 스페인으로 돌아가려 했지만, 폭풍우가 심하게

무적함대
스페인의 펠리페 2세가 영국 원정을 위해 편성한 대함대다. 전함 127척, 수병 8,000명, 육군 1만 9,000명, 대포 2,000문을 갖추었다. 이에 비해 영국 함대는 전함 80척, 병력 8,000명에 불과했다. 스페인 함대는 영국 함대의 야습으로 결정적 타격을 받아 54척만 본국으로 돌아갔다.

❍ 아르마다 해전
스페인의 무적함대는 크기
가 큰 갈레온 선이었지만 영
국 군함은 상대적으로 작았
습니다. 따라서 영국 함대에
비해 스페인 전함은 기동성
면에서 취약했습니다. 백병
전에 강한 무적함대가 접근
하기 전에 영국군은 긴 사정
거리를 이용해 무적함대를
침몰시켰습니다.

쳐서 거의 난파되고 말았습니다. 수천 구의 시체가 해안을 뒤덮었습니다. 그렇게 스페인의 무적함대는 완전히 파괴되었고, 해상 무역을 장악했던 스페인 시대도 막을 내렸습니다. 한때 스페인은 세계에서 가장 크고 막강한 나라였지만, 엘리자베스 1세가 여왕이 된 이후 영국은 스페인을 누르고 최고의 강대국이 되었습니다.

과거 앨프레드 대왕이 처음 만들었던 영국 함대는 무적함대로 다시 태어났습니다. 당시 영국인들은 여자가 남자만큼 나라를 잘 다스릴 수 없다고 생각했습니다. 그러나 영국이 엘리자베스 1세 치하에서 유럽을 주도하는 국가가 되자, 사람들은 엘리자베스 1세를 칭찬하느라 침이 마를 정도였습니다.

개척자 월터 롤리

영국은 45년간 전성기를 누리며 엘리자베스 시대를 이어갔습니다. 여기에는 엘리자베스 시대에 급증한 탐험대도 한몫을 거들었습니다. 엘리자베스 1세는 신대륙과 진기한 보석에 관심이 많았습니다. 그래서 탐험가들에게 온갖 지원을 아끼지 않았어요.

그중에 험프리 길버트라는 사람이 있었습니다. 엘리자베스는 1578년과 1583년 두 차례에 걸쳐 신대륙 탐험을 지원했습니다. 험프리 길버트는 첫 번째 항해에서는 별다른 성과를 거두지 못했고, 두 번째 항해에서는 뉴펀들랜드의 세인트존스에 도착해 처음으로 영국의 식민지를 개척했습니다.

○ 월터 롤리

위그노 전쟁에 참가하고 아일랜드 반란을 진압한 공으로 기사 작위를 받았습니다. 북아메리카를 탐험한 뒤 플로리다 북부를 '버지니아'로 명명하고 개간을 실행했으나 실패했습니다. '버지니아'라는 이름은 엘리자베스 1세의 '처녀 여왕'이라는 별칭을 따서 지었어요.

엘리자베스가 막 여왕이 되었을 때의 일입니다. 하루 종일 비가 내려 땅이 온통 흙탕길로 변해 버린 곳을 여왕이 지나가려는 순간이었습니다. 갑자기 월터 롤리가 나타나 여왕의 발 앞에 자신의 벨벳 망토를 깔아 주었습니다. 여왕은 롤리의 친절한 마음씨에 크게 감동해 그에게 기사 작위를 내렸습니다. 이후 그는 '월터 롤리 경'이라고 불리게 되었고, 엘리자베스의 특별한 친구로 남았습니다.

롤리 경은 아메리카 대륙에 관심이 많았습니다. 그에 앞서 존 캐벗이 헨리 7세의 지원을 받아 1497년에 북아메리카 대륙을 발견했지만, 영국은 이를 전혀 활용하지 않았습니다. 롤리 경은 적절한 조처가 필요하다고 생각했습니다. 영국인들이 아메리카 대륙에 터를 잡아야, 먼저 아메리카 대륙에 정착한 스페인과 같은 강대국을 견제할 수 있다고 믿었던 거예요.

그래서 롤리 경은 영국인들을 로어노크 섬으로 이주시켰습니다. 로어노크 섬은 오늘날의 버지니아 주 연안에서 좀 떨어진 곳에 있었지만, 당시에는 버지니아라고 불렸습니다. 버지니아라는 이름은 불혹의 나이가 된 엘리자베스 1세를 향한 경의의 표시로 붙인 것입니다.

버지니아

'결혼하지 않은 여자'를 가리키는 말이다.

로어노크로 떠난 이주자 중 일부는 아메리카 대륙의 가혹한 환경을 견디지 못해 영국으로 되돌아왔고, 남아 있던 사람들마저 종적을 감춰 버렸습니다. 그들이 어디로 사라진 것인지 아무도 모릅니다. 인디언에 의해 살해되었거나 굶어 죽었을 수도 있습니다. 만약 그들이 미국에 성공적으로 식민지를 건설했다면 어떻게 되었을까요?

로어노크 이주자들 사이에서 한 소녀가 태어났습니다. 아메리카 대륙에서 태어난 첫 번째 영국인인 셈입니다. 소녀의 이름은 버지니아 데어였습니다. 당시는 엘리자베스 1세의 인기가 하늘을 찌르던 때였기 때문에 여자아이에게 여왕의 별칭을 따 버지니아라는 이름을 지어 주는 일이 매우 흔했습니다.

버지니아로부터 담배가 유입되었고, 롤리 경은 담배 피우는 것을 좋아했습니다. 당시만 해도 담배를 피우는 광경은 매우 낯선 것이었습니다. 하루는 롤리 경이 파이프를 물고 담배를 피우고 있을 때였습니다. 늙은 하녀가 롤리 경의 입에서 새어 나오는 연기를 보고, 헐레벌떡 부엌으로 달려가 양동이에 가득 물을 담아 가지고 와서는 롤리경의 머리에 끼얹었습니다. 버지니아는 지금도 담배로 유명합니다. 처음에 사람들은 담배가 건강에 좋다고 생각했습니다. 아메리카 원주민의 건강 비결이 바로 담배에 있다고 믿었거든요. 하지만 엘리자베스 1세가 죽고 난 후 왕위에 오른 제임스 1세는 담배를 끔찍이 싫어해서 피우지 못하게 했습니다.

끈 떨어진 연처럼 롤리 경은 제임스 1세 암살 사건에 연루되어 감옥에 갇히는 신세가 되었습니다. 그가 갇힌 곳은 오래전에 정복왕 윌리엄 1세가 세운 런던탑이었습니다. 롤리 경은 그곳에서 13년 동안 갇혀 지내면서 『세계사(The History of the World)』라는 책을 썼습니다. 그러다 결국 수많은 위대한 인물들이 그랬던 것처럼 사형으로 생을 마감했습니다.

세계사
"바다를 지배하는 자가 무역을 지배하고, 세계의 무역을 지배하는 자가 세계의 부를 지배하며, 마침내 세계 그 자체를 지배한다." 16세기 무렵 감자와 담배를 영국에 처음으로 도입했던 탐험가 월터 롤리 경이 『세계사』(1614년)에 남긴 유명한 격언이다.

셰익스피어의 인생 역정

엘리자베스 시대의 인물 중에는 위대한 희곡 작가도 있었습니다. 영국이 낳은 최고의 시인이자 소설가이며 가장 위대한 극작가로 손꼽히는 윌리엄 셰익스피어입니다.

셰익스피어가 태어난 스트랫퍼드 어폰 에이번 지역은 오늘날 영국에서 가장 사랑받는 마을 가운데 하나입니다. 특히 예쁜 지붕의 작은 오두막과 접시꽃이 만발한 정원들, 그리고 구불구불 휘어진 독특한 거리는 수많은 관광객을 불러 모읍니다. 셰익스피어가 살았던 당시에도 그랬을까요?

당시에는 더럽고 가난에 찌든 곳이었을 뿐 아니라 병균이 우글대던 곳이었습니다. 마을에는 하수구도 없었습니다. 돼지들은 음식 쓰레기를 게걸스럽게 삼키며 마을 중심 거리를 떼 지어 다녔습니다. 음식을 먹을 때는 포크를 사용하지 않고 손으로 먹었습니다. 우아하고 아름다운 줄리엣과 늠름한 로미오도 음식을 먹을 때는 손으로 집어 먹었을 거예요.

대다수 사람은 문맹이었습니다. 영국 문학의 영광이었던 셰익스피어조차 열네 살 때 학교를 떠나 농사를 짓는 아버지의 일을 도와야 했습니다. 셰익스피어는 소젖을 짜고 양털을 깎고 버터를 만들었습니다. 아버지 옆에서 딱딱한 가죽을 부드럽게 무두질하는 일도 도왔습니다.

셰익스피어는 열여덟 살에 자기보다 여덟 살이나 연상인 앤 해서웨이와 결혼했습니다. 하지만 그는 몇 년간의 결혼 생활을 뒤로하고 아내와 세 아이를 남겨 둔 채 런던으로 떠났습니다. 런던에 도착한 셰익스피어는 극장 주변에서 연극을 보러 온 관객의 말을 붙잡고 있는 일을 했습니다. 그러다가 우연한 기회에 연극 무대에 서게 되었고, 곧 배우가 되었습니다. 하지만 배우로서 크게 성공하지는 못했습니다.

얼마 지나지 않아 셰익스피어에게 좋은 기회가 찾아왔습니다. 이미 완성된 극본을 각색해 달라는 요청이 들어온 거예요. 사실 셰익스피어는 배우보다는 각색에 소질이 있었거든요. 그 작품이 성공하면서 그는 점점 더 유명해졌습니다.

죽음을 맞이했을 무렵에 셰익스피어는 당시 기준으로 보면 부자였습니다. 런던에 간 그는 극본을 쓰면서 번 돈으로 극장의 주식을 샀고 부동산에 투자했으며, 높은 이자를 받고 돈을 빌려 주기도 했답니다. 셰익스피어는 위대한 작가인 동시에 투기꾼이자 고리대금업자였던 거예요.

○ 스트랫퍼드 어폰 에이번
셰익스피어는 영국의 전형적인 소도시 스트랫퍼드 어폰 에이번에서 태어났습니다.

하지만 그의 작품 속에서 폭넓은 지식을 엿볼 수 있을 뿐만 아니라 지금껏 등장한 그 어떤 작가보다도 많은 어휘를 사용해 작품을 썼습니다.

○ 셰익스피어
19세기 영국의 문필가 토머스 칼라일은 "셰익스피어를 인도와도 바꾸지 않겠다."라고 말했습니다. 그만큼 셰익스피어는 국민적인 사랑을 받은 작가입니다.

셰익스피어의 위대한 작품으로는 『햄릿』, 『베니스의 상인』, 『로미오와 줄리엣』, 『줄리어스 시저』 등이 있습니다.

셰익스피어는 자신의 작품으로 어마어마한 돈을 벌었습니다. 나중에는 런던을 떠나 고향인 스트랫퍼드로 돌아가 여생을 보냈습니다. 그곳에서 셰익스피어는 눈을 감았고 마을 교회의 공동묘지에 묻혔습니다. 사람들은 그의 시신을 좀 더 시설이 좋은 곳으로 옮기려고 했습니다. 하지만 그의 묘비에는 셰익스피어 본인이 쓴 것으로 추정되는 시 한 구절이 새겨져 있었습니다.

"나의 유골을 옮기는 자는 신의 저주를 받을지니."

이 때문에 누구도 셰익스피어의 유골을 옮길 엄두를 내지 못했고, 지금도 그 자리에 그대로 묻혀 있습니다.

영국에는 아직까지 왕과 왕비가 있습니다.
왜 영국은 군주제를 유지하는 걸까요?

영국의 정치 체제는 입헌 군주제입니다. 군주가 형식적으로 나라를 다스리고 실질적으로는 내각에서 정치적 책임을 지는 체제죠. 얼핏 보면 비효율적이고 비민주적인 제도처럼 보이는데도, 영국이 이 제도를 유지하고 있는 이유는 무엇일까요? 여러 가지 이유가 있겠지만 과거 영국의 번영을 기억하게 만드는 군주제가 영국인의 자존심을 지켜 주기 때문이에요. 또한, 영국 군주의 가문을 유지하는 데 드는 비용이 어마어마하지만, 왕실과 영국의 이미지로 벌어들이는 관광 소득이 많기 때문입니다. 즉 영국의 화려했던 과거를 떠올리게 해 주고, 영국 재정에도 도움이 되는 군주제는 영국인들에게 해가 아니라 득이 되는 셈이지요.

8 미국 역사의 시작 |
미국의 역사

엘리자베스 1세는 평생 결혼하지 않았기 때문에 그녀의 뒤를 이을 마땅한 후계자가 없었습니다. 그녀가 튜더 왕가의 마지막 혈통이었으므로 영국은 새로운 왕을 찾아야 했습니다. 결국 튜더 왕가의 피가 섞인 스코틀랜드의 왕 제임스 6세가 영국의 새로운 왕이 되었습니다. 순전히 혈통만으로 두 나라의 왕이 된 거예요. 그를 스코틀랜드에서는 제임스 6세라고 부르지만, 영국에서는 제임스 1세라고 불렀습니다. 자신의 어머니 메리 스튜어트를 죽음으로 몰아넣은 나라가 그에게 왕관을 바쳤기 때문일까요? 스튜어트 왕조의 전제 정치는 정말로 무서웠습니다.

- **1603년** 스코틀랜드 왕 제임스 6세가 튜더 왕가의 엘리자베스 1세가 죽은 뒤 헨리 7세의 후예라는 이유로 즉위해 제임스 1세라 칭하다. 스튜어트 왕가가 개막되고, 그레이트 브리튼 왕국의 기초가 확립되다.

- **1607년** 영국의 존 스미스 선장이 미국 버지니아 주에 제임스타운을 세우다. 이 시기에 우리나라에서는 선혜청을 세우고 대동법을 실시하다.

- **1620년** 영국의 청교도 박해를 피해 102명의 청교도들이 메이플라워 호를 타고 플리머스 항에 도착하면서 미국의 역사가 시작되다.

스코틀랜드 왕 **제임스 6세**, 잉글랜드의 엘리자베스 1세 사후 제임스 1세로 즉위. 스튜어트 왕가 개막(1603년)

메이플라워 호의 청교도, 플리머스에 식민지 건설(1620년)

존 스미스, 미국 최초의 식민지 제임스타운 건설(1607년)

왕권 신수설의 수호자

여러분의 이름에는 어떤 뜻이 담겨 있나요? 외국인의 이름에는 그들의 조상이 과거에 어떤 일을 했는지 알 수 있는 단어가 사용되었습니다. 대대로 빵을 만드는 집안의 사람들은 베이커(Baker)가 되었고, 방앗간 집안은 밀러(Miller), 재단사 집안은 테일러(Taylor), 목수 집안은 카펜터(Carpenter), 어부 집안은 피셔(Fisher), 대장장이 집안은 스미스(Smith)가 되었습니다. 한편, 집사 집안임을 뜻하는 스튜어드(Steward)의 경우 스튜어트나 스튜워트, 스튜어트라고도 했습니다. 과거에는 철자법에 익숙한 사람들이 많지 않아서 똑같은 이름도 제각기 다르게 적었던 거예요. 사실 스튜어드는 예전에 신분이 높은 하인이었음을 뜻하는 이름입니다.

● 제임스 1세
엘리자베스 1세의 뒤를 이어 잉글랜드 왕이 되었습니다. 그는 잉글랜드의 제임스 1세인 동시에 스코틀랜드의 제임스 6세였고, 엘리자베스 1세에 대한 반란으로 처형된 스코틀랜드의 여왕 메리 스튜어트의 아들이었습니다.

스코틀랜드에 스튜어트라는 이름을 사용하는 집안이 있었습니다. 그들의 조상이 과거에는 집사였는지 모르지만 1600년대에는 스코틀랜드의 왕가를 이룬 집안이었습니다. 엘리자베스 1세에 의해 처형당한 메리 스튜어트가 그 좋은 예입니다.

엘리자베스 1세는 평생 결혼하지 않았기 때문에 왕위를 물려줄 후계자가 없었습니다. 그녀가 튜더 왕가의 마지막 혈통이었기 때문입니다. 결국 왕실은 스코틀랜드로 눈을 돌려야만 했습니다. 그곳에는 메리 스튜어트의 아들 제임스 스튜어트가 있었거든요. 당시 제임스는 자신의 어머니를 죽인 엘리자베스 1세와 그다지 사이가 나쁘지 않았습니다. 아마도 왕위 계승을 미리 준비했던 모양이에요. 엘리자베스 1세는 튜더 왕가의 피가 섞인 제임스에게 영국의 왕위를 물려주었습니다. 이로써 튜더 왕

튜더 왕가
잉글랜드 왕국과 아일랜드 왕국을 다스렸던 다섯 명의 군주들을 배출한 집안을 말한다. 튜더 출신의 군주들이 통치한 덕분에 약소국이었던 영국은 훗날 대영 제국으로 거듭날 수 있었다. 특히 문화사 방면에서는 엘리자베스 1세의 치세 기간을 특별히 '엘리자베스 왕조'라고 부르는 경우가 많다.

스튜어트 왕가
스코틀랜드 왕 제임스 6세
가 헨리 7세의 후예라는 이
유로 잉글랜드 왕으로 즉위
해 제임스 1세라 칭한 이래
6대를 이어 갔다. 제임스 1
세의 즉위로 잉글랜드와 스
코틀랜드가 결합하게 되어
그레이트 브리튼 왕국의 기
초가 확립되었다. 윌리엄 3
세에 이어 1702년에 즉위
한 메리 2세의 여동생 앤
여왕에게 후사가 없어 스튜
어트 왕가는 단절되었다.

가 시대를 넘어 스튜어트 왕가의 시대가 시작되었습니다. 하지만 영국인들은 제임스를 왕으로 추대한 일을 두고두고 후회했습니다. 스튜어트 왕가가 백성 위에 군림하려고만 들었기 때문입니다. 그로부터 약 100년 동안 영국인들은 스튜어트 왕가의 절대주의 정권에 맞서 자신들의 정당한 권리를 지키기 위해 목숨을 걸고 싸워야만 했습니다.

원래 영국은 의회가 법을 제정했으나 당시 의회는 제임스 1세의 동의 없이는 아무것도 할 수 없었습니다. 왕이 의회의 권한을 장악하고 있었기 때문이에요. 제임스 1세는 왕의 권한이 신에게서 받은 것이기 때문에 왕은 언제나 옳으며 원하는 대로 백성을 다스릴 수 있다고 생각했습니다. 이를 왕권신수설이라고 합니다. 영국 백성들은 그의 통치 방식을 참지 못했어요. 영국인들은 오랫동안 왕에게 자신의 권리를 당당하게 주장해 왔거든요. 더욱이 스튜어트 왕가는 튜더 왕가와 달리 이방인에 불과하다는 인식이 자리 잡고 있었기 때문에 싸움이 불가피했습니다. 제임스 1세의 뒤를 이어 즉위한 찰스 1세에 이르러 영국인들의 분노가 폭발해 청교도 혁명이 일어났어요.

제임스 1세와 관련한 한 가지 흥미로운 이야기가 전해집니다. 제임스 1세는 비프 스테이크를 좋아했어요. 특히 로인이라고 부르는 소 허리 윗부분을 어찌나 좋아했던지 맛 좋은 로인에 기사 작위를 내려 '서 로인(Sir Loin)'이라고 불렀다고 합니다. '서'는 귀족이나 기사 이름 앞에 붙이는 존칭입니다. 이 말의 유래를 아는 사람은 많지 않지만, 안다고 하더라도 설마 왕이 그렇게 바보 같은 짓을 했을 리 없다고 생각하는 사람들이 많습니다.

미국 최초의 식민지

제임스 1세가 다스리던 시기에 영국 밖에서는 참으로 많은 일이 일어났습니다. 콜럼버스가 서쪽으로 항해하면서 간절히 찾고자 했던 땅을 영국의 식민지로 만들었고, 아메리카 대륙에도 진출해 남부와 북부에 각각 식민지를 건설했습니다.

1607년 영국의 몇몇 젠트리 계급이 주도해 작은 배를 이끌고 아메리카 대륙으로 떠났어요. 그들은 금광을 찾아 큰돈을 벌어 올 꿈에 부풀어 있었습니다. 버지니아 주의 어느 마을에 도착한 이들은 왕의 이름을 따 그 마을을 제임스타운이라고 불렀습니다. 그러나 황금 원정대는 그곳에서 금을 찾을 수 없었고, 일하는 데 익숙지 않아 손 하나 까딱하려 하지 않았습니다. 하지만 선장인 존 스미스가 팔을 걷어붙이고 나서서 일하지 않는 자는 먹지도 말라고 말하자, 동료들 역시 일할 수밖에 없었습니다.

1607년은 미국으로서 참으로 뜻깊은 해입니다. 그해에 사실상 미국 최초의 식민지가 건설되었기 때문입니다. 그 후로 13년이 지난 1620년에 메이플라워 호가 청교도들을 싣고 미국 땅에 도착했습니다. 일부에서는 그때를 미국 역사의 시작이라고 이야기하지만, 그 이전에 이미 시작되었어요.

황금 원정대는 황금을 포기하는 대신에 담배를 재배하기 시작했고, 엄청난 돈을 벌어들였습니다. 결국 담배가 또 다른 의미의 금광이었던 셈이에요. 하지만 본래 출신이 천하지 않은 자들이라 차츰

젠트리
토지를 소유한 중산층 계급으로서 젠틀맨을 가리키는 말이다. 넓게는 귀족을 포함하지만, 신분상으로 귀족 아래에 속한다.

○ 메이플라워 호
1620년 영국의 청교도 102명이 종교의 자유를 찾아서 메이플라워라는 이름의 배를 타고 대서양을 건너 매사추세츠 주의 플리머스에 도착한 뒤 그곳을 삶의 터전으로 삼았습니다.

누군가 힘든 일을 대신해 주길 바라게 되었습니다. 그 후로 아프
리카 흑인들을 노예처럼 부리기 시작했습니다. 노예의 수가 점
점 늘어나 마침내 미국 남부에서는 거의 모든 일을 흑인들이 도
맡아 하게 되었습니다.

얼마 뒤 또 다른 원정대가 영국에서 미국으로 이주했습니다.
그들은 돈을 벌기 위해 미국으로 온 것이 아니라 청교도 탄압을
피해 왔던 것입니다. 누구의 방해도 받지 않고 예배드릴 수 있는
새로운 땅이 필요했던 거예요. 두 번째 원정대의 절반 이상이 미
국 북부의 혹독한 추위를 견디지 못하고 그해 겨울에 목숨을 잃
었지만, 살아남은 사람들 누구도 영국으로 돌아가지 않았습니
다. 그들은 곧 정착촌을 만들고 낚시와 고래잡이를 하며 살았습
니다. 공동체의 협약은 엄격히 이행되었습니다. 그들의 협약은
자유 의지에 의한 정부 설립을 결정한 것으로 미국식 민주주의
정치의 초석이 되었습니다. 이것이 바로 뉴잉글랜드의 시초입
니다.

○ 첫 추수 감사절
청교도들은 경작법을 가르
쳐 준 인디언들을 초대해서
3일 동안 추수를 감사하는
축제를 벌였습니다.

처음 맞는 혹독한 겨울을 극복한 청교도들은 인디언들로부터 옥수수 경작법을 배워서 봄에 옥수수 농사를 짓고, 가을에 성공적으로 옥수수를 수확하게 됩니다. 이를 계기로 청교도들은 새로운 터전에 정착할 기반을 마련할 수 있게 되었습니다. 청교도들은 풍년에 대한 기쁨과 감사를 표현하기 위해 1621년 가을에 3일 동안 추수를 감사하는 축제를 벌였습니다.

청교도들은 경작법을 가르쳐 준 인디언들을 초대해 추수한 곡식과 과일을 내놓고 야생 칠면조와 사슴을 잡아 축제를 벌였습니다. 이것이 바로 미국 최초의 추수 감사절 축제입니다. 나중에 링컨 대통령은 추수 감사절을 11월의 마지막 목요일로 정하고 국경일로 선포했습니다.

유럽이 신대륙에 관심을 갖게 된 까닭은 동방의 여러 나라와 교역하기 위한 목적이 가장 컸습니다. 당시 지중해의 상권은 이탈리아가 독점하고 있었거든요. 아울러 기독교를 전파하기 위한 목적도 없지 않았습니다. 마침 배를 만드는 기술과 항해 기술이 발달한 데다가 나침반까지 등장함에 따라 신대륙을 찾아 떠나는 개척자들이 속속 등장했습니다. 결과적으로 신항로 개척과 신대륙 발견은 유럽인의 시야를 넓히는 동시에 사회·문화에도 큰 변화를 가져왔습니다. 지극히 제한적으로 이루어졌던 동서 교류가 활발히 전개되었고, 이를 통해 서로 다른 문화와 문명이 접촉하는 계기가 마련되었습니다. 즉 유럽의 주요 국가들이 아메리카·아프리카·아시아의 여러 지역으로 진출하면서 동서양의 문화가 조화를 이루며 발전하게 된 거예요.

9 목이 잘린 왕 |
영국의 절대 왕정

영국의 왕 제임스 1세와 그의 아들 찰스 1세는 스코틀랜드 출신입니다. 헨리 튜더 가문의 피를 물려받은 것은 사실이지만, 영국인의 관점에서 볼 때 그들은 철저히 이방인에 불과했습니다. 영국과 영국인에 대한 이해가 절대적으로 부족했기 때문이에요. 그들은 영국인이 어렵게 쟁취한 권리를 전혀 존중하지 않았습니다. 이 때문에 힘의 균형이 깨졌고, 민중의 저항은 예고된 것이나 다름없었습니다. 결국 찰스 1세는 의회와 대립하다 단두대의 이슬로 사라졌습니다. 이후 왕위에 오른 윌리엄 3세와 메리 2세 부부는 법의 권력이 왕권보다 우선한다는 내용을 담은 권리 장전을 승인했습니다. 영국이 영국인의 손에 다시 돌아온 거예요.

- **1628년** 영국 왕 찰스 1세가 전쟁 비용을 충당하기 위해 폭정을 일삼자 하원 의원 에드워드 코크 등이 중심이 되어 국왕에게 청원의 형식으로 국민의 자유 보장을 요구하다. 이를 권리 청원이라고 한다.
- **1642년** 권리 청원을 승인한 찰스 1세가 이듬해 바로 의회를 해산해 11년간 전제 정치를 단행하자 청교도 혁명이 일어나다. 이 시기에 우리나라에서는 천주교가 전래되다.
- **1688년** 명예 혁명 직후에 윌리엄 3세와 메리 2세가 함께 왕으로 추대되면서 국민과 의회의 권리를 승인하다. 이를 권리 장전이라고 한다.

영국 왕 **찰스 1세**(제임스 1세의 아들), 의회의 **권리 청원** 승인(1628년)

찰스 1세, 의회 해산(1629년)

의회파, 찰스 1세의 왕당파와 내전에 돌입. **청교도 혁명**이 일어남(1642년)

찰스 2세, 크롬웰의 아들이 물러나자 스튜어트 왕가의 **왕정복고** 실현(1660년)

대화재 발생(1666년)

제임스 2세(찰스 2세의 동생), **명예 혁명**이 일어나자 프랑스로 망명. 네덜란드 총독 **윌리엄 3세**와 **메리 2세**(제임스 2세의 딸), **권리장전** 승인(1688년)

호국경 **크롬웰**의 철기군, 왕당파의 본거지인 옥스퍼드를 함락(1646년)

'청교도 혁명'을 부른 찰스 1세

찰스 1세는 아버지의 복사판이었습니다. 영국 국민이 무엇을 하고, 무엇을 하지 말아야 하는지 결정하는 것은 전적으로 그의 뜻에 달려 있었습니다. 그에게 백성이란 오직 왕의 기쁨을 위해 봉사하는 노예에 불과했습니다.

드디어 민중의 분노가 폭발했습니다. 오랫동안 존중되어 왔던 개인의 권리를 지키기 위해 아버지의 전통에 따라 팔을 걷어붙이고 나선 거예요. 찰스 1세는 당황했지만 자신의 권력에 위협이 되는 사람들을 그대로 둘 수는 없었습니다. 그래서 귀족을 중심으로 왕당파의 무리를 모았습니다. 그들은 생김새부터가 요란했습니다. 곱슬머리를 길게 기르고 큰 깃털이 달린 챙이 넓은 모자를 썼으며, 바짓단에는 레이스를 덧붙였습니다.

이에 질세라 의회도 뜻이 같은 사람들을 한데 모았습니다. 그리고 하나같이 머리를 짧게 자르고 정수리 부분이 높이 솟은 모자를 썼으며, 수수한 옷을 입었습니다. 1628년 의회 의원들은 찰스 1세에게 청원의 형식으로 의회의 권리를 선언했습니다. 왕이 법률을 위반한 사례를 일일이 열거하며 불만을 표시했던 거예요. 이를 권리 청원이라고 합니다.

그 내용은 "국왕이 의회의 승인 없이 세금을 거둘 수 없다. 법에 의하지 않고 사람을 감옥에 가둘 수 없다."와 같이 왕의 절대 권력을 인정하지 않는 의회의 의견이 담겨 있었습니다. 그러나 찰스 1세는 권리 청원까지 무시하고 의회 전체를 해산시켜 버렸습니다.

찰스 1세는 의회를 없애고 11년 동안이나 혼자 정치했습니

○ 찰스 1세
의회를 해산한 데 이어 단기 의회와 장기 의회를 운영하는 등 파행을 일삼다가 '국민의 적'으로 지목되어 처형당했습니다.

○ 올리버 크롬웰
1653년 의회를 해산해 종신 호국경이 된 크롬웰은 처음이자 마지막인 잉글랜드 연방 공화국(잉글랜드, 스코틀랜드, 아일랜드)을 다스렸습니다.

다. 찰스 1세는 어릴 때부터 성공회를 믿었기 때문에 칼뱅파를 싫어했어요. 찰스 1세는 스코틀랜드 왕실에 성공회를 받아들이라고 강요했지만, 스코틀랜드가 거부했습니다. 찰스 1세는 스코틀랜드를 공격하기 위한 전쟁 자금을 확보하기 위해 의회를 소집했지만,

❍ 청교도 혁명
잉글랜드 왕국의 왕당파와 의회파 간에 있었던 내전을 우화 형식으로 그린 그림입니다. 기병이 쓰러져 있고, 검은 옷을 입은 청교도는 뒤에서 지켜보고 있습니다.

의회는 단호히 거절했어요. 의원들은 그런 찰스 1세를 비난하면서 왕이 의회를 해산하지 못하도록 법을 만들었습니다. 일이 자기 뜻대로 되지 않자 찰스 1세는 군대를 동원해 의회를 해산하려고 했습니다. 하지만 의회도 가만히 앉아 구경만 했던 것은 아닙니다. 1642년 세계 역사상 최초로 시민이 중심이 된 청교도 혁명이 터진 거예요. 혁명 초기에는 왕당파가 군사력에서 앞섰습니다. 그러나 의회파의 올리버 크롬웰이 등장하면서 전세가 역전되기 시작했어요.

귀족과 자영 농민의 중간 계층에 속하는 올리버 크롬웰이 군대를 조직해 그들을 훌륭한 전사로 훈련시켰습니다. 이를 철기군이라고 합니다. 크롬웰은 철기군을 이끌고 국왕 찰스 1세에게 맞섰습니다. 왕의 병사들이 술을 마시고 연회를 즐기며 방심하고 있을 때, 올리버 크롬웰의 철기군은 기도를 올리고 찬송가를 부르며 전쟁을 준비했습니다. 결국 크롬웰은 찰스 1세가 머무르고 있던 옥스퍼드를 포위 공격해 찰스 1세를 사로잡았습니다.

결국 몇 차례의 격전 끝에 왕의 군대는 패했고, 찰스 1세는 감

옥에 갇혔습니다. 그 후 의회파 일부가 권력을 장악하고, 아무런
권리도 없이 찰스 1세의 죄를 물어 사형을 선고했습니다. 국정
을 어지럽히고 죄 없는 사람을 처형하는 등 수많은 악행을 저질
렀다는 것이 그들이 내세운 이유였습니다.

　그리하여 1649년 찰스 1세는 런던에 있는 자신의 왕궁 앞으
로 끌려 나와 단두대에서 목이 잘리고 말았습니다. 의회가 중심
이 되어 국왕이 마음대로 권력을 휘두르던 전제 정치를 무너뜨
린 이 사건을 '청교도 혁명'이라고 합니다. 혁명에 앞장선 크롬
웰을 비롯한 대다수 의원이 청교도였기 때문입니다.

○ 단두대
런던탑의 화이트 하우스에
있는 단두대입니다. 찰스 1
세도 재판을 받고 대역죄로
단두대에서 처형 당하였습
니다.

군사 독재와 절대 왕정

찰스 1세가 처형된 후, 철기군을 이끌었던 올리버 크롬웰이 영국을 통치했습니다. 그는 성격이 거칠었으나 정직하고 신앙심이 깊은 사람이었습니다. 그는 마치 엄한 아버지처럼 영국을 통치했습니다. 조금의 어긋남도 허용하지 않았어요. 한번은 이런 일이 있었습니다. 화가가 자신의 초상화를 그릴 때, 얼굴에 있는 커다란 사마귀를 그리지 않자 화를 내며 "있는 그대로 그리시오. 사마귀든지 뭐든지!"라고 말했습니다.

크롬웰은 실질적인 왕이나 다름없었습니다. 그는 자신과 생각이 다른 사람을 용서하지 않았습니다. 점점 독재를 하기 시작한 거예요. 침략 전쟁도 마다하지 않았습니다. 아일랜드와 스코틀랜드로 쳐들어가 잔인하게 짓밟았습니다. 1651년에는 중상주의를 내세운 항해 조례를 시행해 네덜란드의 중계 무역상이 영국 항구에 들어갈 수 없게 했습니다. 결국 영국과 네덜란드 사이에 전쟁이 터졌지만, 네덜란드는 영국을 이길 수 없었어요. 1653년 12월 6일 의회를 해산한 크롬웰은 종신 호국경으로 잉글랜드와 스코틀랜드, 아일랜드를 다스렸습니다. 특히 식민지가 된 아일랜드에서는 크롬웰의 폭정을 견디다 못해 많은 사람이 미국으로 이민을 떠나기도 했습니다. 크롬웰의 이런 엄격한 통치 방식 때문에 영국 국민은 스튜어트 왕가의 고통을 모두 잊어버릴 정도였습니다.

크롬웰이 세상을 떠난 뒤, 그의 아들 리처드 크롬웰이 뒤를 이어 영국을 통치했습니다. 이는 왕의 아들이 왕위를 계승하는 것과 다를 바가 없었어요. 그러나 크롬웰의 아들은 아버지의 빈자

○ 찰스 2세

찰스 1세의 아들로 아버지가 처형된 후 스코틀랜드에서 즉위했으나, 올리버 크롬웰에게 패한 후 프랑스로 망명했습니다. 1660년 왕정복고에 따라 귀국해 이듬해 즉위했지만 네덜란드와의 전쟁, 흑사병, 런던 대화재에 시달렸습니다. 나중에 의회와 대립이 심해져서 의회는 '심사율', '인신 보호법'등을 제정해 왕의 전제 정치에 대항했습니다.

리를 채우기에 역부족이었습니다. 의욕은 있었으나 아버지의 두뇌와 능력까지는 물려받지 못한 탓이었습니다. 결국 얼마 안 가 그는 호국경 자리에서 물러날 수밖에 없었습니다.

그리하여 1660년 찰스 1세의 아들 찰스 2세가 영국의 새로운 왕이 되었습니다. 스튜어트 왕가의 자손이 다시 왕이 된 거예요. 영국인들이 찰스 2세에게 바란 것은 입헌 군주제였습니다. 하지만 그는 망명 시절에 가까이에서 바라본 프랑스의 절대 왕정을 동경했습니다. 찰스 2세에게는 '즐거운 군주'라는 별칭이 있었습니다. 오로지 술과 음식, 유희에만 관심이 있었던 거예요. 신성하고 성스러운 대상도 그에게는 단지 놀림감에 불과했습니다. 더욱이 그는 아버지를 죽게 만든 사람들에 대해 복수하겠다는 생각이 강했어요. 그래서 인간이 생각할 수 있는 가장 잔인한 방법으로 그들을 처형했습니다. 게다가 올리버 크롬웰을 비롯해 이미 죽은 자들의 시체를 무덤에서 꺼내어 공중에 매달아 목을 자르기도 했답니다.

찰스 2세가 다스리는 동안에 런던에서는 끔찍한 흑사병이 유행했습니다. 그 때문에 약 2년 동안 무려 7만 5,000명의 사망자를 냈습니다. 그러자 영국인들은 왕의 폭정에 화가 난 하나님이 벌을 내린 것이라고 생각했습니다. 이듬해인 1666년 가을에는 런던 다리 부근에 있는 왕실의 빵 가게에서 큰 화재가 났습니다. 갑자기 불어닥친 거센 바람 때문에 불길을 진압하는 데 오랜 시간이 걸렸습니다. 그런데 전화위복이라고 할까요? 런던 대화재는 흑사병을 비롯해 온갖 더러운 쓰레기까지 집어삼켰습니다.

그 결과 런던에 목재 건축물이 사라지고 벽돌 건축물이 등장하게 되었습니다. 1666년 런던 대화재는 '666'이란 숫자 때문에 기억하기 쉬울 거예요. 마치 숫자 모양이 불길이 솟아오르는 것 같지 않나요?

무혈 혁명

1685년 찰스 2세의 뒤를 이어 왕이 된 제임스 2세 또한 이전의 왕들과 크게 다를 바 없었습니다. 얼마나 폭정을 했으면 의회당인 휘그당은 물론 왕당파인 토리당까지 제임스 2세를 제거하는 데 동의했을까요. 제임스 2세의 강력한 전제 정치에 맞서 의회는 평화적인 방법으로 국왕을 바꾸고자 노력했습니다. 의회 지도자들은 제임스 2세의 딸 메리 2세와 그녀의 남편인 네덜란드 총독 윌리엄에게 공동으로 영국 왕이 되어 줄 것을 요청했습니다. 윌리엄 3세와 메리 2세 부부는 대규모 군대를 앞세우고 런던으로 들어왔습니다. 여러 귀족들의 환영을 받으며 윌리엄과 메리 부부가 입성하자, 이에 놀란 제임스 2세는 해외로 도피했습니다.

윌리엄과 메리 부부가 영국을 다스리는 동안에 왕과 의회 사이의 싸움이 진정되었습니다. 대화재가 일어난 지 22년 후인 1688년, 의회가 법의 권

○ 윌리엄 3세와 메리 2세
의회와 연합해 제임스 2세를 퇴위시킨 네덜란드 총독 윌리엄(잉글랜드의 윌리엄 3세)과 메리 2세는 공동으로 왕위에 올랐습니다.

◐ 권리 장전(1688년)
영국 의회가 명예 혁명으로 윌리엄 3세를 추대하면서 권리 선언을 제출해 승인을 받았습니다. 이 선언을 토대로 의회 제정법이 공포되었습니다. 영국의 국가 제도를 규정한 대헌장(1215년), 권리 청원(1628년)과 함께 헌정 사상 중요한 의미를 지니는 의회 제정법입니다.

력은 왕권보다 앞선다는 내용을 담은 권리 장전을 발표했기 때문입니다. 의회의 권력은 팔팔(88)하게 살아 있다고 기억해 두세요. 권리 장전의 주요 목적은 제임스 2세가 자행한 여러 관행들이 불법적이었음을 분명히 규정하는 데 있었습니다. 권리 장전의 선포에 따라 금지된 관행에는 국왕이 법률을 무시하고 자의로 행사하는 특권을 비롯해 의회의 동의 없이 법률의 효력을 완전히 정지시키는 것, 의회의 특별한 승인 없이 과세하거나 평화 시에 상비군을 유지하는 행위 등이 있었어요. 또한, 자유로운 선거 실시와 의원들의 언론 자유 보장을 강조하면서, 의회의 소관 문제에 대해 왕이 개입하지 못하도록 명시한 조항들이 있습니다. 이와 함께 차기 왕위 계승 문제도 다루고 있습니다. 왕위는 신교도가 이어받도록 하고, 그 순위는 메리의 상속자들, 메리의 여동생인 앤 여왕의 후손들, 그리고 윌리엄의 상속자들의 차례가 되도록 규정했어요.

권리 장전은 훗날 영국의 의회 정치가 발달하는 기초가 되었습니다. 또한, 영국의 절대주의를 종식시켰다는 데 큰 의의가 있으며, 후에 미국의 독립이나 프랑스 혁명에도 큰 영향을 미쳤지요.

권리 장전으로 영국의 통치권은 의회로 돌아가게 되었고, 그 후 영국의 실질적인 통치자는 왕이 아닌 의회가 되었습니다. 이 혁명은 피 한 방울 흘리지 않고 명예롭게 이루어졌다고 해서 명예 혁명이라고 부릅니다. ✐

현대에도 권력이 한 사람에게 주어질 수 있을까요?
이런 상황을 막기 위해 어떤 노력을 해야 할까요?

영국 케임브리지 대학교의 역사학과 교수였던 액턴 경(Lord Acton)은 "권력은 부패하기 쉽다. 절대 권력은 절대적으로 부패한다."라고 말했어요. 사실 사람들은 권력을 가지면 그것을 나누어 주려고 하기보다는 독점하려는 성향이 강하거든요. 따라서 한 사람이 모든 권력을 갖게 되면, 아무리 깨끗한 양심을 가진 사람이라도 부패할 수밖에 없습니다. 대부분의 민주주의 국가들은 이와 같은 상황을 막기 위해 입법부, 행정부, 사법부로 권력을 나누었어요. 이렇게 세 기관은 국가의 권력을 위임받아 서로 견제하면서 권력이 부패하지 못하도록 한답니다. 그렇다면 우리는 이런 제도를 갖추었으니 안심하고 살아도 될까요? 권력은 언제든 부패하게 마련이기 때문에 국민이 이를 끊임없이 감시해야 합니다. 그것이 우리 시민의 권력과 권리를 지키는 방법이에요.

10 프랑스를 만든 사람들 |
프랑스의 절대 왕정

유럽 각국이 1618년부터 30년 동안 종교와 영토, 통상 등의 문제로 기세 싸움을 벌인 것을 30년 전쟁이라고 합니다. 30년 전쟁이 한창일 무렵, 프랑스는 루이 13세가 다스리고 있었지만, 실권은 추기경이었던 리슐리외가 쥐고 있었습니다. 루이 13세가 전쟁터에서는 용감한 왕이었지만 정신적인 불안정과 병약한 체질 때문에 제대로 국정을 운영하기 어려웠거든요. 유능한 외교관이기도 했던 리슐리외는 루이 13세에게 유럽의 주도권을 쥐기 위해 30년 전쟁에 뛰어들 것을 부추겼습니다. 그런데 가톨릭 추기경이었던 리슐리외가 개신교 편에 서서 가톨릭 국가와 전쟁을 하게 됩니다. 도대체 왜 그런 걸까요?

- **1618년** 신교와 구교가 신성 로마 제국을 무대로 30년 전쟁을 시작하다. 루이 13세 때의 가톨릭 추기경이자 총리였던 리슐리외는 패권을 장악하기 위해 가톨릭 세력인 합스부르크 왕가에 맞서다.

- **1643년** 다섯 살의 나이로 루이 14세가 왕위에 오르다. 재위 기간은 72년으로 우리나라의 영조 임금보다 20년이나 더 길다.

- **1648년** 30년 전쟁을 종결하는 베스트팔렌 조약이 체결됨으로써 신성 로마 제국이 사실상 붕괴되다. 베스트팔렌 조약은 근대 외교 조약의 효시로 인정받다.

베스트팔렌 조약 체결(1648년)로 30년 전쟁 종결. 신성 로마 제국 사실상 붕괴. 네덜란드와 스위스 독립

신교와 구교, 신성 로마 제국을 무대로 **30년 전쟁**을 치름(1618 ~1648년)

스페인 왕 **구스타프 2세 아돌프**. 뤼첸 전투에서 사망(1632년)

루이 14세. 궁전을 베르사유로 옮김(1682년)

루이 13세 때의 총리 **리슐리외**, 합스부르크 왕가(오스트리아, 스페인)에 맞섬

덴마크 왕국
아일랜드
잉글랜드 왕국
네덜란드 영방 공화국
오스나브뤼크
암스테르담
뮌스터
런던
뤼첸
프라하
파리
신성 로마 제국
오스트리아
빈
헝가리 왕국
베르사유
뮌헨
프랑스 왕국
베른
스위스 공화국
베네치아 공화국
마르세유
스페인 왕국

30년 전쟁의 배후, 리슐리외

1610년 루이 13세가 프랑스 왕이 되었습니다. 당시 아홉 살이었던 그는 너무 어린 데다가 선천적으로 병약했기 때문에 나랏일을 맡아서 할 능력이 부족했습니다. 그래서 그의 어머니 마리 드 메디시스가 아들을 대신해 나라를 다스렸습니다. 메디시스가 통치권을 루이 13세에게 넘겨주었을 때, 왕을 도와 나라를 다스릴 유능한 총리가 필요했던 것은 그 때문입니다. 다시 말해 루이 13세는 왕의 자리만 지키고 있었고, 실제로 일은 총리가 처리했습니다. 루이 13세가 총리로 지명한 사람은 리슐리외였습니다. 이름이 조금 어렵긴 하지만 외워 두세요. 훗날 프랑스가 절대 왕정을 이룩하는 데 큰 역할을 한 사람이거든요.

○ 리슐리외
로마 가톨릭교의 추기경으로 1624년부터 1642년 사망할 때까지 루이 13세가 다스리던 프랑스의 총리로 일했습니다. 뒤마의 소설 『삼총사』 때문에 악당으로 알려지기도 했으나, 실제로는 유능한 외교가였습니다.

이제는 전쟁 이야기가 지겨울 때도 되었지만, 동양이나 서양의 역사에서 전쟁 이야기를 빼놓고 할 이야기는 그리 많지 않습니다. 가슴이 아프지만 루이 13세가 재위한 43년 동안에 또 하나의 지루한 전쟁이 시작되었습니다. 무려 30년 동안이나 계속해서 싸웠기 때문에 30년 전쟁이라고 합니다. 30년 전쟁의 3자와 루이 13세의 3자를 연결해서 기억해 두세요. 이 전쟁은 보통 전쟁과는 조금 달랐어요. 두 나라 간의 전쟁이 아니라 신교(프로테스탄트 혹은 개신교)와 구교(로마 가톨릭교) 간의 전쟁이었던 거예요. 이 전쟁은 유럽 전역에서 벌어졌습니다.

발단은 늘 작은 일에서 시작하지요. 개신교를 탄압하던 보헤미아(체코)의 왕 페르디난트 2세가 신성 로마 제국의 황제가 되었습니다. 그러나 보헤미아의 개신교 귀족들은 그를 황제로 인정하지 않았습니다. 개신교 귀족들은 페르디난트 2세의 폐위를 선포하고, 팔츠의 선제후인 프리드리히 5세를 보헤미아의 왕으로 추대했거든요. 선제후는 신성 로마 제국 황제를 선정하는 신성 로마 제국의 선거인단 역할을 했습니다.

페르디난트 2세는 같은 가톨릭 국가인 스페인에 지원을 요청했어요. 1620년 가톨릭 군대와 개신교 군대가 보헤미아의 수도 프라하 부근에서 충돌했습니다. 이 전투에서 개신교 군대가 패하자 프리드리히 5세는 네덜란드로 망명했습니다.

이때까지만 해도 전쟁은 신성 로마 제국 내의 아주 작은 지역에서만 치러졌어요. 전쟁은 금방 끝날 것 같았습니다. 그러나 덴마크가 신교를 구하기 위해 독일을 침략했습니다. 영국과 네덜란드도 덴마크를 지원했어요. 영국은 독일과 스페인의 세력을 꺾기 위해, 네덜란드는 스페인으로부터 독립을 쟁취하기 위해 덴마크를 지원한 거예요. 이제 전쟁은 합스부르크 왕가의 보헤미아로부터 독일 · 스페인 대 덴마크 · 영국 · 네덜란드로 확대되었습니다.

이 책에서 지금껏 단 한 번도 소개된 적이 없는 북유럽 국가 스웨덴도 발트 해의 제해권을 확보하려는 독일의 위협을 제거하기 위해 30년 전쟁에 참가했습니다. 당시 스웨덴 왕이었던 구스타프 2세 아돌프는 추운 나라의 왕이라서 '눈의 왕'이라고 불리기도 했고, 용맹한 무사라서 '북방의 사자'라고도 불렸습니다.

구스타프 왕은 당시 유럽 왕들 가운데 가장 훌륭한 인품을 지니고 있었습니다. 사실 당시의 왕들은 자기밖에 몰랐거든요. 원

○ 페르디난트 2세
보헤미아의 개신교 귀족들이 페르디난트 2세의 폐위를 선포하고 프리드리히 5세를 추대한 일이 30년 전쟁의 발단이 되었습니다. 1619년 신성 로마 제국의 황제가 된 페르디난트 2세는 프리드리히를 격파하고 보헤미아에 합스부르크의 지배권을 확립했습니다. 한때는 전 독일을 제패했으나, 스웨덴 왕 구스타프 2세 아돌프의 침입으로 그의 기도는 좌절되었습니다.

하는 것을 얻기 위해서라면 거짓말과 도둑질, 살인까지도 마다하지 않았습니다.

프랑스의 총리이자 추기경이었던 리슐리외는 당연히 로마 가톨릭교도였고, 프랑스 역시 가톨릭 국가였

○ 뤼첸 전투

구스타프 2세 아돌프는 스웨덴의 왕이자 구스타프 1세 바사의 손자로 '북방의 사자'라고 불렸습니다. 발트 해의 제해권을 확보하려는 신성 로마 제국 황제의 위협을 제거하기 위해 30년 전쟁에 참가했습니다. 구스타프 2세 아돌프는 연이어 승리했으나 뤼첸 전투에서 중상을 입고 전사했습니다.

습니다. 그런데도 루이 13세에게 개신교 편에 설 것을 조언했습니다. 이는 리슐리외의 사상을 단적으로 보여 주는 사건입니다. 그는 종교에 앞서 프랑스를 강국으로 만드는 일을 최우선으로 생각했던 거예요.

리슐리외는 30년 전쟁을 통해 프랑스가 강국이 되기 위해서는 숙적이었던 오스트리아를 견제해야 한다고 생각했습니다. 결국 가톨릭 국가인 프랑스는 스웨덴을 지원했지요.

든든한 지원군을 얻은 구스타프 2세는 연이어 승리했으나 안타깝게도 전쟁터에서 숨을 거두고 말았습니다. 구스타프 2세가 전사하면서 전세는 역전되었습니다. 양측이 엎치락뒤치락하면서 어느 쪽도 승리를 장담할 수 없었어요.

리슐리외도 30년 전쟁의 끝을 보지 못하고 눈을 감았습니다. 리슐리외 뒤를 이어 총리가 된 인물은 마자랭입니다. 그도 리슐리외와 마찬가지로 왕권 강화와 국가 권력 강화에 헌신적으로 노력했습니다. 그의 노력 덕분에 1643년 루이 13세의 뒤를 이어 왕이 된 루이 14세 때 프랑스는 최고의 전성기를 누릴 수 있게 됩니다.

유럽을 뒤흔든 베스트팔렌 조약

페르디난트 2세에 이어 신성 로마 제국의 황제가 된 페르디난트 3세는 더 이상 전쟁해 봐야 실익이 없다는 것을 깨달았습니다. 때마침 영국에서는 청교도 혁명이 시작되었습니다. 신성 로마 제국에도 그런 혁명이 일어난다면 얼마나 끔찍할까요? 청교도 혁명의 불똥이 튈 것을 염려한 페르디난트 3세는 서둘러 전쟁을 끝내자고 제의했고, 그 제의는 받아들여졌습니다. 1648년에 30년 전쟁은 리슐리외 뜻대로 신교의 승리로 끝나고, 베스트팔렌 조약이라는 평화 협정이 맺어집니다.

종교 주권을 인정한 이 조약의 한계는 신교든 가톨릭이든 군주가 믿는 종교가 곧 국교라는 데 동의했다는 점입니다. 베스트팔렌의 강화 회의는 66개국 대표가 참가한 역사상 최초의 근대적 국제회의라는 데 큰 의미가 있습니다. 종교의 자유가 보장되었다는 것 하나만으로 근대적인 조약이 된 것은 아닙니다. 근대

◐ **베스트팔렌 조약의 비준**
독일 뮌스터 시청에서 독일 공화국과 스페인이 협정에 비준하고 있습니다. 이로써 신성 로마 제국에서 일어난 30년 전쟁과, 스페인과 네덜란드 공화국 간의 8년 전쟁도 끝이 났습니다. 이 조약에는 신성 로마 제국 황제 페르디난트 3세(합스부르크 왕가)를 비롯해, 동맹국 제후들과 신성 로마 제국 내의 자유 도시들이 참여했습니다.

라는 말을 붙일 수 있는 까닭은 이 조약 때문에 중세 유럽의 상징이었던 신성 로마 제국이 사실상 해체되었기 때문입니다. 이때부터 신성 로마 제국의 영방국가들은 독립적인 국가처럼 행세하기 시작했습니다.

영방은 연방과는 조금 다릅니다. 미국 같은 연방 국가에서는 지방 정부가 독립적인 것처럼 보이지만, 실제로는 중앙 정부의 통제를 받습니다. 그러나 영방 국가인 신성 로마 제국에서는 소속된 여러 나라들이 군대를 갖추고 세금도 따로 거뒀습니다.

합스부르크 왕가에서 배출된 황제는 사실상 신성 로마 제국 전체의 황제라고 할 수 있습니다. 18세기 신성 로마 제국의 영토는 독일 · 체코(보헤미아) · 오스트리아 · 벨기에 · 폴란

❍ 베르사유 궁전
원래 루이 13세가 지은 사냥용 별장이었는데, 루이 14세의 명령으로 대정원을 착공하고 건물 전체를 증축했습니다.

드 · 네덜란드 일부 · 스위스 · 부르고뉴(프랑스) · 이탈리아 일부까지 포함되었거든요. 황제는 각각 다른 장소에서 대관식을 치르고, 마지막으로 교황에 의해 로마 황제로 즉위해 제국 전체에 군림했습니다.

베스트팔렌 조약이 체결되면서 합스부르크 왕가는 오스트리아의 황제로 만족해야 했습니다. 신성 로마 제국의 영토가 합스부르크 왕가의 오스트리아와 그 주변국으로 대폭 줄어들었거든요. 국익을 위해 가톨릭교를 버렸던 프랑스는 많은 영토를 할양받아 유럽의 강대국으로 부상했고, 스페인으로부터 독립 투쟁을 벌여 왔던 네덜란드도 독립을 얻어 냈습니다. 스위스도 이때 독립했습니다. 또한, 역사상 처음으로 프로이센이 왕국으로 등장합니다.

태양왕 루이 14세

루이 13세의 뒤를 이어 루이 14세가 프랑스 왕이 되었습니다.
영국 국민은 의회를 통해 직접 나라를 다스릴 수 있는 힘을 얻
었지만, 프랑스 국민은 그렇게 할 수 없었습니다. 프랑스 국왕
루이 14세가 자신 이외의 누구도 통치권을 가질 수 없도록 했거
든요. "짐이 곧 국가다."라는 말에서 그의 이런 생각을 엿볼 수
있습니다. 이것은 스튜어트 왕가의 왕권신수설과 같은 것으로
서, 영국 국민은 이미 그러한 전제 정치의 그늘에서 벗어났지만
프랑스는 더욱 깊숙이 들어가고 있었던 거예요. 루이 14세의 통
치 기간이 약 70년이었다는 점을 감안하면 프랑스 국민이 얼마
나 암담했을지 어렵지 않게 짐작할 수 있을 거예요.

루이 14세는 궁전에서 화려한 무도회를 열곤 했어요. 커다란
태양을 수놓은 옷을 입고 등장해 사람들 앞에서 춤추기도 했습
니다. 태양과 같은 절대 권력을 휘두르는 왕이라는 뜻으로 사람
들은 그를 태양왕이라고 불렀습니다. 그는 마치 영화 속의 주인
공이라도 된 것처럼 늘 으스대며 걸어 다녔습니다. 자신이 보통
사람들과 다르다는 걸 보여 주려고 했던 거예요. 코르셋을 입고
풍성한 가발을 쓴 채로 굽 높은 빨간 구두를 신었습니다. 그런
행동이 자기를 더욱 위엄 있고 당당해 보이게 할 것이라고 믿었
기 때문이에요. 그래서 굽 높은 구두를 '프렌치 힐'이라고 하는
지도 모릅니다.

입고 다니는 옷이나 하는 행동만 놓고 보면 루이 14세가 매우
엉뚱한 사람이라고 느껴질 수도 있습니다. 하지만 사실은 그렇
지 않습니다. 그는 가장 오랫동안 프랑스를 지배한 강력한 통치

◎ 루이 14세

프랑스 부르봉 왕조의 대표적인 전제 군주입니다. 다섯 살 때 왕위에 올라 1715년 9월에 죽을 때까지 왕좌에 있다가, 77번째 생일을 맞이하기 4일 전에 사망했습니다. 치세 기간이 72년 3개월 18일로 유럽의 군주 중 가장 오랫동안 재위했습니다. 왕권신수설을 믿었던 루이 14세는 베르사유 궁전을 지어 화려한 궁정 생활을 함으로써 재정 결핍을 초래했고, 프랑스 혁명의 원인을 제공했습니다.

자이고, 프랑스를 유럽 최고의 강대국으로 만들어 놓은 장본인입니다. 그는 끊임없이 전쟁을 벌여 국토를 확장한 정복왕이기도 했습니다. 이제 스페인과 영국의 시대는 가고 프랑스의 시대가 온 것입니다.

국민의 권리와 의회의 권한을 무시한 이전의 왕들은 얼마 가지 못하고 쫓겨나거나 죽고 말았는데, 어째서 루이 14세는 프랑스의 절대 왕정을 그토록 오랫동안 유지할 수 있었을까요? 아마루이 14세는 사람을 다루는 법을 잘 알았던 모양이에요. 그는

⊙ 베르사유 궁전의 예배당

루이 14세가 지은 바로크 양식의 왕실 예배당입니다. 마리 앙투아네트와 루이 16세가 결혼식을 올렸던 곳으로 2층에서는 왕족, 1층에서는 귀족이 예배를 보았습니다.

수많은 사람을 자기 주위로 불러 모았어요. 그러고는 자신에게 충성할 수 있도록 그들에게 알맞은 관직을 주었습니다. 자기편을 만든 거예요.

그는 콧대 높은 귀족들의 기를 꺾기 위해 좀 더 화려하고 웅장한 궁전을 지었습니다. 베르사유 궁전은 무려 40년 동안이나 공사한 끝에 완성되었습니다. 대리석으로 꾸민 방에는 아름다운 그림이 가득 걸렸습니다. 궁전 여기저기에는 아름다운 분수가 자리 잡고 있었고, 이 분수에 물을 대기 위해 먼 곳에서 물을 끌어와야만 했습니다.

1648년 왕권을 견제하기 위해 귀족들이 반란을 일으켰습니다. 부르봉 왕조에 대해 귀족들이 일으킨 이 반란을 프롱드의 난이라고 합니다. 루이 14세는 프롱드의 난을 계기로 재능이 뛰어나고 힘이 있는 귀족들을 궁전 주위에 모여 살게 했습니다. 이를 루이 14세의 왕실이라고 합니다. 왕실에 속한 사람들은 '사교계' 생활을 즐기느라 권력 다툼도 잊을 정도였습니다.

그러나 루이 14세와 귀족들이 흥청망청 써 대는 돈을 지불하는 것은 왕실 바깥에 사는 가난한 사람들의 몫이었습니다. 가난한 사람들은 왕의 무도회 비용을 대느라 허리띠를 졸라매야 했습니다. 하지만 '지렁이도 밟으면 꿈틀한다'는 말이 있듯이 루이 14세는 앞으로 어떤 일이 일어날지 미처 몰랐을 것입니다.

생각해
보세요

루이 14세가 귀족들을 궁전 주위로 불러들인 계기
가 된 '프롱드의 난'은 어떤 의미를 지니고 있나요?

프롱드란 당시 파리의 아이들이 공무원에게 돌을 던지는 놀이에서 사용한 투석기를 가리키는 말입니다. 또 '프롱드의 난'이란 왕권을 견제하기 위해 일어난 귀족의 반란을 가리킵니다. 첫 번째 난은 파리 고등 법원 법관들을 중심으로 고위 공직자들과 국왕 사이에서 일어났고, 두 번째 난은 콩데 공을 중심으로 귀족들과 국왕 사이에서 일어났습니다. 그런데 프롱드의 난이 실패로 끝나면서 오히려 루이 14세의 절대주의 기반이 더욱 확고하게 다져지게 되었습니다. 물론 시민 계급 최초의 혁명으로서 프롱드의 난이 뿌린 씨앗은 훗날 프랑스 혁명으로 이어졌습니다. 또한, 그 결과 프랑스에서 절대 왕정을 무너뜨리고 자유와 평등을 중시하는 공화정이 탄생하게 되는 계기가 마련되었습니다.

11 러시아의 계몽 군주 |
러시아의 역사

한 때 러시아는 약 225년 동안이나 몽골의 지배를 받았습니다. 1223
년경 아직 국가의 모습을 제대로 갖추지 못했을 때의 일입니다. 그
때까지만 해도 러시아는 아시아의 변방쯤으로 인식되었습니다. 그러나 러
시아 건국의 아버지 표트르 대제(표트르 1세)가 왕이 되자, 위로부터 급진
적인 개혁을 추진해 러시아의 모든 관습과 풍속을 일시에 바꾸는 한편, 스
웨덴과의 전쟁에서 승리해 해안선을 확보했습니다. 또한, 유럽의 온갖 문
물을 받아들여 러시아를 유럽의 강대국으로 발전시켰습니다. 러시아 근대
화의 상징적인 인물인 표트르 대제는 강력한 리더십을 바탕으로 러시아
를 일약 세계사의 주역으로 끌어올린 것입니다.

- **1700년** 카를 12세가 이끄는 8,000명의 스웨덴군이 4만 명의 러시아군을 완전히 격파하다. 이를 나르바 전투라고 한다. 이 시기에 우리나라에서는 장희빈이 인현 왕후를 시해하려다 발각되어 처형되다.
- **1703년** 표트르 대제가 북방 전쟁에서 카를 12세의 군대를 무찌른 뒤 발트 해 연안에 상트페테르부르크를 세우다.
- **1721년** 표트르 대제가 임페라토르(라틴어로 '황제'라는 뜻)라는 칭호를 받음으로써 러시아 절대주의 왕정을 확립하다.

스웨덴 왕 **카를 12세**, 나르바 전투에서 러시아를 대파(1700년)

표트르 대제, 북방 전쟁에서 상트페테르부르크 '표트르의 도시'라는 뜻) 점령(1703년)

표트르 대제의 황후 **예카테리나**, 황제로 즉위(1725년)

나르바

상트페테르부르크

바르샤바

오스크바

시베리아

러시아

이르쿠츠크

오스만 튀르크

히바

부하라

타슈켄트

청

조선소 노동자 표트르 대제

● 표트르 대제

러시아 로마노프 왕조의 제 4대 황제로 표트르 1세라고 불립니다. 스웨덴과 북방 전쟁을 벌여 발트 해를 확보했습니다. 1721년 원로원이 그에게 '임페라토르(황제)'라는 칭호를 부여하면서 러시아 절대주의 왕정이 확립되었어요. 만년에 표트르 대제는 북방 전쟁의 결과로 획득한 발트 해 바닷가의 불모지에 새로운 수도 상트페테르부르크를 건설했습니다.

동유럽에는 미국보다 땅덩어리가 넓은 나라가 있습니다. 바로 러시아입니다. 하지만 1700년대 이전의 세계사에서 러시아는 누구의 주목도 받지 못했습니다. 유럽에서 가장 큰 나라였지만 문명이 발전하지 못했기 때문이에요.

러시아인은 크게 아리아인에 속하는 슬라브족으로 백인이기는 하지만 황인종 국가인 중국과 접해 있어 여러 가지 면에서 중국인과 비슷했습니다. 게다가 1223년경에는 칭기즈 칸의 지배를 받기도 했습니다. 기독교 국가인 것만 빼면, 러시아는 모든 면에서 유럽보다 동방에 가까웠습니다.

깊은 잠에 빠진 러시아가 눈뜨게 된 것은 1672년에 태어난 표트르 왕자 덕분이었습니다. 그는 왕궁 근처에 버려진 영국 범선에 올라타길 좋아했으며, 모형 요새를 건설하는가 하면 놀이의 일종으로 군대를 조직하기도 했습니다. 처음에는 물을 두려워했지만 자존심 때문에 물속에 뛰어드는 것을 망설이지 않았어요. 몇 차례 물을 마신 뒤에는 마침내 두려움을 극복할 수 있었습니다.

어느덧 열일곱 살이 된 표트르 왕자는 스스로 러시아를 통치할 만큼 성장했다는 것을 보여 주기 위해 예브도키야와 결혼했습니다. 그의 통치 철학은 러시아를 서구화하는 것이었습니다. 몽골족의 영향을 그대로 가지고 있으면 영원히 후진국의 자리를 면치 못할 거라고 생각했거든요.

그래서 기존의 문화와 문명을 서양식으로 바꾸기 위해 러시아의 젊은이들을 외국으로 내보냈습니다. 스스로도 새로운 문물을 배우기 위해 평범한 차림으로 네덜란드에 들어갔습니다. 그곳에서 그는 조선소 노동자로 일했고, 심지어 구두 수선공과 치과 의사의 조수로도 일했습니다.

'북방의 미치광이' 카를 12세

표트르는 네덜란드에 이어 영국에 가서도 많은 것을 배우고 왔습니다. 이후 본격적으로 러시아를 개혁하는 일에 착수했습니다. 물론 그의 급진적인 개혁에 반대하는 사람도 적지 않았습니다. 하지만 그의 생각에는 변함이 없었어요.

표트르가 무엇보다도 가지고 싶었던 것은 다른 나라들처럼 훌륭한 함대를 갖추는 것이었습니다. 함대를 갖추기 위해서는 배를 띄울 바다가 필요했는데 당시 러시아에는 해안이 거의 없었습니다. 해안이 있다고 해도 꽁꽁 얼어붙은 곳들이라 무용지물이었어요. 그래서 표트르는 인접 국가인 스웨덴의 해안을 빼앗기로 결심했습니다.

당시 스웨덴 왕은 아직 소년티를 벗지 못한 카를 12세였습니다. 표트르는 승리를 확신했습니다. 그러나 카를 12세는 다재다능한 데다가 머리까지 비상한 사람이었습니다. 여러 나라의 언어를 구사할 줄 알았고, 이미 네 살 때부터 말을 타고 사냥하며

○ 카를 12세
스웨덴 왕 카를 12세는 1700년 나르바 전투에서 러시아를 크게 물리쳤지만, 폴타바 전투에서 러시아에 패하는 바람에 오스만 튀르크로 망명했습니다.

전쟁하는 법을 배웠습니다. 또한, 무엇보다 어떤 고난이나 위험도 두려워하지 않았습니다. 사람들은 그를 '북방의 미치광이'라고 불렀습니다. 결국 표트르의 군대는 카를 12세에게 패하고 말았습니다.

그러나 표트르는 패배를 겸허히 받아들이고 카를 12세와의 전쟁에서 배운 점을 토대로 군대를 재정비했습니다. 당시 카를 12세가 러시아를 비롯해 스웨덴을 공격하는 모든 국가를 격퇴하자 유럽 국가들은 알렉산드로스 대왕이 살아 돌아온 게 아닌가 생각했을 정도였고, 카를 12세가 유럽 전역을 정복할까 봐 두려움에 떨었습니다.

러시아 건국의 아버지

표트르는 러시아의 근대화를 앞당기기 위해 유럽과 가까운 스웨덴의 발트 해에 서방으로 통하는 문을 마련하고자 했습니다. 이것이 그가 두 번씩이나 스웨덴에 쳐들어간 이유입니다. 유럽과 쉽게 왕래할 수 있고 겨울에도 얼지 않는 항구가 필요했던 거예요. 러시아는 겨울이 되면 항구가 얼어붙어 배를 움직일 수 없었거든요.

결국 발트 해 연안을 빼앗은 표트르는 그곳에 항구를 만들고 함대를 배치했습니다. 당시 러시아의 수도는 러시아 중심부에 있는 모스크바였는데 바다와 멀다는 것이 단점이었어요. 그래서 표트르는 수도를 모스크바에서 발트 해 연안으로 옮겼습니다. 그리고 그 지역의 이름을 '표트르의 땅'이라는 뜻으로 상트페테르부르크라고 불렀습니다. 상트페테르부르크는 나중에 레닌그라드로 이름이 바뀌게 됩니다.

'러시아 건국의 아버지'라고 불린 표트르는 교육에 관심이 많았습니다. 과학 아카데미를 비롯한 여러 학교를 세우고 수학 교육을 전국적으로 실시했습니다. 이 때문에 누구나 간단한 셈 정도는 할 수 있게 되었어요. 그뿐만 아니라 도시 경제에도 활기를 불어넣었습니다. 노동자를 고용한 작업장들이 하나둘 생겨나기 시작하자, 이제 막 탄생한 자본가 계급은 큰 이익을 얻을 수 있었습니다. 표트르는 제도 개선에도 신경을 썼습니다.

먼저 몽골식 복장을 버리고 유럽식 복장을 받아들였습니다. 여자들은 더 이상 베일을 쓸 수 없었고, 남자들은 수염을 기를 수 없었습니다. 그러자 일부 귀족들은 수염이 없으면 천국에 들어가지 못할 거라고 생각한 나머지 죽어서 관 속에 들어갈 때

○ 예카테리나 1세
평범한 농민 출신인 예카테리나와 사랑에 빠진 표트르 대제는 황후였던 예브도키야의 성정이 너그럽지 못하다는 이유로 폐위시키고 예카테리나를 황후로 책봉했습니다. 그녀는 표트르 대제가 세상을 떠난 뒤 러시아 제국 로마노프 왕조의 여황제가 되었습니다.

수염을 함께 넣어 달라고 부탁했습니다. 그뿐만 아니라 표트르는 국내에 알려지지 않은 유럽의 온갖 문물을 소개하기도 했습니다.

표트르는 사랑도 남달랐습니다. 다른 왕들처럼 공주와 결혼한 것이 아니라 평범한 농민 출신의 예카테리나와 결혼식을 올렸습니다. 그녀는 교육이라고는 받아 본 적이 없는 여자였지만, 상냥하고 재치가 넘쳤으며 사랑스러웠습니다. 러시아 백성은 미천한 여자를 여왕으로 받들어야 한다는 사실에 경악을 금치 못했지만, 표트르는 아랑곳하지 않고 그녀에게 왕관을 씌워 주었습니다.

표트르는 상트페테르부르크 건설 현장을 둘러보기 위해 배를 타고 순시하던 중에, 한 병사가 물에 빠진 것을 보고 물속으로 뛰어들었다가 폐렴에 걸려 숨을 거두었습니다. 황손인 표트르 2세가 너무 어린 탓에 1725년 황후 예카테리나가 제위를 계승해 예카테리나 1세로 즉위했어요.

표트르 대제는
지도자로서 어떤 덕목을 지녔을까요?

표트르 대제는 잠들어 있던 러시아를 깨워 근대화를 이룬 왕입니다. 머리가 똑똑하다거나 유능한 전략가는 아니었지만, 지도자에게 필요한 몇 가지 요소를 갖추고 있었습니다. 우선 러시아를 유럽의 강대국으로 만들겠다는 분명한 목표를 가지고 있었습니다. 목표가 분명했기 때문에 선진 문물을 배우기 위해 네덜란드로 가서 조선소 노동자가 되기도 했던 거예요. 그는 도중에 실패하더라도 다시 도전할 힘을 가지고 있었고, 마침내 목표를 이룰 수 있었습니다. 러시아 경제가 발전하면서부터 러시아 백성은 표트르 대제를 전적으로 신뢰하기 시작했습니다. 백성의 마음을 얻은 거예요. 백성은 나라의 손과 발이므로, 러시아가 빠르게 성장할 수 있었던 것은 표트르 대제에게 손과 발이 생겼기 때문입니다.

12 프리드리히 왕자 |
프로이센의 역사

모든 왕은 왕자가 강인한 전사로 자라기를 바랍니다. 모름지기 왕이라면 자기 나라를 지킬 수 있는 힘이 있어야 하기 때문입니다. 프로이센의 프리드리히 1세의 아들 프리드리히 2세는 어려서부터 전사와는 너무도 거리가 멀었습니다. 유달리 시와 음악에 관심이 많아 아버지에게 실망만 안겨 주었지요. 하지만 왕이 된 후에 프리드리히 2세는 오스트리아 왕위 계승 전쟁과 7년 전쟁을 치르면서 프로이센을 유럽 최고의 강대국으로 끌어올렸습니다. 그는 계몽주의 군주로서 국가 제일의 종이라는 정신으로 정치, 경제, 사회 등 다양한 분야를 개혁해 개화된 독재자라는 평을 받기도 했습니다.

- **1740년** 신성 로마 제국의 황제 카를 6세가 딸 마리아 테레지아에게 왕위를 계승하다. 그러자 바이에른의 선제후 카를 알베르트가 왕위 계승을 요구함으로써 오스트리아 왕위 계승 전쟁이 일어나다.

- **1756년** 오스트리아 왕위 계승 전쟁에서 독일 동부의 비옥한 슐레지엔 지방을 프로이센에게 빼앗긴 오스트리아 가 그 땅을 회복하려는 과정에서 7년 전쟁이 시작되다.

- **1763년** 7년 전쟁이 영국의 승리로 끝나면서 영국의 헨리 3세와 프랑스의 루이 13세 사이에 파리 조약이 체결되 다. 이로써 미국 동부 연안의 모든 식민지와 북아메리카 대부분이 대영 제국에 넘어가다.

브란덴부르크 선제후 **프리드리히 1세**, 프로이 센 공국을 병합해 프로 이센 왕이 됨(1701년)

프로이센의 **프리드리히 2세**, 오스트 리아 왕위 계승 전쟁의 혼란을 틈타 슐레지엔 점령(1740년)

오스트리아의 **마리아 테레지아**, 슐레 지엔을 탈환하기 위해 프랑스와 연합

영국과 동맹을 맺은 프로이센, 작센에 선제공격을 함으로써 **7년 전쟁**이 시작됨(1756년)

파리 조약 체결. 영국은 북아메리카와 인 도를 식민지로 획득하고, 프로이센은 슐 레지엔 영유권을 확정 지음(1763년)

◑ 프리드리히 2세
어린 시절 문학과 음악에 심취해 아버지 프리드리히 1세의 노여움을 샀습니다. 국왕으로 즉위한 후에는 아버지로부터 물려받은 풍부한 재정과 강력한 군대를 활용해 과감한 대외 정책을 추진했습니다. 그는 오스트리아의 왕위 상속을 둘러싼 분쟁에 편승해 경제적 요지인 슐레지엔을 병합하고, 그 지역을 대대적으로 개발했습니다.

매 맞는 왕자

러시아 앞에 '프'라는 글자를 더한 '프러시아'는 러시아와 전혀 상관이 없는 곳으로 흔히 프로이센이라고 합니다. 땅덩어리가 넓은 러시아가 표트르 대제에 의해 강대국이 되었다면, 땅덩어리가 좁은 독일의 프로이센은 프리드리히 2세에 의해 강대국이 되었습니다. 프리드리히 2세는 표트르 대제보다 조금 늦게 태어났지만, 어쨌든 같은 시대를 살았던 인물입니다.

프리드리히 2세의 아버지 프리드리히 1세는 우표 수집을 하듯 거인을 모으는 취미를 갖고 있었습니다. 키가 2미터가 넘는 사람들을 무려 2,500명이나 모아 거인 부대를 만들었거든요. 그는 키가 큰 사람이라면 어디든지 달려가 그를 신하로 삼았습니다. 정말이지 프로이센 군대를 유럽 최강의 군대로 만들기 위해서라면 물불을 가리지 않았어요.

그랬기 때문에 자기 아들도 훌륭한 군인으로 자라 주길 바랐습니다. 하지만 그게 마음처럼 쉽지 않았어요. 그의 아들 프리드리히 2세는 시와 음악을 좋아하는 수줍은 소년이었기 때문이에요. 사정이 이렇다 보니 프리드리히 1세는 프리드리히 2세, 즉 프리츠에게 불만이 많았습니다. 그래서 화가 나면 프리츠에게 그릇을 집어 던지는 건 예사였고, 며칠씩 방 안에 가두거나 굶겨 가며 매질을 했습니다. 그러던 어느 날, 참다못한 프리츠가 도망을 쳤고, 금세 붙잡혀 도로 끌려왔습니다. 아들이 반항하고 도망치자 화가 머리끝까지 치민 아버지는 아들을 죽이려고 했습니다. 그러나 주위의 만류에 못 이겨 아들을 살려 주었습니다.

그런데 한 가지 흥미로운 사실이 있습니다. 프리츠가 자라 프리드리히 2세가 되는 과정에서 아버지가 원했던 모습, 즉 장군이자 전사의 모습이 드러나기 시작했던 거예요. 그는 여전히 시를 사랑하고 음악을 좋아했지만, 프로이센을 유럽의 강대국으로 만드는 데 성공했습니다.

7년 동안 싸운 프리드리히 2세

1740년 오스트리아 황제 카를 6세가 세상을 떠나면서 유일한 후계자인 마리아 테레지아에게 오스트리아 왕위를 물려주었어요. 그러나 바이에른의 선제후 카를 알베르트(카를 7세)가 여자의 왕위 계승에 이의를 제기해 1742년 신성 로마 제국의 황제가 됩니다. 그가 1745년에 사망하자 마리아 테레지아의 남편 프란츠 1세에게 제위가 돌아갔어요. 30년 전쟁이 끝나면서 체결된 베스트팔렌 조약에 따라 신성 로마 제국의 여러 영방 국가들이 사실상 독립하면서, 방대한 신성 로마 제국의 황제를 겸했던 합스부르크 왕가가 실제로는 오스트리아 일대만 통치했어요. 합스부르크 왕가를 인정하려 들지 않았던 프로이센은 사사건건 오스트리아와 대립했습니다.

프리드리히 2세는 오스트리아 왕위 계승의 혼란을 틈타 오스트리아의 일부를 자국의 영토로 흡수하고 싶었습니다. 오스트리아 일부를 뺏어 오겠다고 마음

○ 카를 6세
신성 로마 제국 황제로서 보헤미아와 헝가리의 왕이자 시칠리아, 나폴리, 사르데냐의 왕을 겸했습니다. 1716년에 하나밖에 없는 아들을 잃은 후 딸 마리아 테레지아에게 오스트리아를 계승하게 합니다. 훗날 이 문제를 둘러싸고 오스트리아 왕위 계승 전쟁이 일어나게 되지요.

○ 마리아 테레지아
신성 로마 제국의 황제 프란츠 1세의 황후이자, 오스트리아의 여제입니다. 마리아 테레지아는 신성 로마 제국의 황제 카를 6세로부터 합스부르크 왕가의 모든 영토를 상속받았습니다. 그러자 주변국들이 여자의 상속권을 인정하려 들지 않아 왕위 계승 전쟁에 휘말리게 됩니다. 마리아 테레지아는 뛰어난 정치력을 발휘해 제국을 이끌었고, 프랑스 루이 16세의 왕비인 마리 앙투아네트를 비롯한 16명의 자녀를 두었습니다.

먹은 그는 이제는 마리아 테레지아가 여자이고, 여자를 공격하는 것이 비겁한 일이라는 비난에는 신경도 쓰지 않았습니다. 프리드리히 2세는 우선 마리아 테레지아에게 슬쩍 한마디 건넸죠.

"당신의 오스트리아 왕위 계승을 인정해 줄 테니, 그 대신 슐레지엔 땅을 우리에게 넘겨주시오." 프리드리히 2세는 말은 그렇게 해 놓고 마리아 테레지아의 답변을 듣기도 전에 군대부터 슐레지엔으로 보냈어요. 오래지 않아 유럽의 모든 국가가 그의 편에 서거나 그의 반대편에 서서 전쟁을 치렀습니다. 이 전쟁으로 프리드리히 2세는 원하던 경제적 요지인 슐레지엔을 얻었고, 그것을 끝까지 지키는 데 성공했습니다.

그러나 당대 최고의 미인이었던 마리아 테레지아는 미모 못지않게 자존심도 강했습니다. 그녀는 억울하게 빼앗긴 영토를 되찾기 위해 신속하고 은밀하게 프로이센으로 쳐들어갈 준비를 했어요. 동맹국인 프랑스, 러시아, 스웨덴의 지원도 약속받았어요. 하지만 이 소식을 접한 프리드리히 2세는 영국과 제휴를 맺고 먼저 신성 로마 제국의 영방 국가인 작센을 기습 공격했고, 그 후로 장장 7년이라는 시간 동안 전쟁을 치렀습니다. 그래서 이 전쟁을 7년 전쟁이라고 합니다. 쉬지 않고 전쟁을 계속하던 프리드리히 2세는 결국 오스트리아에 완승을 거두고 목적했던 영토를 모두 얻었습니다. 7년 전쟁에서 승리한 프로이센은 유럽의 강대국으로 부상했어요.

마리아 테레지아는 위대한 여왕이었습니다. 만약 프리드리히

2세가 평범한 왕이었다면 그녀는 결코 패배하지 않았을 것입니다. 그러나 프리드리히 2세는 그녀가 상대하기에 너무나 강했습니다. 세계에서 가장 똑똑한 장군이었던 프리드리히 2세는 마리아 테레지아에게 너무 큰 인물이었습니다.

7년 전쟁은 비단 유럽에서만 벌어진 게 아니었습니다. 전쟁은 저멀리 미국에서도 벌어졌습니다. 당시 영국은 프로이센 편이었고, 프랑스는 오스트리아 편이었습니다. 그 결과 7년 전쟁이 끝나면서 체결된 파리 조약에 따라 패전국 프랑스는 북아메리카 식민지의 대부분을 영국에 빼앗겼답니다. 따라서 유럽에서 프로이센이 승리를 거둔 것은 미국 내의 영국 세력이 미국 내의 프랑스 세력에게 승리를 거둔 것이나 다름없었습니다. 바로 그것이 오늘날 미국이 프랑스어를 대신해 영어를 쓰는 이유입니다. 프리드리히 2세가 전쟁에서 패배했다면 프랑스가 승리했을 것이고, 따라서 미국은 지금 영어 대신 프랑스어를 쓰고 있었을 것입니다.

○ 마리아 테레지아 거리
오스트리아의 인스부르크에 있는 이 거리의 이름은 오스트리아의 여제인 마리아 테레지아를 기념해 붙인 것입니다. 가운데 골목에 1497년 황제 막시밀리안 1세가 건물 바로 앞의 광장에서 열리는 행사를 관람하기 위해 만들었다는 '황금 지붕'이 보입니다.

○ 상수시 궁전
베를린 교외 포츠담에 있는 상수시 궁전은 1747년에 베르사유 궁전을 모방해 지은 프리드리히 2세의 여름 궁전입니다. 바로크 양식인 베르사유 궁전과 달리 로코코 양식의 전형을 보여 주고 있습니다.

"왕은 국가 제일의 머슴이다"

프리드리히 2세는 일부 왕들과 마찬가지로 다른 나라에서 좋은 것을 얻을 수만 있다면 거짓말이나 살인도 대수롭지 않게 생각했습니다. 방법이야 옳든 그르든 크게 개의치 않았던 거예요. 하지만 백성만큼은 자식처럼 따뜻하게 대했고, 무엇이든지 다 해주고자 했습니다. 실제로 그는 "왕은 국가 제일의 공복(머슴)이다."라는 유명한 말을 남겼습니다. 프리드리히 2세의 왕궁 옆에는 볼품없는 방앗간이 하나있었습니다. 프리드리히 2세는 왕궁 옆에 있기에는 너무 초라한 방앗간을 사서 부숴 버리고 싶었습니다. 그러나 주인은 방앗간을 좀처럼 팔려고 들지 않았습니다. 프리드리히 2세가 아무리 많은 액수의 돈을 지불하겠다고 해도 주인은 한사코 거부할 뿐이었습니다.

프리드리히 2세는 아무리 신분이 낮은 사람이라도 자신의 권리에 따라 본인이 팔고 싶지 않다면 억지로 팔게 할 수 없다고 생각했어요. 그는 더 이상 방앗간 주인을 괴롭히지 않았습니다.

"왕은 국가 제일의 공복(머슴)이다."라는
말에는 어떤 의미가 담겨 있을까요?

프리드리히 2세가 취한 개혁적인 조치들, 즉 종교적 관용과 교육 개혁, 사법 제도의 근대화 등은 무엇보다 국가적 공리주의에 의해 산업을 장려하고, 부국강병을 실현하려는 데 그 목적이 있었습니다. 이를 위해 프리드리히 2세는 국영 매뉴팩처의 창설, 어용지 농민의 보호, 소택지 간척 등을 행하는 한편, 귀족의 영주권에 대해 일체 제한을 가하지 않았습니다. 결과적으로 이런 조치는 군주제 통치를 합리화하고 보강하려는 계몽주의적인 관점에서 시작된 것으로서 절대주의 군주제의 변형된 형태라고 할 수 있습니다. 진짜 머슴이란 의미와는 조금 거리가 있겠죠. 어쨌든 프리드리히 2세는 뛰어난 군사적 재능과 합리적인 국가 경영력을 발휘해 프로이센을 당시 유럽 최강의 군사 대국으로 성장시켰습니다. 이런 업적에 힘입어 그는 프리드리히 대왕으로도 불리게 됩니다.

13 왕을 몰아낸 나라 |
미국 독립 혁명

지금 우리가 미국이라고 부르는 나라에도 왕이 있었다는 사실을 알고 있나요? 그의 이름은 조지 3세입니다. 조지 3세는 미국이 제대로 나라의 형태를 갖추기 전까지 영국의 13개 아메리카 식민지의 왕이자 영국의 왕이었습니다. 1763년 이전까지만 해도 북아메리카로 이주한 영국인들은 본국과 전혀 다를 바 없는 권리를 누리고 있었어요. 그런데 그 이후 북아메리카의 지배권을 더욱 강화하기 위해 부당하게 세금을 거두어 식민지 백성의 원성을 샀습니다. 그 결과 식민지 백성은 조지 3세로부터 독립하고 싶어 했습니다. 마침내 1775년 4월 19일 렉싱턴과 콩코드에서 영국군과 식민지군이 충돌하게 됩니다. 식민지 해방 전쟁이 시작된 거예요.

- **1773년** 미국 식민지 주민들이 영국의 지나친 세금 징수에 반발해 본국으로부터의 차 수입을 저지하기 위해 일으켰던 보스턴 차 사건이 발생하다.
- **1776년** 토머스 제퍼슨(미국 제3대 대통령)이 기초한 「미국 독립 선언서」가 채택되다. 이 시기에 우리나라에서는 규장각을 설치하다.
- **1783년** 조지 3세가 파리 조약을 통해 미국 13개 식민지의 독립을 승인하다. 13개 주의 대표로 구성된 식민지 의회에서 1789년 4월 30일에 초대 대통령으로 조지 워싱턴을 선임하다.

보스턴 차 사건 발생. 영국의 지나친 세금 징수에 반발한 미국의 식민지 주민들이 보스턴 항에 정박한 배에 실려 있던 차 상자를 바다에 버림(1773년)

영국군, 새러토가 전투에서 양키에게 패배함(1777년)

토머스 제퍼슨이 기초한 「미국 독립 선언서」가 채택됨(1776년 7월 4일)

조지 워싱턴, 델라웨어 강을 건너 트렌턴에 주둔하고 있던 영국군을 기습 공격해 대승을 거둠(1776년)

조지 워싱턴, 미국 초대 대통령으로 취임(1789년)

영국의 콘월리스 장군, 요크타운 전투에서 독립군(그린 장군)과 프랑스 연합군에게 패배(1781년)

버몬트
뉴햄프셔
보스턴
매사추세츠 · 플리머스
새러토가
뉴 욕
뉴 욕
트렌턴
미시간
펜실베이니아
필라델피아
뉴저지
메릴랜드 델라웨어
오하이오
워싱턴
인디애나
웨스트 버지니아
버지니아 · 제임스타운
· 요크타운
켄터키
노스캐롤라이나

미국의 왕 조지 3세

영국의 스튜어트 왕가는 1700년경에 대가 끊겼습니다. 이후 새로운 왕이 필요했던 영국은 스튜어트 왕가의 피가 섞인 독일 왕에게 영국 왕이 되어 달라고 요청했습니다. 독일은 물론 영국까지 통치해 달라는 뜻이었어요. 영국인들은 그의 이름 뒤에 숫자 1을 붙여 조지 1세라고 불렀습니다. 그런데 조지 1세는 영어를 할 줄 몰랐습니다. 독일인이었던 그는 영국보다 자신의 조국인 독일을 훨씬 더 사랑했지만, 영국으로 와서 왕이 되어 달라는 간청을 마다하지 않았습니다. 조지 1세는 독일에서 성장해 영어를 모르는 데다가 고향 하노버에서 칩거하는 일이 많았습니다. 그래서 국정은 내각과 의회가 맡게 되었고, '왕은 군림하나 통치하지 않는다'는 입헌 군주제의 원칙이 확립되었습니다.

그의 아들 조지 2세 역시 영국인보다는 독일인에 가까웠습니다. 그러나 그다음으로 왕위에 오른 조지 3세는 뼛속까지 영국인이었습니다. 조지 3세의 재위 기간에 드디어 미국이 탄생합니다.

바퀴가 180도 도는 것을 '회전'이라고 하고, 국가가 180도 바뀌는 것을 '혁명'이라고 합니다. 큰 일에 어울리는 이름입니다. 아메리카 대륙의 영국인 개척자들이 제임스타운과 플리머스라는 두 개의 식민 도시를 건

설한 것이 미국의 시작이었습니다. 개척자들은 대서양에 접해 있는 해안가를 따라 점점 더 많은 식민 도시를 건설했습니다. 새로운 도시를 개척한 사람들이 대부분 영국인이었기 때문에 당시 미국의 식민 도시를 통치하는 일은 영국 국왕의 몫이었습니다. 영국 왕은 미국의 정착민에게 세금을 강요했습니다. 정착민이 내는 세금은 왕의 호주머니로 들어가선 안 되는 돈이었습니다. 세금은 도로를 만들고 학교를 세우고 경찰을 조직하는 등 세금을 낸 정착민을 위해서 써야만 했어요.

영국의 부당한 세금 징수에 반발한 미국의 식민지 주민들이 인디언으로 위장해 1773년 12월 16일 보스턴 항에 정박한 배에 실려 있던 차 상자를 바다에 던져 버립니다. 이 사건은 미국 독립 혁명의 불씨가 되었어요.

미국 최초의 스파이

보스턴 차 사건이 발생한 이듬해 예일대학교 학생인 네이선 헤일이 영국군 기지로 잠입해 첩보 활동을 벌이다 21세의 나이로 형장의 이슬로 사라졌습니다. 그때 그의 주머니에는 성경과 예일대학교 학생증이 들어 있었다고 합니다. 네이선 헤일 사건은 미국인의 저항심을 크게 불러일으켰습니다. 지금도 예일대학교 캠퍼스에는 네이선 헤일 동상이 당당한 모습으로 서 있어요. 동상 받침대에는 이런 글이 새겨져 있습니다.

"조국을 위해 바칠 목숨이 하나밖에 없음을 안타까워하노라."

훗날 본부 건물을 신축한 미국 정보부(CIA)가 예일대학교에 많은 돈을 줄 테니 최초의 미국 정보원으로 인정되는 네이선 헤일의 동상을 넘겨 달라고 부탁했다고 합니다. 대학 측에서는 허락하지 않았어요. 그래서 CIA는 똑같은 네이선 헤일 동상을 제작해 본부 앞에 세워 놓았습니다.

○ **네이선 헤일**
미국 독립 전쟁 초기인 1775년 예일대학교에 다니던 21세의 청년 네이선 헤일은 영국군 기지에 들어가 정보를 수집하는 스파이로 활약했습니다.

조지 워싱턴

저 멀리 바다 건너에 사는 영국 국왕에게 세금을 내는 미국의 정착민들은 자기들도 영국 의회의 투표권을 가져야 하고, 세금이 어디에 어떻게 쓰이는지 알아야 한다고 주장했습니다. 하지만 그들에겐 투표권이 주어지지 않았어요. 따라서 그들은 저 멀리 영국 왕에게 세금을 낼 필요가 없다고 생각하게 되었습니다.

당시 미국의 지도급 인사 중에 벤저민 프랭클린이라는 사람이 있었습니다. 그의 아버지는 가난한 양초 제조업자였지만, 프랭클린은 미국에서 가장 명망 있는 사람 중 한 명이 되었습니다. 그는 인쇄술을 배워 미국 최초로 신문을 발행하기도 했고, 창의성이 뛰어나 난로와 램프를 발명하기도 했습니다. 또 천둥 번개가 치는 어느 날, 철사 줄에 연을 묶어 하늘로 날려서 구름 뒤에 숨은 번개에서 전기를 뽑아내는 데 성공하기도 했습니다. 그는

○ 조지 워싱턴 미완성 초상화
길버트 스튜어트의 미완성 워싱턴 초상화입니다. 치주염과 충치를 앓고 있었던 워싱턴이 불편함을 참느라 입술을 꽉 다물고 있었지만, 스튜어트는 오히려 이런 모습에서 지도자의 위대한 특성을 불러내 대통령을 위엄 있어 보이게 그렸습니다(『스캔들 미술사』 중에서).
매사추세츠 미술박물관 소장

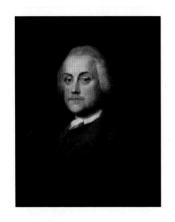

○ 벤저민 프랭클린
'미국 건국의 아버지'로 불리는 프랭클린의 초상화는 백악관에 당당하게 걸려 있습니다. 프랑스군과 동맹을 맺는 데 중요한 역할을 한 그는 계몽사상가 중 한 명으로서 피뢰침과 다초점 렌즈를 발명하기도 했습니다. 사후에 출간된 『프랭클린 자서전』은 미국 산문 문학의 백미로 꼽힙니다.

확실히 서방의 현자였습니다.

미국 정착민들은 지혜로운 프랭클린을 영국으로 보냈습니다. 더는 식민지에서 세금을 걷지 못하도록 영국 국왕을 설득하고, 그와 같은 내용에 승인하는 합의서를 만들어 오라는 것이었습니다. 그러나 조지 3세는 생각을 바꾸려 들지 않았고, 프랭클린은 그의 확고한 생각을 바꿔 놓을 힘이 없었습니다.

미국인들이 처음부터 새로운 국가를 건설하려고 했던 것은 아니었습니다. 그저 영국에 사는 영국인과 똑같은 권리를 갖고 싶었을 뿐이었습니다.

미국인들은 대화로 설득할 수 없다는 사실을 깨닫고 영국에 맞서 싸우기로 결정했습니다. 그들은 우선 군대를 조직했습니다. 그런 다음 군을 통솔하기에 적합한 사람을 찾아보았습니다. 군을 통솔하려면 무엇보다 정직하고 용감해야 했습니다. 이런 자질을 갖추고 있는 사람을 찾아 방방곡곡을 뒤진 끝에 드디어 딱 맞는 사람을 찾아냈습니다.

그는 정직하고 용감한 사람이었습니다. 그가 어렸을 때의 일입니다. 새로 생긴 도끼를 시험해 보겠다고 아버지가 가장 아끼는 나무를 베어 버린 적이 있었습니다. 당시만 해도 벚나무를 자르는 것은 사형에 처해질 수 있을 정도로 중죄였습니다. 그러나 화를 내며 "네가 그랬느냐?"라고 묻는 아버지에게, 그는 "거짓말은 못 하겠어요. 제가 그랬어요."라고 대답했습니다. 누굴 이야기하는 건지 이미 다들 알고 있을 거라 생각합니다. 그는 바로 조지 워싱턴이었습니다.

워싱턴은 토지 측량관이 되기 위해 열심히 공부했고, 겨우 열여섯 살에 버지니아 주 페어팩스 공의 광대한 소유지를 측량하는 일을 맡았습니다. 그만큼 영리했다는 뜻입니다. 그 후에 군인이 되어 인디언들과 용감하게 싸우기도 했는데, 이 전력이 애국심과 훌륭한 전사로서의 자질을 증명해 주었습니다. 그리하여 조지 워싱턴은 영국에 맞서 싸울 독립군의 대장으로 선택되었습니다.

값진 승리

「미국 독립 선언서」는 토머스 제퍼슨이 썼고, 이 선언서에 서명할 56명의 미국인이 선택되었습니다. 미국이 전쟁에서 승리하지 못할 경우 이들은 영국에 대한 반역죄로 죽음을 면치 못했을 것입니다. 하지만 그들은 개의치 않고 선언서에 서명했습니다. 그러나 선언서에 서명했다고 해서 잠자코 식민지를 독립시켜 줄 조지 3세가 아니었습니다. 조지 3세의 군대는 식민지의 독립을 막으려고 필사적으로 싸웠습니다.

조지 워싱턴의 군대는 영국군에 맞서 싸우기엔 너무 규모가 작았습니다. 게다가 자금도 턱없이 부족했습니다. 그 돈으로는 병사들의 급여는커녕 음식이나 옷, 총알을 사기에도 빠듯했습니다. 그러던 어느 해 겨울, 제대로 된 옷 한 벌 없이 오로지 당근만 먹으며 전쟁에 임하던 병사들이 하나씩 얼어 죽거나 굶어 죽었습니다. 원조가 없이는 도저히 전쟁을 지속

● 토머스 제퍼슨
미국의 정치가이자 교육자, 철학자로 건국의 이념이 되었던 「미국 독립 선언서」의 기초 위원이었습니다. 1800년 제3대 대통령에 당선되었고, 1804년 재선되었습니다. 철학·자연 과학·건축학·농학·언어학 등 다방면에서 많은 사람에게 영향을 주어 그의 저택 이름을 따서 '몬티첼로의 성인'이라 불립니다.

할 수 없는 상황이었습니다. 그러나 조지 워싱턴은 용기를 잃지 않고 병사들의 사기를 북돋았습니다.

마침내 벤저민 프랭클린이 대서양을 건넜습니다. 이번에는 영국이 아니라 프랑스를 향해서였어요. 프랑스에 원조를 요청하려고 갔던 거예요. 마침 프랑스는 7년 전쟁에서 캐나다를 잃고 영국을 미워하고 있었습니다. 그러나 프랑스도 처음에는 미국을 도우려 하지 않았습니다. 이미 영국과의 전쟁에서 수도 없이 패한 워싱턴군의 편에 서서 전쟁을 치르는 일 따위에는 관심이 없었거든요. 패자를 돕고 싶어 하는 사람은 없는 법이니까요.

「미국 독립 선언서」가 작성된 바로 이듬해인 1777년 미국군이 지금의 뉴욕 주에 있는 새러토가라는 지역에서 영국군을 크게 무찔렀습니다. 그러자 프랑스 국왕은 이 전쟁에 관심을 갖고 식민지군이 전쟁을 계속할 수 있도록 지원군을 보냈습니다. 프랑스의 젊은 귀족이었던 라파예트를 함께 파견했지요. 그는 조지 워싱턴 밑에서 용맹하게 싸워 이름을 빛냈습니다.

「미국 독립 선언서」가 선포된 해인 1776년 크리스마스 저녁에 워싱턴 장군 휘하의 혁명군은 살얼음이 언 델라웨어 강을 건넜습니다. 그들은 현재의 뉴저지 주의 주도인 트렌턴에 주둔하고 있던 영국군을 기습 공격해 대승을 거두었습니다. 당시 영국군은 미국군이 얼음으로 뒤덮인 강을 건너오리라고는 생각지도 못했어요. 트렌턴 전투의 승리는 혁명군에게 자신감을 심어 주었고, 미국이 독립 전쟁에서 승리를 쟁취하는 밑거름이 되었습니다.

전쟁 상황이 영국에 불리하게 돌아가자, 영국은 서둘러 평화

○ 라파예트
미국 독립 전쟁이 일어나자 독립군에 합류했습니다. 프랑스 국민 공회에 「미국 독립 선언서」와 비슷한 「인권 선언안」을 제출했고, 바스티유가 함락된 후 입헌 왕정을 실현하기 위해 노력했습니다.

○「미국 독립 선언서」 서명식

다섯 명의 기초 위원(오른쪽부터 벤저민 프랭클린, 제3대 미국 대통령인 토머스 제퍼슨, 로버트 리빙스턴, 로즈셔먼, 제2대 미국 대통령인 존 애덤스)이 「미국 독립 선언서」를 의회에 제출하고 있습니다. 존 트럼벌이 그린 「미국 독립 선언서」서명식 장면은 2달러짜리 지폐에도 그려져 있습니다.

양키

영국인들은 미국 북부에 사는 사람들을 '양키'라고 불렀다.

협정을 맺고 미국의 정착민에게도 영국인과 동등한 권리를 주겠다고 한발 물러섰습니다. 그러나 이미 때는 늦었습니다. 전쟁 초기였다면 미국인들은 영국의 제안을 기쁜 마음으로 받아들였겠지만, 이제 미국인들이 바라는 것은 영국으로부터의 완전한 독립이었습니다. 영국이 미국의 독립을 허용하지 않아 전쟁은 계속되었습니다.

영국인들은 북부 지역인 새러토가에서 양키에게 패하자, 이번에는 콘월리스 장군을 보내 남부를 공격했습니다. 이에 미국은 그린 장군을 남부 미국군의 사령관으로 임명했습니다. 콘월리스 장군은 그린 장군과 전쟁을 하고 싶었지만, 그린은 숨바꼭질을 하듯 콘월리스의 부대를 속여 가며 이곳저곳으로 정신없이 끌고 다녔습니다.

그렇게 콘월리스 부대의 진을 다 빼놓고 나서야 마침내 버지니아주의 요크타운이란 곳으로 콘월리스 부대를 몰아넣었습니다. 콘월리스 부대는 완전히 포위되고 말았습니다. 맞은편에는 미국군이 있고 바다에는 프랑스의 지원 함대가 버티고 있어 어

◆ 델라웨어 강을 건너는 워싱턴

에마누엘 로이체가 그린 이 작품은 장래 미국의 초대 대통령이 적을 공격하러 가기 위해 대륙군의 도강을 지휘하는 모습을 그린 독립 전쟁 기록화입니다. 배가 거센 강물 속에서 튀어나온 얼음덩이들을 깨부수며 전진하는 동안, 조지 워싱턴 장군은 부하들이 탄 배의 앞머리에 꼿꼿하게 서서 열정적으로 앞을 바라보며 망토를 어깨 뒤로 날리면서 소함대를 전장으로 이끌고 있습니다(스캔들 미술사 중에서).

뉴욕 메트로폴리탄 박물관 소장

○ 영국의 항복
요크타운의 영국군 사령관
인 콘월리스가 항복하는 모
습입니다. 1817년 존 트럼벌
이 그린 작품입니다.

디로도 빠져나갈 수 없었기 때문입니다. 결
국 콘월리스는 미국군에게 항복을 선언했
습니다.

　조지 3세가 평화를 선언함으로써 1783년
에 드디어 평화 협정이 체결되었고, 전쟁은
끝났습니다. 전쟁이 시작된 지 8년 만의 일
이었습니다. '8년 만에 조지 3세가 평화를 선언했다'는 식으로
외우면 내용과 1783년이란 연도를 쉽게 기억할 수 있을 거예요.

　이로써 미국은 영국으로부터 독립했습니다. 이를 혁명 전쟁 또
는 미국 독립 전쟁이라고 합니다. 이 전쟁을 통해 영국으로부터
독립한 식민지들은 하나의 국가, 즉 미합중국을 건설했습니다.

　미합중국의 건설에 동의한 식민지는 원래 13개뿐이었습니다.
미국 국기에 가로줄이 13개뿐인 것도 그 때문입니다. 13이 불
운을 가져오는 숫자라고 믿는 사람들도 있어요. 그러나 13개의
줄이 그어진 미국 국기가 여전히 미국 땅 위에서 흩날리고 있는
것을 보면, 13이라는 숫자가 오히려 행운을 가져다주는 숫자일
지도 모른다는 생각이 들지 않나요?

　조지 워싱턴은 미국의 초대 대통령으로 추대되었고, 미국 건
국의 아버지라고 불립니다. 그는 승리의 지도자이자 평화의 지
도자로서 미국 국민의 마음속에 길이 남은 최고의 지도자였습
니다.

미국이 독립하기까지의 과정을 전쟁이라고
해야 할까요, 아니면 혁명이라고 해야 할까요?

미국을 세운 독립 과정은 단순한 전쟁이라고 보기 어렵습니다. 합법적인 정부를 무력으로 제거하고 새로운 체제의 공화국을 세운 것으로 미루어 볼 때, 미국 독립 전쟁이 아니라 미국 독립 혁명이라고 보는 것이 옳습니다. 독립을 주도한 사람들은 인민 주권이라는 근대 계몽사상을 체계화해 미국의 정치 체제로 만들었습니다. 평등과 자유를 최고의 덕목으로 삼는 민주주의를 기반으로 헌법을 만들었어요. 따라서 미국은 왕정을 거부하고 혁명으로써 독립을 쟁취해 낸 거예요. 이 전쟁을 통해 영국으로부터 독립한 13개의 식민지는 서로 모여 하나의 국가, 즉 미합중국을 건설했습니다. 물론 그 과정이 순탄하지만은 않았습니다. 독립 혁명 후에 13개 주 사이의 대립이 존재했으니까요.

14 "빵이 없으면 케이크를 먹지!" | 프랑스 혁명

홍역과 볼거리처럼 혁명도 전염성이 강합니다. 아메리카 대륙에서 혁명이 일어난 지 얼마 지나지 않아, 이번에는 프랑스에서 혁명이 일어났습니다. 프랑스 시민들은 아메리카 정착민들이 영국 국왕과의 싸움에서 승리하는 것을 보고, 자신의 왕과 왕비를 몰아내기로 마음먹었습니다. 부당한 세금 징수와 낡은 신분 제도가 불씨가 되었지요. 그 결과 루이 16세와 왕비인 마리 앙투아네트는 단두대의 이슬로 사라졌습니다. 하지만 프랑스에 봄은 찾아오지 않았습니다. 지금까지의 왕정보다 더 무서운 공포 정치가 시작되었거든요.

- **1789년** 루이 16세가 평민을 대표하는 국민 의회를 탄압하자 분노한 시민들이 바스티유 감옥을 습격해 프랑스 혁명이 시작되다.
- **1793년** 국민 공회에서 지롱드당을 추방한 자코뱅당이 반혁명 용의자에 대한 법령을 제정함으로써 공포 정치가 시작되다.
- **1794년** "폭력이 결여된 덕은 무능한 것이다."라고 말한 독재자 로베스피에르가 반대파에게 붙잡혀 처형되다.

표결 방식에 불만을 품은 평민 대표들, **국민 의회** 창설(1789년 6월 17일) 후 **테니스 코트의 서약** 결행(1789년 6월 20일)

진보적 사제와 귀족 47명이 합류한 **제헌 국민 의회**(1789년 7월 9일)가 결성되자 왕당파가 무력 탄압 시도

분노한 파리 시민들의 바스티유 감옥 습격을 신호탄으로 **프랑스 혁명**이 시작됨(1789년 7월 14일)

제헌 국민 의회, **「프랑스 인권 선언」** 채택(1789년 8월 26일)

국민 공회, 공화정을 선포하고 루이 16세를 단두대로 처형함(1793년 1월)

로베스피에르, 혁명 정부 수립(1793년 6월)

루이 16세, 베르사유 궁전에서 **전국 신분회**(귀족, 성직자 대표와 평민 대표) 소집(1789년)

장 자크 루소, **「사회 계약론」** 펴냄(1762년) 프랑스 혁명의 사상적 원동력이 됨

놀고 먹는 사람, 죽도록 일하는 사람

1789년까지 프랑스는 거의 1,000년 가까이 봉건적인 정치 사회를 이루고 있었습니다. 당시 프랑스의 신분 제도는 세 단계로 나누어져 있었는데, 제1신분인 성직자와 제2신분인 귀족을 제외하고 프랑스 전체 인구의 98퍼센트를 차지하는 평민은 제3신분으로 구분되었습니다. 제3신분인 평민에게는 정치에 참여할 기회도 주어지지 않았고, 마음대로 경제 활동도 할 수 없었습니다. 그러던 중에 프랑스의 재정이 어려워지기 시작했어요. 왕족과 귀족이 사치스러운 생활을 유지하느라 평민들에게 거둔 세금을 다 써 버렸던 거예요. 그러자 프랑스 정부는 평민들에게 손을 벌렸습니다. 더 많은 세금을 거두어 들이기로 한 거예요.

프랑스 시민들은 분노했습니다. 전체 농지의 40퍼센트 이상을 차지하고 있었던 제1신분과 제2신분은 특권 계층이라는 이

유만으로 정부의 높은 관직을 다 독차지하면서도 세금을 내지 않았거든요. 대신에 제3신분에게는 권리는커녕 의무만 떠맡겼으니 화가 날 만도 했겠죠? 게다가 1788년부터 그 이듬해까지 흉년이 찾아오자 시민의 분노는 극에 달했습니다.

이런 사정을 아는지 모르는지 당시 프랑스 국왕이었던 루이 16세는 백성에게 부당한

세금을 강요했습니다. 하지만 퍽퍽하고 맛없는 흑빵으로 끼니를 때우고 있던 프랑스 평민들에게 돈이 있을 리 없었습니다.

한편으로 생각해 보면, 프랑스의 왕과 왕비는 심성이 악한 사람이 아니었을지도 모릅니다. 그저 백성의 삶에 무관심했고, 생각이 짧았을 수도 있습니다. 예컨대 프랑스 왕비 마리 앙투아네트는 굶주린 백성이 빵을 달라고 외치자 "빵이 없으면 케이크를 먹으면 되잖아?"라고 말했습니다. 참으로 어이

○ 루이 16세
선량한 성품을 지닌 루이 16세는 프랑스 사회를 개혁할 생각을 하고 있었지만, 의지와 추진력이 부족했습니다. 결국 프랑스 혁명으로 퇴위당한 후 참수형에 처해졌습니다. 이 과정에서 그는 '마지막 루이'라는 별명이 붙었지요.

가 없는 일이지만, 어쩌면 그녀는 가난이 뭔지 몰랐을지도 모릅니다. 우리가 아프리카의 이름 모를 마을에 사는 친구들이 저녁에 무얼 먹고 사는지 모르는 것과 같은 이치예요. 물론 한 나라의 지도자가 그래서는 안 됩니다. 그래서 욕을 먹고 벌을 받은 거겠죠.

혁명의 깃발

프랑스의 왕실 재정은 루이 16세 때에 와서 거의 파탄 지경에 이르렀습니다. 그러자 루이 16세는 특권 신분에게도 세금을 내게 하는 재정 개혁안을 마련했습니다. 하지만 귀족들의 반발이 무척 거셌어요. 결국 루이 16세는 베르사유 궁전에서 귀족, 성직자 대표, 평민 대표로 구성된 전국 신분회를 소집했습니다.

이전까지는 각 신분별로 토의하고 표결했습니다. 이해관계가 거의 일치하는 귀족 대표와 성직자 대표의 표결에 따라 모든 정

전국 신분회
이전에는 삼부회라는 용어를 썼으나, 최근 전국 신분회라는 용어가 더 정확하다는 의견이 학계에서 퍼지고 있다.

책이 결정되었어요. 그러자 평민 대표들은 모든 대표들이 각각 한 표씩 행사하는 머릿수 표결을 요구했습니다. 이렇게 되면 제1신분인 귀족의 표와 제2신분인 성직자의 표를 합해도 561표밖에 되지 않았기 때문에 578표나 되는 제3신분인 평민 대표의 표에 미치지 못했어요. 귀족 대표와 성직자 대표들이 평민 대표의 요구를 들어줄 리 만무하겠죠.

평민 대표들은 회의장을 테니스 코트가 있던 건물로 옮기고 시위를 시작했어요. 이곳에서 국민 의회의 평민 대표들은 "새로운 헌법을 만들고 사회 질서를 회복하라는 우리의 요구가 받아들여질 때까지 국민 의회를 절대 해산하지 않겠다."라고 선포했어요. 이 선언이 유명한 '테니스 코트의 서약'입니다. 그 기세에 눌린 루이 16세가 그들의 요구를 받아들임으로써 국민 의회가 만들어졌어요. 국민 의회는 시민을 괴롭히는 모든 부당함에 맞서 싸우기로 했습니다. 모든 인간이 자유롭고 평등한 세상을 만들고, 모든 시민에게 '발언할 권리'를 주는 것이 국민 의회의 목

⊙ 테니스 코트의 서약
1789년 6월 20일 국민 의회는 회의장을 테니스 코트가 있던 건물로 옮기고, 자신들의 요구가 승인되어 헌법이 제정될 때까지 해산하지 않겠다고 선서했습니다. 나중에 이 국민 의회에는 제3신분에 가까운 많은 성직자와 자유주의 성향의 귀족 47명도 합류했습니다.

표였습니다. 진보적인 사제와 귀족 47명까지 국민 의회에 합류해 1789년 7월 9일에 제헌 국민 의회를 결성하자, 왕당파는 이에 무력 탄압을 시도합니다.

○ 바스티유 감옥
프랑스 혁명군이 바스티유 감옥을 습격하고 있습니다. 바스티유 습격은 정부군과 민중 간의 시가전으로 확대되었고, 구체제를 붕괴시키는 시발점이 되었습니다.

그러자 가난한 시민들이 거친 폭도가 되어 바스티유 감옥을 습격했습니다. 감옥을 부숴 갇혀 있던 사람들을 풀어 주고, 감옥을 지키던 여섯 명의 간수는 왕의 신하라는 이유로 목을 쳐서 죽였습니다. 그런 다음 사체를 장대에 매달고 파리 시내를 행진했습니다. 바스티유 감옥을 습격한 것은 왕 마음대로 더 이상 시민을 가두지 못하게 하겠다는 의지의 표현이었습니다.

이 바스티유 감옥 습격은 프랑스 혁명의 시작을 알리는 사건이었습니다. 1789년 7월 14일에 일어난 일입니다. 숫자가 '789'로 순서대로 나열되어 있으니까 기억하기 참 쉽죠? 프랑스도 이 숫자처럼 질서 정연했으면 얼마나 좋았을까요. 오늘날 프랑스는 7월 14일을 프랑스 혁명 기념일로 삼고 있습니다. 미국의 독립 전쟁을 도왔던 라파예트 장군이 프랑스로 돌아와 바스티유 감옥의 열쇠를 조지 워싱턴에게 보냈습니다. 프랑스가 국왕을 몰아내고 독립을 선언했음을 알리는 징표였지요.

왕과 왕비는 루이 14세가 지은 아름다운 베르사유 궁전에서 살았습니다. 파리의 소식을 전해 들은 왕족은 겁이 났습니다. 결국 그들은 궁전에 왕과 왕비만 남겨 두고 모두 달아났습니다. 앞으로 어떤 일이 벌어질지 잘 알고 있었던 거예요.

○ 단두대
발명자인 프랑스 의사 기요
탱의 이름을 따서 기요틴으
로도 불립니다. 이 기구는
1792년 정식 사형 도구가 되
었는데, 아이러니하게도 기
요탱 자신도 단두대에 희생
되었어요.

한편, 국민 의회는 「미국 독립 선언서」와 성격이 같은 「프랑스 인권 선언」을 작성했습니다. 「프랑스 인권 선언」의 내용은 다음과 같습니다. "모든 인간은 날 때부터 자유롭고 평등하다. 따라서 시민이 법을 만들고 그 법 앞에 모든 시민은 평등하다."

「프랑스 인권 선언」이 만들어지고 난 직후에 격분한 시민들은 누더기를 걸친 채 막대기나 돌멩이를 들고서, "빵을, 빵을!"하고 외치며 베르사유로 향했습니다. 왕과 왕비가 살고 있는 베르사유는 파리에서 약 20킬로미터 정도 떨어진 곳에 있었습니다. 시민들은 웅장하고 아름다운 계단을 향해 돌진했습니다. 궁전에 남아서 왕의 곁을 지키던 몇 안 되는 인원으로는 돌진하는 시민들을 막을 수 없었습니다.

마침내 시민들은 왕과 왕비를 붙잡아 파리의 감옥에 가두었습니다. 루이 16세와 마리 앙투아네트는 감옥에서 몇 년의 세월을 보내야 했습니다. 몇 번 탈출을 시도했으나 프랑스를 벗어나기 전에 붙들려 다시 감옥으로 돌아와야 했습니다.

입법 의회는 나라를 올바르게 다스리는 데 필요한 법들을 정리해 헌법을 제정했습니다. 루이 16세도 이 헌법에 동의하고 서명했습니다. 그러나 그 정도로는 충분하지 않았어요. 시민들은 왕이 다스리는 나라를 더 이상 원하지 않았거든요. 그래서 헌법이 제정된 이듬해 온건파인 지롱드당을 몰아내고 권력을 장악한 자코뱅당이 공화정을 선포하고, 사형을 선고받은 루이 16세를 단두대에서 처형했습니다.

당시 기요탱이라는 프랑스인 의사는 커다란 칼로 사람의 머리를 자르는 단두대를 개발했습니다. 단두대는 도끼보다 빠르고 확실하게 사람의 목을 쳐 낼 수 있는 기계였습니다. 결국 루이 16세 역시 단두대로 끌려가 목이 잘렸습니다. 그러나 왕이 죽어도 시민들의 분노는 가라앉지 않았습니다. 시민들은 빨간색, 흰색, 파란색을 프랑스의 색으로 선택하고 현재 프랑스의 국가가 된 「라 마르세예즈」라는 군가를 만들었습니다. 그리고 행진할 때마다 이 세 가지 색으로 만든 삼색기를 들고 「라 마르세예즈」를 불렀습니다.

왕정보다 더 무서운 공포 정치

왕정이 끝나고 난 뒤 평화가 찾아온 것이 아니라 공포 정치가 시작되었습니다. 그야말로 피의 역사가 시작된 거예요. 급진적인 자코뱅당의 지도자로서 프랑스 혁명을 이끈 로베스피에르가 공포 정치를 주도했습니다. 그는 왕당파라고 의심되는 사람들을 모조리 잡아다가 단두대로 보냈습니다. 단두대의 이슬로 사라진 첫 번째 주인공은 마리 앙투아네트 왕비였습니다.

아무나 "저자가 왕당파입니다."라고 귀띔만 해도 당장 잡아다가 단두대로 보내 버렸습니다. 남자건 여자건 어린 아이건 가리지 않았어요. 누군가가 죽이고 싶을 정도로 밉다면 그냥 그를 왕당파로 지목하기만 하면 되었습니다. 그러면 아주 쉽게 그 사람을 단두대로 보낼 수 있었거든요. 사람들은 하루도 마음이 편할 날이 없었습니다. 누가

○ 로베스피에르
1789년 시민들의 지지를 받아 전국 신분회의 대의원으로 선출되었습니다. 프랑스 혁명을 시작으로 자코뱅당의 지도자가 된 그는 혁명 정부를 세운 후 지롱드당을 몰아내고 독재 정치를 펼쳤습니다. 그는 많은 사람을 단두대에서 처형했고, 동지였던 당통도 처형했습니다. 공포 정치에 대한 불만이 높아져 1794년 '테르미도르 반동'이 일어나, 로베스피에르도 결국 단두대의 이슬로 사라졌어요.

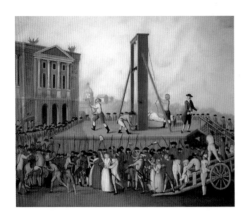

○ 마리 앙투아네트의 처형
프랑스 혁명 당시 콩코르드 광장에서 1,000명 이상의 왕족과 귀족들이 단두대의 이슬로 사라졌습니다. 그중에는 마리 앙투아네트도 포함되어 있었습니다.

언제 자신을 왕당파로 지목할지 모를 일이었습니다. 날마다 수없이 많은 사람의 목이 잘려 나갔습니다. 피를 흘려 보낼 하수구를 따로 만들어야 할 정도였습니다. 하지만 그렇게 빨리 많은 사람의 목이 잘려 나가는데도 사형을 집행하는 사람의 입장에서는 너무 더디게 느껴진 모양이었습니다. 단두대로는 한 번에 한 명밖에 죽일 수 없었기 때문입니다. 그래서 나중에는 사람들을 일렬로 세운 다음 대포를 쏴 한꺼번에 처형했습니다. 모두가 미친 것만 같았습니다. 이성을 상실한 프랑스 시민들은 그리스도와 기독교를 모욕하기 시작했습니다. 노트르담 대성당의 제단 위에 이성의 여신이라는 이름으로 아름다운 여인을 앉혀 놓고, 그리스도 대신 그녀에게 예배를 올렸습니다. 그리스도와 성모 마리아를 주인공으로 하는 그림이며 석상은 모두 끌어내리고, 공포 정치를 주도한 지도자들의 초상과 석상으로 그 자리를 대신했습니다. 십자가가 있던 자리에는 단두대가 놓였습니다.

로베스피에르는 혼자서 나라를 통치하고 싶었습니다. 그래서 함께 공포 정치를 이끈 다른 두 명의 동지들을 살해하려는 음모를 세웠습니다. 조르주 당통은 단두대에서 처형되고, 장 폴 마라는 자신의 욕조에서 그에게 앙심을 품고 있던 샤를로트 코르데라는 여성에 의해 살해되었습니다. 이제 로베스피에르 혼자 남았습니다. 그러나 잔인하고 비인간적인 로베스피에르가 무서웠던 프랑스 국민들은 그를 지도자의 자리에서 끌어내렸습니다.

로베스피에르는 곧 처형될 것임을 직감하고 스스로 목숨을 끊으려 했지만, 그전에 붙잡혀 결국 단두대의 이슬로 사라지고 말았습니다. 수없이 많은 사람을 단두대에서 죽게 만들었던 그도 결국은 같은 방법으로 죽었던 거예요. 이로써 공포 정치는 막을 내리게 되었습니다. 그에게 목숨이 하나뿐이었던 게 아쉬울 따름입니다. 그가 빼앗았던 수천 명의 생명에 사죄하려면 그에게는 목숨이 수천 개쯤 있어야 했으니까요.

혁명 속에서 꽃핀 계몽사상

프랑스 혁명 당시 프랑스 시민들은 계몽주의와 이성주의의 영향을 받아 초자연적인 존재에 의존하는 모든 행위, 특히 종교 행위를 엄격하게 금했습니다. 18세기 프랑스에서는 계몽사상이 유행했어요. 계몽(enlightenment)이란 단어 자체에서 엿볼 수 있듯이 어둠을 밝힌다는 뜻이에요. 여기서 어둠은 암흑기인 중세를 말하지요. 중세의 불합리한 제도나 관습, 무지와 미신을 물리치자는 것이에요.

계몽사상가들은 이성을 중시했습니다. 이성을 통해 무지를 물리치면 세상은 정상적으로 발전할 수 있으리라고 믿었던 것이지요. 몽테스키외, 볼테르, 루소 등이 발전시킨 계몽사상은 미국 독립 혁명과 프랑스 혁명의 사상적 원동력이 되었습니다.

다음 내용은 몽테스키외가 자유를 위한 불후의 명저 『법의 정신』(1748년)에서 국가 권력을 입법 · 사법 · 행정의 3권으로 분립할 것을 주장하면서 부연한 대목입니다. 그의 삼권 분립론은 오늘날 대다수 국가가 채택하고 있어요.

○ 장 자크 루소
스위스 제네바에서 태어난 프랑스의 계몽주의 철학자입니다. 그는 인간 불평등을 해결하기 위해서는 사회 계약을 통해 정치 체제를 형성해야 한다고 주장했어요.

재판권이 입법권 및 집행권에서 분리되어 있지 않으면 자유는 존재하지 않는다. 만약에 재판권과 입법권이 결합되면 시민의 생명과 자유에 관한 권력의 사용이 자의적으로 될 것이다. 왜냐하면 재판관이 입법자가 될 것이기 때문이다. 만약에 재판권이 집행권과 결합되면 재판관은 압제자의 권력을 가질 것이다.

프랑스의 철학자 장 자크 루소는 『사회 계약론』(1762년)에서 사유 재산에 기인한 인간 불평등을 해소하기 위해서는 사회 계약을 통해 자유와 평등을 보장할 수 있는 정치 체제를 형성해야 한다고 주장했습니다. 이는 프랑스 혁명의 이론적인 근거를 마련했습니다. 홉스는 『리바이어던』(1651년)에서 자연 상태를 만인의 만인에 대한 투쟁이라 생각하고 자연권을 지배자에게 위양할 것을 주장해 17세기 절대 왕정제 이론을 성립시켰습니다. 존 로크는 『인간오성론』(1690년)에서 성악설을 전제로 계약에 의해서도 생명·자유·재산 등의 자연권은 지배자에게 위양할 수 없다고 주장해 입헌 군주제의 이론을 선도했어요.

프랑스의 계몽사상가 달랑베르와 디드로는 당시의 방대한 지식을 집대성해서 『백과전서』를 편찬했어요. 28권이나 되는 방대한 전집이었지요. 당대 최고의 학자 178명이 새로운 사상과 과학 기술 등 당시의 모든 지식을 망라한 이 책은 계몽사상을 널리 퍼뜨리는 데 크게 기여했어요. 지식인층은 물론 지배층까지 이 책에 큰 관심을 보이면서 책이 날개 돋친 듯이 판매되었습니다. 책 판매 수입만도 동인도 무역으로 벌어들인 1년 수입을 능가할 정도였다고 합니다. 소위 베스트셀러의 원조인 셈이죠.

프랑스 혁명의 원인과 그 의미는 무엇일까요?

프랑스 혁명은 프랑스 사회의 대부분을 차지했던 제3신분으로부터 시작된 혁명입니다. 그들은 국가 재정의 대부분을 부담했으나 아무런 권리를 누리지 못한 채 국왕의 통치 대상이자 세금을 내는 기계에 불과했습니다. 그런 낡은 체제에 불만을 품은 백성이 혁명을 일으켰던 것입니다. 이 혁명을 통해 신분 제도를 무너뜨리고 자유와 평등을 보장하는 사회를 이룩하고자 했으며, 세습 군주제를 폐지하고 정부 구성에 직접 참여하려고 했습니다. 또 경제적으로는 재산권의 보호와 경제 활동의 자유를 추구했습니다. 이처럼 프랑스 혁명은 시민이 주도해 절대 왕정을 무너뜨리고 스스로 사회의 주인이 되려고 했던 뜻깊은 변화의 시작이었습니다.

15 "불가능은 없다" | 나폴레옹 시대

마침내 프랑스 혁명이 막을 내렸습니다. 그리고 한 명의 영웅이 탄생했어요. 스무 살의 젊은 군인 나폴레옹 보나파르트가 그 주인공입니다. 당시 프랑스 주변 국가들은 프랑스 혁명의 불씨가 번질 것이 두려워 프랑스와 대립하게 되었습니다. 그러자 나폴레옹은 가장 먼저 알프스를 넘어 이탈리아를 정복했습니다. 한동안 유럽 전체를 집어삼킬 기세로 전진했습니다. 하지만 얼마 지나지 않아 나폴레옹은 트라팔가르 해전에서 넬슨에게, 또 워털루 전투에서 웰링턴에게 패배하고 말았습니다. 풍운아로 이름을 날리던 나폴레옹은 결국 세인트헬레나 섬에 갇힌 채 쓸쓸히 죽음을 맞이했습니다.

- **1799년** 나폴레옹이 단독 쿠데타를 일으켜 총재 정부를 전복시키고 실질적인 입법권을 가진 통령 정부를 수립해 제1통령이 되다.
- **1804년** 나폴레옹이 국민 투표에 의해 나폴레옹 1세로 즉위해 초대 황제가 되다. 근대 시민법의 기본 원리로서 모든 민법전의 모범이 된 『나폴레옹 법전』이 제정되다.
- **1806년** 나폴레옹이 영국을 고립시키기 위해 대륙 봉쇄령을 내려 유럽 대륙과 영국의 모든 교역을 금지시키다. 영국과의 무역에 의존하던 러시아가 생존권에 영향을 받자 대륙 봉쇄령을 어기다.

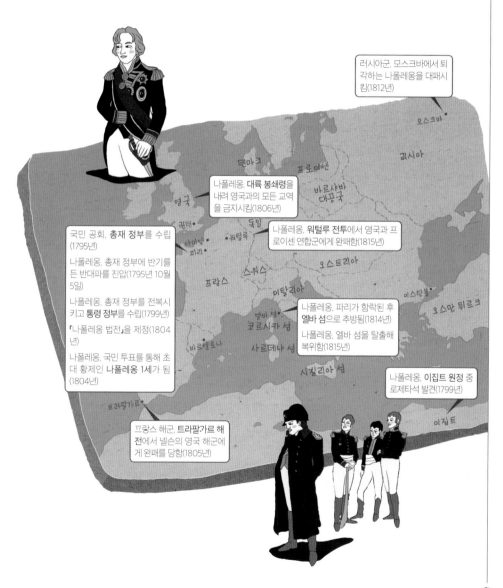

러시아군, 모스크바에서 퇴각하는 나폴레옹을 대패시킴(1812년)

나폴레옹, 대륙 봉쇄령을 내려 영국과의 모든 교역을 금지시킴(1806년)

나폴레옹, 워털루 전투에서 영국과 프로이센 연합군에게 완패함(1815년)

국민 공회, 총재 정부를 수립(1795년)

나폴레옹, 총재 정부에 반기를 든 반대파를 진압(1795년 10월 5일)

나폴레옹, 총재 정부를 전복시키고 통령 정부를 수립(1799년)

『나폴레옹 법전』을 제정(1804년)

나폴레옹, 국민 투표를 통해 초대 황제인 나폴레옹 1세가 됨(1804년)

나폴레옹, 파리가 함락된 후 엘바 섬으로 추방됨(1814년)

나폴레옹, 엘바 섬을 탈출해 복위함(1815년)

나폴레옹, 이집트 원정 중 로제타석 발견(1799년)

프랑스 해군, 트라팔가르 해전에서 넬슨의 영국 해군에게 완패를 당함(1805년)

나폴레옹의 등장

로베스피에르가 처형된 후인 1795년 국민 공회는 헌법을 제정하고 이를 바탕으로 총재 정부를 수립했습니다. 다섯 명의 총재가 행정권을, 원로원과 500인회가 입법권을 갖는 체제였지요. 총재 정부는 출범하자마자 왕당파들이 일으킨 반란에 직면하게 되었어요. 총재 정부는 한 젊은 군인에게 폭도를 진압하라고 지시했습니다. 젊은 군인은 궁전으로 나 있는 모든 길에 대포를 설치했습니다. 그러자 아무도 감히 그 앞에 다가가지 못했습니다. 이 젊은 군인의 이름은 나폴레옹 보나파르트였습니다. 나폴레옹은 이 일로 깊은 인상을 남겼습니다.

◐ 황제 시절의 나폴레옹
이미 파괴되어 버린 튈르리 궁전의 서재에서 근위 기병 대령 복장을 하고 있는 나폴레옹 황제의 모습입니다.

　나폴레옹은 지중해에 있는 코르시카라는 작은 섬에서 태어났지만, 프랑스 사람이었습니다. 시기를 잘 타고난 덕이었습니다. 원래 코르시카는 이탈리아의 지배를 받았으나 그가 태어나기 불과 몇 주 전에 프랑스 땅이 되었습니다. 그는 성인이 되자마자 프랑스에 있는 육군 사관 학교에 진학했습니다. 같은 학교를 다닌 프랑스 친구들이 그를 무시했지만, 나폴레옹은 신경 쓰지 않았습니다. 그는 수학을 매우 잘했으며 어려운 문제를 좋아했습니다. 어려운 문제를 푸느라고 3일 밤낮을 방 안에 틀어박혀서 나오지 않은 적도 있었습니다.

　나폴레옹은 프랑스 혁명을 종결시킴으로써 스물여섯 살이 되던 해에 드디어 장군이 되었습니다. 당시에는 모든 유럽 국가에 왕이 있었습니다. 미국 독립 혁명의 열기에 사로잡힌 프랑스만이 왕을 몰아 낸 상태였습니다. 프랑스를 제외한 거의 모든 국가의 왕들은 혁명의 열기가 자기네 나라에까지 미치는 게 두려웠습니다. 그래서 이들은 왕을 몰아낸 프랑스와 대립하게 되었습니다.

"알프스 따위는 없다!"

이런 상황에서 나폴레옹은 이탈리아 원정을 떠나게 되었습니다. 이탈리아로 가기 위해서는 알프스 산맥을 넘어야 했습니다. 포에니 전쟁에서 한니발이 넘었던 바로 그 산맥이에요. 한니발은 최소한 대포를 짊어지고 산맥을 넘진 않았습니다. 대포를 끌고 알프스 산맥을 넘는다는 것은 도저히 불가능해 보였습니다. 나폴레옹은 그런 일을 잘해 낼 법한 기술자들에게 그것이 가능하겠느냐고 물었습니다. 그러자 기술자들은 하나같이 불가능하다고 대답했습니다. 나폴레옹은 화가 나서 말했습니다.

"불가능은 바보들의 사전에나 나오는 말이다."

그리고 이어서 소리쳤습니다.

"알프스 따위는 없다!"

그는 꿋꿋이 진격해 알프스를 넘고 이탈리아에서 승리를 거두었습니다. 사람들은 프랑스로 돌아오는 나폴레옹을 정복 영웅이라고 부르며 기쁘게 맞이했습니다. 그러나 당시 프랑스를 다스리던 총재 정부는 나폴레옹을 두려워했습니다. 국민의 전폭적인 지지를 받는 그가 행여 왕이 되려고 하지나 않을까 겁이 났던 거예요. 마침내 나폴레옹은 1799년에 쿠데타를 일으켜 민심을 잃은 총재 정부를 전복시키고 통령 정부를 수립해 제1통령의 자리에 올랐습니다.

◑ 알프스를 넘는 나폴레옹
이 그림은 자크 루이 다비드가 나폴레옹의 요구에 따라 그린 것입니다. 사나운 말 위에 올라탄 나폴레옹의 모습이 평온해 보입니다. 그러나 실제로 나폴레옹이 알프스 산맥을 넘을 때 탄 것은 노새였다고 합니다. 아래쪽 바위에 새겨진 한니발과 샤를마뉴는 군대를 이끌고 알프스 산맥을 넘어 승리를 거둔 장군들의 이름입니다.

트라팔가르 해전

나폴레옹에게는 다른 생각이 있었습니다. 영국을 견제하기 위해 이집트를 정복하기로 마음먹은 거예요. 이집트를 정복함으로써 영국의 인도 항로를 끊어 놓으려고 했던 거죠. 인도는 영국이 제임스 1세 때 식민지로 만든 새로운 땅이었습니다. 이미 독립 전쟁으로 미국을 잃은 영국으로부터 인도마저 빼앗을 수 있는 기회였습니다.

프랑스의 총재 정부는 나폴레옹이 프랑스를 비운다는 사실에 크게 기뻐하며 그가 원하는 대로 해 주었습니다. 나폴레옹은 이집트 원정군의 사령관이 되어 고대 로마의 카이사르처럼 아주 빠른 속도로 이집트를 정복했습니다. 물론 계획을 엉망으로 만들어 놓을 클레오파트라와 같은 존재도 없었습니다. 그런데 나폴레옹이 이집트에서 정복 전쟁을 벌이고 있던 동안, 나일 강 어귀에서 나폴레옹을 기다리고 있던 프랑스 함대가 영국 함대에 포위되어 전멸하고 말았습니다. 영국 함대를 이끈 장군은 넬슨 제독이었습니다.

함대가 격파당하는 바람에 나폴레옹은 군대를 이끌고 프랑스로 돌아갈 방법이 없어졌습니다. 그래서 병사들에게 이집트에 남아 있으라는 명령을 내렸습니다. 그러나 정작 자신은 선박을 구해 프랑스로 돌아가 버렸어요.

마침 프랑스는 정부 내부의 분열로 정국이 어지러운 상황이었습니다. 그 틈을 노려 나폴레옹은 프랑스 최고 통치자 세 명 중 한 명이 되었습니다. 이로써 그는 제1집정이 되었습니다. 나머지 두 명도 집정이기는 했으나

○ 넬슨 제독
트라팔가르 해전을 승리로 이끈 후 저격을 당해 죽으면서 "내 임무를 다할 수 있게 해 준 신께 감사드린다."라는 말을 되풀이했다고 합니다. 이순신 장군은 "나의 죽음을 알리지 말라."라는 말로 노량 해전의 전투를 독려했지요. 죽은 후에도 자신의 임무를 수행한 셈입니다.

○ **트라팔가르 해전**

1805년 영국 해군이 나폴레옹의 프랑스-스페인 연합 함대를 상대로 결정적인 승리를 거둔 해전입니다. 스페인의 남서쪽 트라팔가르 곶에서 영국의 왕립 해군 27척이 프랑스-스페인 연합 함대 33척을 기습했습니다. 연합 함대는 22척을 잃었지만, 영국 함대는 단 한 척의 배도 잃지 않았습니다. 하지만 해전을 승리로 이끈 넬슨 제독은 전투 중에 전사했습니다.

사실상 나폴레옹의 명령을 받드는 신하에 불과했습니다. 그리고 얼마 지나지 않아 그는 종신 집정의 자리에 오르고, 또 오래지 않아서 프랑스 제국과 이탈리아 국왕으로 등극하게 됩니다.

그러자 유럽의 모든 국가가 나폴레옹을 두려워하기 시작했습니다. 그는 유럽 전체를 정복해 프랑스의 땅으로 만들어 버릴 수 있는 사람이었거든요. 그래서 유럽은 나폴레옹에 대항해 하나로 뭉쳤습니다. 나폴레옹은 가장 먼저 영국을 정복하기로 계획하고, 함대를 정비해 영국으로 쳐들어갔습니다.

그러나 프랑스 함대는 스페인의 트라팔가르에서 영국 함대에 또다시 포위되고 말았습니다. 이집트에서 프랑스 함대를 전멸시켰던 넬슨 제독의 함대였습니다. 이 해전이 있기 전에 넬슨 제독은 병사들에게 이렇게 말했습니다. "제군들은 각자의 임무에 충실하라." 넬슨 제독의 말대로 영국 병사들은 자기 임무를 다했습니다. 영국 함대는 나폴레옹이 이끄는 프랑스 함대를 완전히 격파시켰습니다. 그러나 넬슨 제독은 이 전투에서 숨을 거두고 말았습니다.

❖「나폴레옹 황제의 대관식」

화가 다비드는 나폴레옹에게 매료되어 황제를 찬미하는 대작「나폴레옹 황제의 대관식」을 남겼습니다.
대관식은 1804년에 거행되었습니다. 나폴레옹은 스스로 대관한 후에 황후가 된 조제핀에게 관을 씌워
주고 있습니다. 교황은 이 광경을 멀거니 지켜보고만 있군요 이 모습은 나폴레옹이 권력을 자신의 힘으
로 쟁취한 것이지, 타인으로부터 받은 것이 아니라는 사실을 상징적으로 보여 줍니다.
루브르 박물관 소장

트라팔가르 해전에서 패한 나폴레옹은 영국을 정복하려던 꿈을 접고, 완전히 다른 쪽으로 눈을 돌렸습니다. 스페인과 프로이센, 오스트리아는 이미 정복한 뒤였습니다. 거의 모든 유럽 국가가 프랑스의 것이 되거나 나폴레옹의 명령에 따라 움직였습니다.

최후의 전투, 워털루

이제 나폴레옹의 목표는 러시아였습니다. 나폴레옹은 영국을 고립시키기 위해 영국과의 교역을 금지시키는 대륙 봉쇄령을 내렸는데, 영국과의 무역에 의존하던 러시아가 대륙 봉쇄령을 어겼거든요. 그러나 러시아를 목표로 삼은 것은 커다란 실수였습니다. 러시아는 지리적으로도 너무 먼 곳에 있거니와 지독히 추운 나라였기 때문입니다. 나폴레옹은 군대를 이끌고 가까스로 러시아의 모스크바에 도착했습니다. 그러나 러시아가 모스크바에 화재를 내서 먹을 것을 모조리 불태워 버리는 바람에 나

○ 워털루 전투
1815년 벨기에 남동부의 워털루에서 나폴레옹이 이끄는 프랑스군과 웰링턴이 이끄는 영국·네덜란드·프로이센 연합군이 싸웠습니다. 이 전투에서 패한 나폴레옹은 세인트 헬레나 섬으로 유배되어 그곳에서 생을 마감했습니다.

폴레옹의 병사들은 굶주림에 시달려야 했습니다. 게다가 끔찍한 추위와 폭설까지 더해져 전쟁을 지속할 수 없었습니다. 극심한 추위와 굶주림으로 죽은 병사의 수가 수천 명에 달했습니다. 결국 나폴레옹의 군대는 엄청난 사상자를 내고 러시아에서 퇴각하고 말았습니다.

나폴레옹은 병사들을 각자 원하는 곳으로 돌려보내고 파리로 직행했습니다. 하지만 나폴레옹이 파리에 도착했을 때 행운의 여신은 이미 그에게서 등을 돌리고 난 뒤였습니다. 유럽 전체가 폭군의 압제에 종지부를 찍을 준비를 마친 상태였습니다. 나폴레옹이 유럽 동맹군에 포위당하고 황제의 자리에서 내려오는 데에는 그리 오랜 시간이 걸리지 않았습니다.

○ 아서 웰링턴
영국군 총사령관을 거쳐 총리를 지낸 영국의 장군이자 정치가입니다. 연합군 사령관으로서 나폴레옹의 마지막 전투가 된 워털루 전투를 승리로 이끌었습니다.

나폴레옹은 자신의 패배를 인정하고, 황제 자리에서 물러나 프랑스를 떠나겠다는 협정서에 서명했습니다. 그리하여 그는 이탈리아 해안에서 약간 떨어져 있는 엘바 섬으로 유배되었습니다. 고향인 코르시카 섬으로부터 얼마 떨어지지 않은 곳이었습니다.

그러나 나폴레옹은 엘바 섬에 유배되어서도 아직 다 끝난 것이 아니며 프랑스로 돌아가 다시 권력을 잡겠다고 다짐했습니다. 그리고 순식간에 프랑스 해안에 상륙해 프랑스와 유럽 전체를 충격에 빠뜨렸습니다. 이에 프랑스 정부는 오래도록 나폴레옹과 함께 전쟁을 치렀던 병사들로 군대를 조직한 다음, 나폴레옹을 잡아 와 파리의 철창에 가두라고 지시했습니다. 그러나 막상 나폴레옹을 만난 병사들은 오랜 시간 함께 전쟁을 치렀던 나

○ 나폴레옹의 죽음
나폴레옹은 세인트헬레나 섬에 유배된 지 6년 만에 숨을 거두었습니다. 화가 베르네는 침대에 평화롭게 누워 있는 나폴레옹의 머리에 월계관을 씌워 주었어요.

폴레옹의 편에 섰습니다. 그리하여 나폴레옹은 그들을 이끌고 파리로 입성했습니다.

이에 프랑스 북부에서는 영국군과 독일군이 전쟁을 치를 준비를 하고 있었습니다. 나폴레옹은 빠르게 군대를 조직해 영국군과 독일군이 있는 북부로 진군했습니다. 워털루라는 작은 마을에서 벌어진 프랑스와 연합군의 전투는 나폴레옹 최후의 전투로 기록됩니다. 나폴레옹은 웰링턴 공이 이끄는 영국군에 완전히 참패하고 말았습니다. 1815년의 일이었습니다. 그 후로 '워털루 전투'는 참혹한 패배를 상징하는 말로 아직까지도 널리 쓰이고 있습니다.

나폴레옹이 워털루 전투에서 패배하고 난 뒤, 영국은 그를 바다 한 가운데에 홀로 떠 있는 조그만 섬에 가둬 버렸습니다. 다시는 탈출하지 못하게 하기 위해서였습니다. 망망대해 한가운데에 외롭게 떠있는 그 섬의 이름은 세인트헬레나로 콘스탄티누스 대제의 어머니 이름을 딴 것이었습니다. 나폴레옹은 세인트헬레나 섬에 유배된 지 6년 만에 숨을 거두었습니다.

나폴레옹은 역사상 가장 위대한 전사였습니다. 하지만 훌륭한 사람이었다고 말하기는 어렵습니다. 자신의 야망을 위해 수십만 명의 목숨을 빼앗았다는 점에서 역사상 가장 악랄한 사람 중 하나라고 평가하는 사람들도 있습니다. 실제로 그가 전쟁에서 휩쓸고 간 자리는 모조리 폐허가 되었고, 그 피해가 유럽 전역에 달했습니다. 🐭

나폴레옹은 영웅일까요, 아니면 악당일까요?

나폴레옹은 시민 혁명 이후에 불안정해진 프랑스 사회를 안정시키고, 프랑스를 다시 유럽의 패권국으로 만드는 데 큰 업적을 세웠습니다. 그뿐만 아니라 그는 근대적인 사상을 도입한 『나폴레옹 법전』도 만들어 세계 각국에 큰 영향을 주었습니다. 하지만 영웅답지 않은 모습을 보여 주는 경우가 많았어요. 나폴레옹은 등장부터 심상치 않았습니다. 처음에 그는 적법한 절차를 거치지 않고 쿠데타를 일으켜 프랑스의 지도자가 되었습니다. 사실상 독재자로 군중 위에 군림한 거예요. 게다가 다른 국가와 전쟁할 때는 비겁한 행동을 했어요. 전쟁을 일으킬 때 해방시켜 준다고 해 놓고 그 나라를 점령해 버리기도 했거든요. 프랑스의 점령에 반대하는 사람들을 학살하며 탄압하는 일도 서슴지 않았어요. 동전의 양면처럼 나폴레옹은 너무 다른 두 가지 모습을 보여 주었습니다. 나폴레옹을 영웅으로 평가할 것인지, 아니면 악당으로 평가할 것인지는 여러분의 몫입니다.

16 헨델에서 바그너까지 |
음악의 역사

지금까지 주로 전쟁 이야기를 살펴보았는데, 잠시 쉬어 가는 의미에서 시대와 나라를 막론하고 사랑받았던 위대한 음악가들의 이야기를 하려고 합니다. 옛날과 달리 오늘날에는 오디오만 틀면 이탈리아의 작곡가 팔레스트리나를 비롯해 헨델, 모차르트, 베토벤, 바그너의 음악을 들을 수 있습니다. 원하기만 하면 언제든지 위대한 음악가들이 우리를 위해 연주하고 노래하는 거예요. 위대한 음악가들이 우리의 노예가 된 셈이죠. 오디오가 발명되기 전까지는 아무리 돈이 많아도, 아무리 지위가 높아도 이런 사치를 누렸던 사람은 없었습니다.

- **1685년** 「메시아」를 작곡한 헨델과 「브란덴부르크 협주곡」을 작곡한 바흐가 태어나다. 헨델과 바흐는 노년에 들어 똑같이 눈이 멀다.
- **1756년** 오스트리아 잘츠부르크에서 하이든과 더불어 18세기 빈 고전주의 음악을 대표하는 모차르트가 태어나다.
- **1770년** 독일 본에서 하이든과 모차르트의 뒤를 이어 고전파 양식의 기틀을 마련한 베토벤이 태어나다. 베토벤의 가장 큰 업적은 성악에 비해 열등한 것으로 여겨지던 기악을 최고의 위치로 부상시킨 데 있다.

노르웨이 왕국
스웨덴 왕국
스코틀랜드 왕국
덴마크 왕국
코펜하겐
잉글랜드 왕국

헨델 탄생(1685년 2월 23일)
오라토리오 「메시아」 작곡(1742년경)

바흐 탄생(1685년 3월 21일)
「브란덴부르크 협주곡」 작곡(1718년)

폴란드 왕국
할레
런던
본 아이제나흐
라이프치히

바그너 탄생(1813년)
오페라 「탄호이저」
초연(1845년)

베토벤 탄생(1770년)
「합창 교향곡」 작곡(1824년)

신성 로마 제국
오스트리아
프랑스 왕국
잘츠부르크
헝가리 왕국

모차르트 탄생(1756년)
「피가로의 결혼」 작곡(1786년)

콘스탄티노플

교황령
아비뇽
로마

바르셀로나
마드리드

눈이 멀었던 헨델과 바흐

음악을 악보로 옮겨 적기 시작한 것은 1000년경의 일입니다. 그 전에는 음악을 귀로 듣고 잘 기억해 뒀다가 연주할 수밖에 없었습니다. 음악을 악보에 적을 줄 몰랐기 때문입니다. 그러던 중에 베네딕트 수도회의 수사였던 이탈리아의 음악가 구이도가 음표를 적는 방법을 고안해 냈습니다. 그는 각 음에 '도, 레, 미, 파, 솔, 라'라는 이름을 붙였습니다. 수사들이 성 요한을 찬양할 때 부르던 성가의 가사 첫 글자를 각각 따서 만든 것입니다.

이탈리아에는 '근대 음악의 아버지'로 불리는 음악가도 있었습니다. 그의 이름은 팔레스트리나였습니다. 팔레스트리나는 1594년에 숨을 거두기까지 교회 음악을 작곡하는 데 평생을 바쳤습니다. 교황은 모든 교회에서 그의 음악을 연주하라고 명령했으나 사람들은 그의 음악을 그다지 좋아하지 않았습니다. 쉽게 말해서 그의 음악은 '인기'가 없었거든요. 그 뒤로 약 100년이 흐른 뒤에 정말로 위대한 음악가가 탄생했습니다. 그는 모두에게 인기 있는 음악을 작곡한 최초의 음악가였습니다. 그의 음악은 당시에도 오늘날처럼 널리 사랑을 받았습니다. 그는 바로 독일 출신 음악가 헨델입니다. 이발사이자 의사였던 그의 아버지는 아들이 커서 변호사가 되길 바랐습니다. 그러나 소년 헨델이 좋아하는 건 오직 음악뿐이었습니다.

헨델이 살았던 시절에는 피아노란 것이 없었습니다. 대신 건반으로 줄을 튕겨 연주하는 조그만 악기가 하나 있긴 했습니다. 피아노의 전신인 클라비코드는 탁자처럼 다리가 달려 있는 것도 있었고, 탁자 위에 올려놓을 수 있도록 다리가 없는 것도 있

○ 헨델
1685년 독일 할레에서 태어나 영국에서 활동한 바로크 시대의 작곡가로서 '음악의 어머니'로 불립니다. 독실한 루터교 신자였던 헨델의 대표적인 교회 음악은 주로 성탄절 때 공연되는 「메시아」입니다. 이 작품은 영문 성경 중 하나인 킹 제임스 성경의 구절에 곡을 붙인 오라토리오입니다.

◎ 클라비코드
16~18세기 초에 유럽에서 널리 쓰였던 악기입니다. 건반으로 현을 치는 구조로 이루어진 이 악기가 피아노의 전신입니다.

었습니다.

여섯 살이 되던 해, 헨델에게 클라비코드가 생겼습니다. 그는 누구에게도 들키지 않으려고 다락방에 클라비코드를 숨겨 놓았습니다. 그리고 가족들이 모두 잠든 깊은 밤에 몰래 연주하곤 했습니다. 늦은 시간까지 잠도 자지 않고 연주에만 몰두했습니다. 그러던 어느 날 밤, 다락에서 흘러나온 소리가 가족들의 귀에까지 흘러 들어갔습니다. 가족들은 무슨 소리일까 궁금해하며 손전등을 들고 조용히 계단을 올라갔습니다. 그리고 방문을 활짝 열었습니다. 그곳에는 잠옷을 입은 헨델이 의자에 앉아 있었습니다. 발이 아직 바닥에 닿지도 않는 꼬마가 클라비코드를 연주하고 있었습니다.

그 일을 계기로 헨델의 아버지는 헨델을 변호사로 만들려고 노력해 봐야 소용없다는 사실을 깨달았습니다. 아버지는 아들을 위해 음악 선생님을 찾아 주었고, 꼬마는 곧 클라비코드 연주로 세상을 놀라게 했습니다. 헨델은 영국으로 건너가서 영국인으로 살았습니다. 세상을 떠난 뒤에는 유명한 영국인들만 묻힌다는 웨스트민스터 대성당에 묻혔습니다.

헨델은 성경을 음악으로 만들었습니다. 성경의 내용을 담고 있고, 합창이 주를 이루는 이런 음악을 오라토리오라고 합니다. 헨델의 오라토리오 중 「메시아」는 오늘날에도 성탄절만 되면 어딜 가든 들을 수 있습니다.

같은 독일 출신인 바흐도 헨델과 동시대를 살았습니다. 바흐

의 집안은 200년에 걸쳐서 50명 이상의 음악가를 배출한 명문 음악 가문이었습니다. 일족의 중심지가 된 중부 독일의 튀링겐 지방에서는 '바흐'의 이름이 '거리의 악사'의 대명사로 쓰였을 정도였어요. 바흐 집안의 음악가들은 대대로 루터 정통파의 경건한 신자들이었고, 신앙 못지않게 자신의 일에도 장인적인 긍지를 품고 있었습니다. 이 '신앙'과 '장인 기질'이 요한 제바스티안 바흐에게도 계승되어 마치 두 개의 선율처럼 그의 일생을 관철하게 됩니다.

헨델이 클라비코드 연주에 재능을 보였듯이 바흐는 오르간 연주에 천재적이었습니다. 그가 남긴 오르간 음악들은 아직도 음악 역사상 가장 훌륭한 작품들로 손꼽히고 있습니다. 놀랍게도 같은 해(1685년)에 태어난 헨델과 바흐는 나이가 들어 똑같이 장님이 되었습니다. 하지만 그들에게 중요한 건 청각이지 시각이 아니었습니다.

천재 음악가, 모차르트

천재 음악가들은 대부분 어린 시절부터 음악적 재능을 보였습니다. 심지어 글을 깨치기도 전에 위대한 음악가로 인정받은 사람들도 있었어요. 헨델이 눈을 감기 직전에 그런 천재가 세상에 태어났습니다. 오스트리아의 음악가인 모차르트가 그 주인공입니다. 그는 네 살 때 이미 피아노를 완벽하게 연주했고, 다섯 살 때는 작곡까지 했습니다.

모차르트는 음악에 소질이 있었던 아버지, 누나와 함께 공연을 다녔습니다. 그는 마리아 테레지아 앞에서 연주하기도 했습니다. 천재 소년 모차르트는 어딜 가든 최고의 대접을 받았습니다. 안아 주고 칭찬하며 선물을 주는 사람도 있었고, 파티에 초대해 주는 사람도 있었습니다. 그는 늘 그런 사람들 틈에 둘러싸여 있었습니다. 하지만 성인이 되어 결혼하면서 모차르트는 아주 힘든 시절을 보내게 됩니다. 생계를 꾸리기 위해 무엇이든 닥치는 대로 작곡해야 했습니다. 음악과 연극이 접목된 형태인 오페라부터 관현악단 전체가 함께 연주하는 교향곡까지 가리지 않고 음악을 만들었습니다. 그러나 그는 늘 가난했습니다. 심지어 죽어서는 공동묘지에 묻혔을 정도입니다.

후손들은 그토록 위대한 음악가의 무덤 위에 묘비 하나 없다는 걸 부끄럽게 생각했습니다. 하지만 그가 묻혀 있는 곳을 끝내 찾을 수가 없었습니다. 하는 수 없이 공동묘지 위에 묘비를 세우기는 했지만, 오늘날까지도 모차르트가 정확히 어디 묻혀 있는지 아는 사람은 아무도 없습니다.

○ 모차르트
1756년 오스트리아 잘츠부르크에서 태어났습니다. 모차르트가 남긴 작품은 성악과 기악의 모든 영역에 걸쳐 다채롭습니다. 어릴 때부터 천재성을 보여 네 살 때 건반 지도를 받았고, 다섯 살 때 소곡을 작곡했어요. 대표적인 작품으로 오페라 「피가로의 결혼」과 「돈 조반니」가 있습니다.

위대한 음악가, 베토벤과 바그너

독일의 음악가 요한 판 베토벤은 오스트리아의 천재 소년 모차르트 이야기를 듣고, 자기 아들도 천재로 키워 왕과 왕비 앞에서 연주하게 만들어야겠다고 결심했습니다. 그래서 아들인 루트비히 판 베토벤이 다섯 살이 되었을 때부터 무리하게 연습을 시켰습니다. 아들이 장시간의 연습에 지친 나머지 눈물을 흘려도 아랑곳하지 않았습니다. 그리하여 베토벤 역시 역사상 가장 위대한 음악가 중 한 사람이 되었습니다.

베토벤은 피아노 앞에 앉아 즉석에서 너무나 아름다운 음악

들을 만들어 냈습니다. 이를 즉흥 연주라고 합니다. 그러나 베토벤은 그 음악들을 악보에 옮겨 적고는 만족하는 법이 없었습니다. 만족스러운 작품이 나올 때까지 열 번도 넘게 지우고 다시 작업했습니다.

그런데 어느 날부터인가 베토벤의 귀에 이상이 생기기 시작했습니다. 이러다 영영 못 듣게 되는 건 아닐까 걱정이 이만저만이 아니었습니다. 더구나 청력이 전부인 베토벤에게 이보다 더 큰 불행은 없었을 것입니다. 그러나 결국 그는 청력을 완전히 잃고 말았습니다. 극도의 절망감에 휩싸인 베토벤은 성격마저 포악해졌습니다. 누굴 만나든 무슨 일이 생기든 불같이 화를 냈습니다. 하지만 그는 포기하지 않았습니다. 자기가 만든 음악을 들을 수 없게 되었지만, 그는 꾸준히 작품 활동을 했습니다.

역시 위대한 음악가였던 독일의 바그너는 1883년 숨을 거둘 때까지 평생 동안 연주했지만, 연주 솜씨가 그리 좋은 편은 아니었습니다. 하지만 그는 세상에서 가장 근사한 오페라 음악을 많이 남겼습니다. 바그너는 작곡뿐만 아니라 노랫말도 썼습니다. 신화와 동화에서 이야기를 따와서 극을 만들고, 음악 속에 절묘하게 집어넣었습니다. 처음에 바그너의 음악은 너무 소란스럽고 쿵쾅거리며 곡조가 단조롭다고 사람들의 비웃음을 샀습니다. 하지만 시간이 흐른 지금 우리는 그의 음악을 좋아하지 않았던 그 몇몇 사람들을 비웃고 있습니다.

우리에게 음악이란 무엇일까요?

독일의 종교 개혁자 마르틴 루터는 "슬픔에 빠진 사람에게 위로를 주고, 기뻐하는 사람에게 두려움을 느끼게 하며, 절망에 빠진 사람에게 용기를 주고, 오만한 사람을 돌아보게 하며, 증오에 찬 사람을 달래려 할 때 음악보다 더 효과적인 것이 있을까?"라고 물었습니다. 음악을 듣는다고 해서 밥이나 돈이 생기는 것은 아니지만, 그렇기 때문에 음악이 무가치하다고 말하는 것은 잘못입니다. 음악이 어떻게 인간에게 행복을 줄 수 있는지 객관적으로 증명하기는 힘듭니다. 젖소에게 음악을 들려주었더니 젖이 많이 나왔다는 식의 접근이 아니라면 그 판단은 각자에게 맡길 몫이라고 생각합니다. 음악은 이해하려고 노력하는 학문의 영역에 있는 것이 아니라, 밥을 먹고 숨을 쉬듯이 자연스러운 일상의 영역이라는 것은 틀림없는 사실입니다. 우리에게 음악 이론이 중요하지 않은 것은 그 때문입니다.

17 1854~1875년의 신문 |
19세기 세계사

지금부터 들려줄 이야기는 불과 150여 년 전의 이야기입니다. 세계는 이제 막 중세의 모습을 벗어 버리고 근대로 들어가기 시작했습니다. 영국은 빅토리아 여왕 시대에 경제적 풍요를 누렸고, 미국은 노예를 해방시키고 민주주의를 지향하는 국가로 나아가게 되었습니다. 아시아에서는 반강제적이긴 했지만 미국에 의해 처음으로 일본의 문호가 개방되었습니다. 물론 이 모든 변화는 그냥 이루어지지 않았습니다. 근대화를 이루는 과정 속에서도 많은 인물이 등장했습니다. 과연 150년 전 역사에 흔적을 남긴 인물들은 누구일까요?

- **1854년** 영국과 프랑스가 러시아의 남하를 견제하기 위해 러시아에 선전 포고를 하고 크림 반도에서 전쟁을 일으키다. 나이팅게일이 크림 전쟁에서 38명의 수녀 출신 간호사들과 활약하다.

- **1861년** 미국에서 연방 유지 및 노예 제도 존폐를 둘러싸고 남북 전쟁이 일어나다. 이 시기에 우리나라에서는 최제우가 동학을 제창한다.

- **1868년** 일본은 에도 막부를 무너뜨리고 천황이 직접 통치하는 체제로 전환하면서 근대 자본주의 체제로 첫발을 떼는 개혁을 단행하다. 이를 메이지 유신이라고 한다.

에이브러햄 **링컨**, 남북 전쟁(1861~1865년)을 승리로 이끎

나이팅게일, 크림 전쟁(1854~1856년, 러시아 대 오스만 튀르크·영국·프랑스)에서 38명의 수녀 출신 간호사들과 활약

북부의 조지 미드 장군, **게티즈버그 전투**에서 남부의 로버트 리 장군을 결정적으로 패배시킴(1863년)

매슈 페리, 일본과 **미일화친조약** 체결(1854년)

일본 천황, 메이지 유신 단행(1868년). 에도 막부 체제에서 천황이 직접 통치하는 체제로 전환됨

크림 전쟁 최고의 전공자, 나이팅게일

1854년부터 1875년까지의 신문을 찾아보세요. 지금부터 하려는 이야기는 빛바랜 옛날 신문에서 실제로 읽을 수 있는 이야기들입니다. '나라 밖 소식'이라는 표제 아래 어떤 내용이 실렸었는지, 지금부터 한번 살펴볼까요?

우선 영국 소식부터 살펴보겠습니다. 당시 영국 여왕은 빅토리아였습니다. 빅토리아 여왕은 친절한 성품과 독실한 신앙으로 국민에게 널리 사랑을 받았습니다. 그녀는 백성에게 여왕이라기보다 어머니 같은 존재였으며, 60년이 넘게 영국을 통치했습니다. 빅토리아 여왕의 재위 기간을 빅토리아 시대라고 합니다.

1854년의 영국 신문을 보면 러시아와 벌였던 전쟁 기사가 실려 있을 거예요. 먼 나라인 러시아로 가려면, 영국군은 배를 타고 지중해 끝으로 가서 콘스탄티노플을 지나 흑해로 들어가야 했습니다. 러시아에서 흑해로 조그맣게 삐져나와 있는 땅이 있는데, 이곳에서 대부분의 전쟁이 치러졌습니다.

당시 러시아는 매우 추운 북부 해안 지역

◑ '해가 지지 않는 나라'의 빅토리아 여왕

영국의 왕(재위 1837~1901년)으로 영국의 전성기를 이루었을 뿐만 아니라 2대 정당제 의회 정치를 확립시켰습니다. '군림하되 통치하지 않는다.'는 원칙에 따라 오늘날 영국 군주의 전형을 확립했지요. '빅토리아 시대'는 대영 제국의 최전성기였습니다. 버킹엄 궁전 앞에 빅토리아 여왕의 기념비가 있어요.

만을 차지하고 있었습니다. 겨울이 되면 바다와 강이 모두 얼어 버려 외국과 교류하는 데 문제가 많았습니다. 러시아는 얼지 않는 항구가 필요했습니다. 그래서 그들은 따뜻한 남쪽으로 진출을 시도했습니다. 러시아는 그리스 정교회와 슬라브족을 보호한다는 구실로 흑해 연안을 차지하고 있던 오스만 튀르크를 공격했습니다. 이에 러시아의 세력이 확대될 것을 두려워한 영국은 프랑스, 프로이센 등과 손을 잡고 오스만 튀르크의 편에 서서 싸웠습니다.

그 어느 나라도 이기지 못했던 나폴레옹 군대를 물리친 러시아는 자부심이 강했습니다. 그러나 크림 전쟁의 결과는 러시아의 기대와는 정반대였어요. 러시아가 프랑스와 영국 연합군에 크게 패하고 말았거든요. 수십 년 사이에 두 나라의 무기와 전술이 러시아가 따라 잡을 수 없을 만큼 발달했다는 사실을 몰랐던 거예요. 러시아가 이 전쟁에서 패배한 뒤, 영토 확장 정책을 폈던 니콜라이 1세는 무너지고 알렉산드르 2세가 황제 자리에 올랐습니다. 알렉산드르 2세는 러시아를 유럽의 강대국으로 만들기 위해 본격적인 근대화 정책을 추진하게 됩니다.

러시아와 연합군이 벌였던 이 전쟁은 크림 반도라는 전쟁터의 이름을 따서 크림 전쟁이라 부릅니다. 크림 전쟁이 발생한 해인 1854년은 '나이팅게일이 크림을 팔러 오네(854)'로 외워 두세요. 이 전쟁 때문에 수천 명의 영국군이 머나먼 땅에서 부상과 질병으로 목숨을 잃었습니다.

크림 전쟁 당시 영국에는 플로렌스 나이팅게일이라는 이름의 여인이 있었습니다. 부드러운 마음씨의 소유자였던 나이팅게일

◐ 알렉산드르 2세
크림 전쟁이 끝날 무렵에 아버지인 니콜라이 1세가 죽자 뒤를 이어 러시아의 황제가 되었습니다. 니콜라이 1세의 크림 전쟁 패배를 계기로 알렉산드르 2세는 개혁을 추진했습니다. 그는 "밑에서 농민이 자신을 해방하는 때를 기다리는 것보다 위에서 농노제를 폐지하는 편이 좋다."라는 뜻을 밝히고, 1861년 러시아 역사의 이정표가 되는 농노 해방령을 발표했습니다.

은 늘 환자들을 돌보고 치료했습니다. 나이팅게일은 어린 시절부터 간호사 놀이를 즐겼습니다. 인형이 머리가 아프다고 하면 붕대로 머리를 감싸 주고 다리가 아프다고 하면 다리를 감싸 주었습니다. 진짜 아픈 환자를 돌보듯이 정성을 쏟았어요. 개가 아플 때도 마찬가지였습니다. 사람을 대하듯이 조심스럽게 개를 치료했습니다.

나이팅게일이 런던 숙녀 병원의 간호부장으로 있었을 때의 일입니다. 그녀는 저 멀리 러시아에서 수천 명의 영국군이 죽어 가고 있다는 소식을 듣게 되었습니다. 그렇게 수많은 사람이 죽어 가는데 간호사가 한 명도 없다는 사실에 놀랐습니다. 나이팅게일은 사람들을 모아 크림 반도로 갔습니다. 그녀가 도착하기 전에는 부상을 당하면 절반은 죽은 것이나 다름없었습니다. 부상자 100명 중 50명은 죽어 나갔으니까요. 하지만 그녀가 도착한 뒤에는 부상자의 100명 중 두 명꼴로 사망자가 급격히 줄었습니다. 나이팅게일은 막사 여기저기를 돌아다니는 것은 물론이고, 밤이 되면 램프를 들고서 부상자를 찾아 전장을 헤맸습니다. 병사들은 그런 그녀를 '빛의 천사'라고 불렀습니다. 모두가 그녀를 사랑했습니다.

마침내 전쟁이 끝나고 그녀도 영국으로 돌아갔습니다. 영국은 그녀에게 열심히 부상자들을 치료해 준 데 대한 보상으로 많은 액수의 돈을 지급했습니다. 나이팅게일은 그 돈을 간호사 양성소를 설립하는 기금으로 썼습니다. 오늘날 간호사는 의사만큼이나 중요한 존재로 인식되고 있습니다. 아프면 누

구든 간호사의 보살핌을 받을 수 있습니다. 그러나 당시에는 전
문 교육을 받은 간호사가 전혀 없었고, 간호사를 교육시킨다는
생각은 누구도 하지 못했습니다. 플로렌스 나이팅게일은 간호
사 교육을 처음 시작한 장본인입니다.

오늘날까지도 나이팅게일은 간호사들의 우상이에요. 누구나
간호사가 되기 전에 "나는 일생을 의롭게 살며 전문 간호사로서
최선을 다할 것을 하나님과 여러분 앞에 선서합니다. 나는 인간
의 생명에 해로운 일은 어떤 상황에서도 하지 않겠습니다."라는
내용을 선서합니다. 이를 '나이팅게일 선서'라고 합니다. 나이팅
게일의 마음가짐을 본받고자 하는 거예요.

유럽의 일원이 되고자 한 일본

다음에는 일본의 역사를 살펴보겠습니다. 일본은 원래 백인과
의 교역을 원치 않았습니다. 그래서 몇 차례를 제외하고는 늘 백
인을 몰아냈습니다. 그러나 1854년에 미국의 해군 장교인 매슈
캘브레이스 페리가 전함을 끌고 와 반강제로 '미일화친조약'을

◑ 매슈 페리
일본의 요코하마 앞바다에
군함을 이끌고 와서 일본과
반강제적으로 미일화친조약
을 체결했습니다.

체결합니다. 이 조약으로 일본은 아시아에서 가장 먼저 근대화의 길로 들어서게 됩니다.

미국과 조약을 체결한 일본은 그때부터 백인의 입국을 허용하고 백인과 무역을 시작했습니다. 당시 일본인들은 지적으로 굉장히 굶주린 상태여서 백인의 기술을 아주 열심히 배웠습니다. 페리가 처음 일본에 갔을 때만 해도 일본인들은 1,000년 전과 똑같은 모습으로 살고 있었습니다. 그러면서도 백인의 발명품이나 생활 방식을 얕보고 무시했어요. 하지만 일본은 50년이라는 짧은 시간에 1,000년의 세월을 훌쩍 뛰어넘는 문명국이 되었습니다.

개항 이후 일본에 외국 상품이 밀려 들어오자 일본 경제는 큰 타격을 받았습니다. 그러자 생활이 어려워진 하급 무사들을 중심으로 서양의 오랑캐를 배척하자는 운동이 일어났습니다. 그들은 국내의 어려워진 상황을 막부의 탓으로 돌리며 막부의 힘을 누르기 위해 천황을 받들었습니다. 막부를 몰아내려는 세력의 지원을 받아 메이지 천황은 에도 막부를 토벌하라는 명령을 내렸습니다. 에도 막부는 무력으로 저항했지만 결국 패배하고 권력을 천황에게 넘겨주었습니다.

이리하여 700년이나 이어 오던 막부 시대가 끝나고 국왕 중심의 입헌 군주제가 채택되었습니다. 천황 중심의 새 정부는 1868년 서유럽의 근대적인 문물과 제도를 받아들여 메이지 유신이라는 개혁을 대대적으로 추진했습니다. 먼저 사농공상의 신분 제도를 개혁하고 사무라이의 특권을 폐지했습니다. 평민도 성을 쓸 수 있게 되었어요. 평민들의 권익을 높인 다음 징병제를 실시해 모든 국민이 군대에 가도록 만들었어요. 서양의 과학 기술을 받아들여 근대적 산업을 육성하는 것도 게을리 하지 않았습니다.

일본에도 계몽사상가가 있었습니다. 메이지 유신의 서구화 정책을 강력하게 밀어붙인 후쿠자와 유키치는 "문명에는 개화, 반개화, 미개, 야만과 같은 차등이 있다. 일본은 아직 반개화 상태이므로 개화의 상태로 나아가야 한다."라고 주장했습니다. 그리고 "나쁜 친구를 사귀는 자는 나쁜 이름을 남기게 된다. 우리는 아시아의 나쁜 친구들을 멀리해야 한다."라고 덧붙였습니다. 그는 아시아의 일원에서 벗어나 유럽의 일원이 되고자 했습니다. 공부 못하고 못생긴 친구와는 사귀지 않겠다는 뜻이에요. 이런 그의 주장은 아시아 침략의 이론적 근거가 되었습니다.

메이지 유신을 통해 자본주의를 크게 발전시킨 일본은 아시아에서 가장 먼저 근대 국가로 성장해 제국주의의 길로 들어서게 되었습니다. 일본은 메이지 유신을 알리기 위해 조선에 외교 문서를 보냈습니다. 하지만 조선에서는 답장을 하지 않았습니다. 그러자 조선이 일본을 모욕했다는 이유를 들어, 메이지 신정부의 주역이었던 사이고 다카모리를 중심으로 조선을 정벌하자는 정한론이 일어났습니다. 정한론 뒤에는 메이지 유신 이후, 특권을 상실한 사무라이들의 불만을 바깥으로 돌리려는 의도가 숨어 있었어요.

일본은 자신이 미국에 당한 것을 그대로 흉내 내어 조선에게 개국을 강요했어요. 1875년 일본 군

● 메이지 천황
일본의 제122대 천황(재위 1867~1912년)입니다. 에도 막부 체제에서 직접 통치하는 체제로 전환해 근대 자본주의 개혁을 단행했습니다. 일본이 처음으로 맞닥뜨린 근대 전쟁인 청일 전쟁과 러일 전쟁에서 메이지 천황은 대본영에서 직접 전쟁을 지휘했습니다.

함 운요호가 갑자기 강화도 앞바다에 나타나 무력시위를 벌였어요. 강화도는 1866년 프랑스 함대, 1871년 미국 함대가 침략했던 곳이에요. 한창 예민해져 있던 조선은 운요호를 격퇴했습니다. 일본은 이 사건을 빌미로 조선의 개국을 강요합니다. 이에 조선은 일본과의 전쟁을 피하기 위해 강화도 조약을 체결합니다.

강화도 조약에는 "조선은 자주국이다, 세 개 항구를 개방한다, 일본인이 개항장에서 저지른 범죄는 일본 관원이 다스린다."라는 내용이 있습니다. 조선이 자주국임을 강조한 것은 얼핏 조선을 배려한 것처럼 보이지만, 사실은 일본의 조선 침략을 청이 간섭하지 못하도록 하기 위한 조치였어요.

이로써 일본은 한반도 침략의 첫발을 내디딥니다. 일본은 1894년 청일 전쟁에서 승리한 후 중국으로부터 랴오둥 반도와 타이완을 할양받았습니다. 1904년 한반도 지배를 둘러싸고 일본과 러시아 사이에 러일 전쟁이 일어납니다. 러시아의 남하를 막으려는 영국은 일본과 동맹을 맺었어요. 실제로 일본이 사용한 전쟁 비용의 40퍼센트는 영국과 미국에서 들여온 외채였습니다. 러일 전쟁에서 승리한 일본은 1905년 을사늑약을 맺고 대한 제국의 외교권을 빼앗았어요.

노예 해방을 위한 남북 전쟁

한편, 1861년에서 1865년까지 미국 신문에서는 그보다 훨씬 큰 기사가 지면을 장식했습니다. 미국 내에서 벌어진 전쟁에 관한 기사였습니다. 같은 미국 사람들끼리 벌인 남북 전쟁이 그것입니다.

○ 사이고 다카모리
메이지 신정부의 주역이었던 사이고 다카모리는 조선을 정벌하자는 정한론을 주장했습니다. 도쿄의 우에노 공원 입구에 그의 동상이 서 있습니다.

미국은 크게 남부와 북부로 분열되었습니다. 남부와 북부는 서로 여러 가지 면에서 충돌이 많았거든요. 그중에서도 특히 크게 충돌했던 문제는 남부의 노예제에 관한 것이었습니다. 북부는 공업과 상업이 발달한 반면, 남부에는 여전히 농장이 많았어요. 남부의 농장주들은 영국에 면화를 판매해 많은 이익을 남겼습니다. 농장주들은 노예를 시켜 면화를 재배했습니다. 노예는 사람이 아닌 재산으로 취급되어 주인이 학대하더라도 간섭하는 사람이 없었습니다. 상공업이 발달한 북부 지방은 노예 제도를 폐지하려는 운동을 벌였어요.

노예 제도를 반대하는 에이브러햄 링컨이 제16대 대통령에 당선되자 사우스캐롤라이나를 비롯한 남부의 일곱 개 주는 연방을 탈퇴하고 따로 남부 연합을 만들었습니다. 노예제에 관해 전혀 다른 의견을 갖고 있었던 북부와 남부가 서로를 공격하기에 이른 것이지요.

1861년 남부 군대의 선제공격으로 시작된 남북 전쟁 초기에는 리 장군이 이끄는 남군이 우세했어요. 그러나 링컨 대통령이 노예 해방을 선언하자 여론이 점차 나빠지기 시작하면서 남부는 곤경에 빠졌어요. 1863년 북군이 게티즈버그 전투에서 승리하면서 그랜트 장군이 이끄는 북군이 점차 유리해지기 시작했고, 1865년 마침내 리 장군

○ 남북 전쟁
링컨은 남북 전쟁에서 수많은 공적을 세운 그랜트 장군을 북군 총사령관에 임명했습니다. 그랜트는 남군 사령관인 리 장군을 항복시켜 사실상 전쟁을 끝맺었습니다.

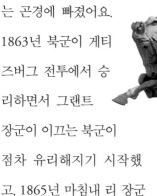

◐ 링컨의 깨진 유리 초상

미국의 제16대 대통령으로 영웅, 성인, 순교자의 삼박자를 고루 갖춘 아메리카 역사의 신화적인 거인이라 할 수 있지요. 사진은 링컨을 마지막으로 찍은 것으로, 인화할 때 유리가 깨져 사진에 그 흔적이 남는 바람에 '깨진 유리 초상'이라는 이름이 붙었습니다. 마치 링컨의 암살을 예견하는 듯합니다.

이 항복함으로써 전쟁은 북군의 승리로 끝나게 됩니다.

게티즈버그 전투가 끝나고 4개월 후에 링컨은 전장에 세워진 국립묘지

봉헌식에서 미국 역사상 가장 위대한 연설을 하게 됩니다. 링컨이 신중히 초안을 짠 이 연설의 내용은 300단어가 채 안 됩니다. 연설도 불과 2, 3분 만에 끝났지요. 그러나 연설의 메시지는 오늘날까지 모든 사람의 가슴속에 살아있습니다.

링컨은 자신의 연설이 게티즈버그 전투에서 숨진 병사들을 위한 것일 뿐만 아니라 '국민의, 국민에 의한, 국민을 위한 정부가 이 땅에서 사라지지 않도록(government of the people, by the people, for the people, shall not perish from the earth)' 살아서 투쟁하고 있는 사람들에게도 헌납하는 것이라고 말했습니다.

링컨은 지독히도 가난한 오두막집에서 태어났습니다. 낮에는 밖에서 일하고, 밤이 되면 나무 아래 서서 반딧불에 의지해 독학으로 글을 익혔습니다. 너무 가난해서 책이 몇 권밖에 없었는데, 하도 읽어서 너덜너덜했을 정도였습니다. 그 책들 중엔 여러분도 다 읽었을 『이솝 우화』도 포함되어 있었습니다.

청년이 된 링컨은 가게 점원으로 일했습니다. 하루는 어떤 가난한 여자 손님에게 주문한 것보다 작은 물건을 내준 것을 뒤늦게 깨닫게 되었습니다. 링컨은 가게 일을 마치고 몇 킬로미터를 걸어 그녀의 집으로 찾아갔습니다. 물건을 바꿔 주기 위해서였

○ **게티즈버그 전투**
1863년 7월 1일부터 3일까지 펜실베이니아 주 게티즈버그 인근에서 남북 전쟁의 가장 참혹한 전투가 벌어졌습니다. 북부의 조지 미드 장군이 이끄는 포토맥군은 이 전투에서 남부의 로버트 리 장군이 이끄는 북버지니아군을 결정적으로 패배시켰습니다. 게티즈버그 전투는 흔히 남북 전쟁의 전환점으로 평가되고 있습니다. 사진은 북군 전사자의 모습입니다.

○ 링컨이 죽음을 맞이한 방
링컨은 포드 극장에서 저격
당한 직후 한 가정집 2층의
작은 방으로 옮겨져, 1865년
4월 15일 아침 7시 22분에
56세의 파란만장한 삶을 마
감했습니다. 링컨의 암살 배
후는 알려지지 않고 있어요.
저격수인 미국 배우 부스가
재판을 받기 전에 의문사했
기 때문이지요.

습니다. 그 후 사람들은 링컨을 '정직한 에이브러햄'이라고 불렀
습니다.

링컨은 열심히 공부해 변호사가 되었고, 마침내 미국 대통령
에 당선되었습니다. 그러던 어느 날 링컨은 극장에서 연극을 보
던 중에 암살자의 총을 맞고 숨을 거둡니다. 노예 제도를 폐지한
링컨에게 앙심을 품고 있던 어느 배우의 짓이었습니다.

링컨은 미국 역사상 가장 훌륭한 대통령으로 손꼽히고 있습
니다. 조지 워싱턴이 미국을 건국했고, 에이브러햄 링컨이 둘로
나누어진 미국을 하나로 묶었습니다. 그들의 노력이 있었기에
미국은 세계의 강대국으로 우뚝 설 수 있었습니다.

링컨의 연설 중에 '국민의, 국민에 의한, 국민을 위한 정부'에는 어떤 의미가 있을까요?

링컨이 말하는 '국민의 정부'란 나라의 주인이 국민이라는 뜻이에요. 다시 말해 주권 재민(主權在民)을 뜻하지요. '국민에 의한'이란 국민이 직접적으로 권력을 행사하기도 하고, 대표자를 선출해 간접적으로 권력을 행사할 수 있다는 것을 뜻합니다. 이는 곧 민주주의의 기본 정신입니다. 마지막으로 '국민을 위한 정부'란 말 그대로 정부의 존재 목적이 국민을 위한다는 뜻이에요. 근대 이전에는 특정한 개인이나 집단의 의사가 국가의 주요한 정책을 결정지었습니다. 하지만 근대로 접어들면서부터 국민의 다양한 의견이 표출되고 이를 수렴해 국민의 뜻에 따라 정치가 이루어졌습니다. 시민 혁명을 거치면서 자유와 평등의 기본적인 인권을 보장받는 새로운 사회가 만들어졌던 거예요. 근대에 와서 민주주의는 사회를 구성하는 조직 원리로서 의미를 가지게 되었습니다.

18 독일과 이탈리아의 통일 |
국민 국가 건설

프로이센과 이탈리아는 19세기 중엽까지만 해도 통일된 국가의 형태를 갖추지 못했습니다. 두 나라는 오스트리아를 견제하며 크고 작은 '영방'과 '자유시', '교황령' 등으로 뿔뿔이 흩어져 있었습니다. 그러다 두 나라에 큰 변화가 생겼습니다. 통일을 꿈꾸던 프로이센의 빌헬름 1세가 '철혈 재상'으로 알려진 오토 폰 비스마르크 총리의 도움을 받아 1870년 프로이센-프랑스 전쟁에서 승리를 거둔 후, 그 여세를 몰아 독일 연방을 통일했거든요. 이탈리아의 비토리오 에마누엘레 2세도 전쟁 영웅 가리발디 장군이 이끄는 '붉은 셔츠 부대'의 도움을 받아 이탈리아 통일의 기초를 다졌습니다.

- **1860년** 가리발디가 '붉은 셔츠 부대'를 조직해 양시칠리아 왕국을 점령한 뒤 사르데냐의 왕인 비토리오 에마누엘레 2세에게 바치다.

- **1862년** 비스마르크가 프로이센의 총리가 되다. 독일의 통일을 위해 프랑스 및 오스트리아와 전쟁을 강행해 승리로 이끄는 등 철혈 정책을 추진해 흔히 '철혈 재상'이라고 불리다.

- **1871년** 프로이센의 빌헬름 1세가 베르사유 궁전에서 대관식을 치르고 독일 제국의 초대 황제가 되다. 이 시기에 우리나라에서는 미국 함대가 조선에게 통상 조약 체결을 강요하기 위해 강화도를 침략한 신미양요가 일어나다.

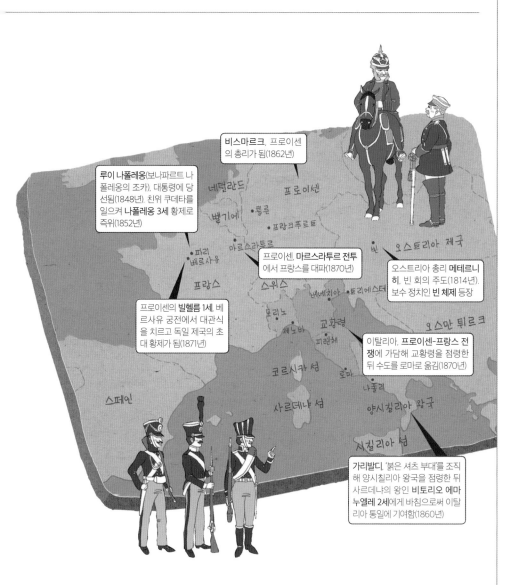

비스마르크, 프로이센의 총리가 됨(1862년)

루이 나폴레옹(보나파르트 나폴레옹의 조카), 대통령에 당선됨(1848년), 친위 쿠데타를 일으켜 **나폴레옹 3세** 황제로 즉위(1852년)

프로이센, **마르스라투르 전투**에서 프랑스를 대파(1870년)

오스트리아 총리 메테르니히, 빈 회의 주도(1814년), 보수 정치인 **빈 체제** 등장

프로이센의 **빌헬름 1세**, 베르사유 궁전에서 대관식을 치르고 독일 제국의 초대 황제가 됨(1871년)

이탈리아, 프로이센-프랑스 전쟁에 가담해 교황령을 점령한 뒤 수도를 로마로 옮김(1870년)

가리발디, '붉은 셔츠 부대'를 조직해 양시칠리아 왕국을 점령한 뒤 사르데냐의 왕인 **비토리오 에마누엘레 2세**에게 바침으로써 이탈리아 통일에 기여함(1860년)

네덜란드 · 프로이센 · 벨기에 · 쾰른 · 프랑크푸르트 · 파리 · 베르사유 · 마르스라투르 · 오스트리아 제국 · 빈 · 프랑스 · 스위스 · 오스만 튀르크 · 토리노 · 제노바 · 교황령 · 피렌체 · 코르시카 섬 · 로마 · 나폴리 · 스페인 · 사르데냐 섬 · 양시칠리아 왕국 · 시칠리아 섬

황제가 된 대통령

나폴레옹의 정복 전쟁은 다른 나라 지배층의 간담을 서늘하게 했습니다. 그들은 모두 이렇게 생각했을 거예요. '나폴레옹의 정복 전쟁이 성공했다면 우리는 모두 프랑스의 지배를 받게 되었을 거야. 그 나라의 왕도 단두대에서 사라졌는데 우리 목숨이라고 온전할 리 있겠어? 이제 민중이 다시는 들고일어나지 못하도록 유럽을 옛날의 상태로 돌려놓아야 해.'

나폴레옹 전쟁이 끝난 1814년 그들은 오스트리아 빈에서 회의를 열었어요. 빈 회의는 오스트리아 총리 메테르니히가 주도했습니다. 회의 결과 영토를 다시 조정하는 등 구질서를 유지하기 위해 '빈 체제'라는 보수 정치 체제가 등장합니다. 이제 유럽이 타임머신을 타고 30년 전의 옛날로 돌아가게 된 거예요. 빈 회의 의장인 메테르니히는 프랑스 혁명 후 유럽 각지에서 일어난 민족주의와 자유주의 운동을 탄압했습니다.

프랑스 영토도 옛날로 돌아갔습니다. 사람들은 혁명 전의 프랑스를 통치한 것이 부르봉 왕가였으므로 그 가문에서 왕을 찾아야 한다고 생각했습니다. 그리하여 부르봉 왕가의 혈통을 이어받은 루이 18세, 샤를 10세, 루이 필리프 등이 차례대로 왕이 되었습니다. 세 사람 모두 프랑스 시민들의 손에 의해 단두대에서 처형되었던 루이 16세와 혈통이 같았습니다.

하지만 세 사람 모두 제대로 나라를 다스리지 못했습니다. 루이 18세는 국민의 자유를 심하게 제한하지는 않았지만, 그의 뒤를 이은 샤를 10세는 절대 왕정 시대의 왕들을 흉내 내기 시작했던 거예요.

○ 클레멘스 메테르니히
오스트리아의 총리 메테르니히는 나폴레옹과의 전쟁에서 승리한 후 빈 회의 의장으로서 유럽의 질서 회복을 위한 외교의 지도권을 장악했습니다.

샤를 10세가 의회를 해산시키자 시민들은 거리로 뛰쳐나왔습니다. 시민군은 정부군과 치열한 시가전을 벌여 승리했습니다. 프랑스 혁명의 영광이 다시 살아난 거예요. 시민 의회는 샤를 10세를 끌어내리고 루이 필리프를 새로운 왕으로 추대한 다음, 영국처럼 입헌 군주제를 도입했습니다. 이 사건을 7월 혁명이라고 합니다.

시민 의회는 대부분 부유한 시민 계급, 즉 부르주아 출신이었습니다. 선거권이나 투표권도 남성의 3퍼센트에 불과한 부르주아에게만 주어졌어요. 부르주아만 혁명의 열매를 맛보게 되었으니 일반 시민들이 가만히 있었겠어요? 중산층과 노동자들이 선거법 개정을 요구했지만 받아들여지지 않자, 파리 시민들은

○ 나폴레옹 3세
대통령에 당선된 루이 나폴레옹은 공화정을 없애고 1인 독재를 시작했습니다. 그는 이름까지 나폴레옹 3세로 바꾸고 황제 자리에 올랐어요. 이때를 제2제정이라고 합니다.

다시 시가지에 바리케이드를 설치하고 시위를 벌였습니다. 정부군을 물리친 시민군은 루이 필리프를 끌어내렸습니다. 이 혁명은 2월 혁명이라고 부릅니다. 프랑스 국민들은 더 이상 부르봉 왕가에 미련을 두지 않았습니다. 그 결과 다시 공화정이 시작되었습니다. 이 소식이 유럽 전역으로 전해지자 오스트리아에서는 3월 혁명이 일어나 메테르니히가 추방되고, 독일과 이탈리아에서는 민족 통일 운동이 일어났습니다.

프랑스 국민은 누구를 대통령으로 선출했을까요? 바로 나폴레옹의 조카인 나폴레옹 3세였습니다. 그는 프랑스 왕이 되고자 몇 번이나 시도했지만 번번이 실패하다가 대신에 대통령이 되었습니다. 그러나 나폴레옹 3세는 대통령에 만족하지 않았습니다. 그는 삼촌처럼 황제가 되고 싶었어요. 유럽을 정복하고 황제가 되길 원했던 나폴레옹 3세는 결국 황제 자리에 오르고 스스로를 나폴레옹 3세라고 칭했습니다.

프로이센-프랑스 전쟁

프랑스의 나폴레옹 3세에게 프로이센은 눈엣가시 같은 존재였습니다. 그들의 세력이 점차 커지는 것이 무엇보다 못마땅했어요. 특히 프로이센의 왕 빌헬름 1세보다 비스마르크 총리에게 더욱 신경이 쓰였습니다. 비스마르크는 1862년 총리에 임명되었을 때, "오늘날의 모든 문제는 언론이나 다수결에 의해서가 아니라 철과 피에 의해서 결정된다."라고 선언하며 의회와 대립

↟ 나폴레옹 3세의 아파트
루브르 박물관 한쪽에 마련된 나폴레옹 3세의
숙소입니다. 응접실을 비롯해 식당과 침실이
화려하게 장식되어 있습니다.

한 채 군비 확장을 강행해 '철혈 재상'이라고 불린 인물이기 때문입니다. 그는 오스트리아를 격파한 후 북독일 연방을 결성했습니다.

드디어 1870년 프로이센-프랑스 전쟁이 시작되었습니다. 그러나 전쟁이 시작된 지 얼마 지나지 않아, 나폴레옹 3세는 프로이센과 전쟁을 시작한 것이 커다란 실수였음을 깨달았습니다. 프로이센은 강해지고 있었던 것이 아니라 이미 강해져 있었습니다. 결국 나폴레옹 3세는 프로이센군에 완패를 당하고 치욕적인 항복을 선언해야 했습니다. 그리고 쫓겨나다시피 영국으로 도망쳤습니다.

프로이센군은 파리로 진격해 파리 국민들에게 전후 처리 비용으로 10억 달러를 요구했습니다. 몇몇 마을에서 절대로 돈을 낼 수 없다고 항의하자, 비스마르크는 그 마을의 지도급 인사들을 불러 세워 놓고 만약 요구한 돈을 지불하지 않는다면 총으로 쏴 죽이겠다고 엄포를 놓았습니다. 이에 프랑스 국민들은 돈을 내기 시작했습니다. 불과 2년 만에 그 엄청난 액수의 돈을 모두 다 갚았습니다. 프랑스 국민들은 그날의 모욕을 결코 잊지 않았습니다. 그 후로도 오랫동안 원수처럼 으르렁거렸습니다.

프로이센 주변에는 조그만 나라들이 많이 있었습니다. 독일 연방이라고 불리는 나라들이었어요. 같은 뿌리에서 나온 민족인데도 각각 다른 나라로 흩어져 있었습니다. 그러나 프로이센-프랑스 전쟁이 끝나고 난 직후 프로이센은 독일 연방을 하나로 통

프로이센-프랑스 전쟁
알퐁스 도데의 『마지막 수업』의 모티프가 된 전쟁이다. 이 전쟁 때문에 유럽 대륙의 주도권이 프랑스에서 프로이센(독일)으로 넘어가게 되었다. 흔히 보불 전쟁이라고도 한다.

● 비스마르크
독일을 통일해 독일 제국을 건설한 프로이센의 총리입니다. 독일의 통일을 위해 프랑스, 오스트리아와 전쟁을 수행해 승리로 이끌었습니다. 철혈 정책을 추진해 '철혈 재상'이라고도 불립니다.

일했습니다. 이로써 크고 강력한 국가가 역사에 새롭게 등장하게 되었습니다. 바로 독일이 었어 요. 강력한 군사력을 가진 독일은 주변국들이 모두 경계하는 국가가 되었습니다. 빌헬름 1세는 독일 제국의 황제 자리에 올라 카이저(Kaiser), 즉 '황제'라는 칭호를 얻었습니다. 빌헬름 1세의 대관식은 루이 14세가 지은 베르사유 궁전에서 치러졌습니다.

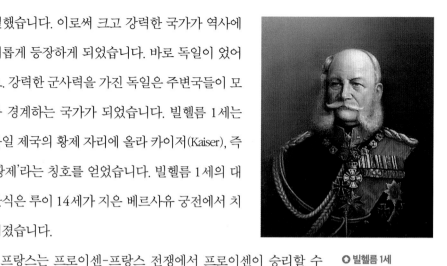

○ 빌헬름 1세
프로이센-프랑스 전쟁(1870 ~1871년)에서 승리한 후 독일 제국 황제로 즉위했습니다. 빌헬름 1세는 독일 제국의 황제 자리에 올라 카이저라는 칭호를 얻었습니다.

프랑스는 프로이센-프랑스 전쟁에서 프로이센이 승리할 수밖에 없었던 이유를 크게 두 가지로 보았습니다. 첫째는 공립 학교를 지어서 아이들을 가르친 것이고, 둘째는 특별한 방법으로 병사들을 훈련시킨 것입니다. 그래서 프랑스는 전국적으로 공립 학교를 설립하는 작업에 착수했습니다. 또 독일의 훈련 방식을 본떠 병사들을 훈련시킴으로써 다음 전쟁에 대비했습니다. 나폴레옹 3세가 전쟁에 패한 후 프랑스는 지금까지 쭉 공화정을 유지하고 있습니다. 국민의 손으로 뽑은 대통령과 하원 의원들이 나라를 운영하는 거예요.

이탈리아 통일의 영웅들

이탈리아 또한 지금처럼 통일 국가가 아니었습니다. 독일처럼 작은 연방 국가들이 모여 있는 형태였습니다. 그중에는 독립 국가도 있었지만, 대개 프랑스나 오스트리아의 지배를 받고 있었습니다.

이탈리아 연방의 왕들 가운데 사르데냐의 왕인 비토리오 에

○ 가리발디
1860년 5월 '붉은 셔츠 부대'를 조직해 양시칠리아 왕국을 점령한 뒤, 사르데냐의 왕인 비토리오 에마누엘레 2세에게 바침으로써 이탈리아 통일에 기여했습니다.

마누엘레 2세는 강력한 통일 국가를 건설하고자 했습니다. 사르데냐는 프랑스 나폴레옹 3세의 도움으로 오스트리아에 대항하는 통일 전쟁을 일으켰어요. 이 싸움에서 승리한 사르데냐는 북부와 중부 이탈리아를 통합했어요. 그는 능력 있는 총리 카보우르와 전쟁 영웅 가리발디를 항상 가까이에 두었습니다. 특히 가리발디 장군의 '붉은 셔츠 부대'는 제대로 된 무기나 물자도 없이, 상대방의 정예 부대를 무너뜨리는 최고의 게릴라 부대였습니다. 가리발디는 시칠리아와 나폴리를 점령하고, 이를 비토리오 에마누엘레 2세에게 바쳤습니다. 이로써 1861년 통일된 이탈리아 왕국이 성립되었습니다.

한때 양초를 만드는 일을 했던 가리발디는 늘 가난했지만 돈에 연연하지 않았습니다. 비록 부자는 아니었지만 호탕한 성격 때문에 사람들에게 인기가 많았어요. 그가 사랑하는 조국을 위해 함께 싸우자고 제안했을 때, 많은 사람들이 한걸음에 달려왔습니다.

다시 말해 비토리오 에마누엘레 2세와 카보우르, 가리발디, 이 세 사람이 이탈리아의 통일에 앞장섰던 것입니다. 이탈리아는 이들의 공을 기려 세 사람의 기념비를 세우고, 세 사람의 이름을 따서 길 이름을 지었습니다. 로마 시내가 내려다보이는 언덕 위에는 비토리오 에마누엘레 2세를 위해 지은 웅장한 에마누엘레 2세 기념관도 있습니다. 페리클레스 시대의 아테네나 르네상스 시대의 이탈리아 건축물보다 더 아름답게 짓기 위해 노력한 건물들입니다. 👤

붉은 셔츠 부대
1,100명의 병사로 구성된 의용군이라고 해서 '천인대(千人隊)'라고도 한다. 정식 명칭은 '알프스 부대'이다.

프로이센과 이탈리아
통일의 공통점은 무엇일까요?

프로이센과 이탈리아의 통일은 비교적 늦은 시기에 이루어졌습니다. 그때까지 두 나라는 오스트리아의 지배를 받고 있었습니다. 때마침 이웃 나라 프랑스의 시민 혁명을 지켜보면서 정치적·사회적으로 많은 자극을 받았어요. 특히 지식인 계층이 받은 충격은 매우 컸습니다. 또한, 프랑스 청년들이 「라 마르세예즈」를 부르며 행진하는 모습은 무척 인상적이었습니다. 그 결과 독일에서는 봉건적 특권을 폐지하고 시민의 권리를 선포하는 프랑스 혁명을 열렬히 환영했습니다. 물론 혁명이 급진적으로 변질되면서 과격한 사태가 초래되자 이를 비난하기도 했지만, 프랑스 혁명을 통해 민중 의식이 자각된 것은 틀림없는 사실입니다. 이탈리아도 예외가 아니었습니다. 프랑스 혁명이 프로이센과 이탈리아의 통일 운동을 시작하게 한 출발점이 된 거예요.

19 기적의 시대 | 산업 혁명기

우리는 모세가 홍해를 갈랐던 시대를 기적의 시대라고 말합니다. 또한, 그리스도가 보리떡 다섯 개와 물고기 두 마리로 5,000명을 먹인 오병이어의 시대 또한 기적의 시대라고 말합니다. 그런데 그 시대에 살았던 사람들이 지금 세상을 본다면 어떨까요? 아마 지금 시대를 가리켜 기적의 시대라고 말할 것입니다. 수천 킬로미터 떨어진 곳에 있는 사람과 얼굴을 보며 이야기를 주고받는 모습을 보면서 우리를 마법사라고 생각할지도 모릅니다. 100층짜리 건물이 늘어서 있는 도시에 살면서 비행기를 타고 하늘을 날아다니는 사람을 과연 인간이라고 생각할까요? 우리는 지금 기적의 시대에 살고 있는 것입니다.

- **1814년** 조지 스티븐슨이 뉴캐슬의 기관차 공장에서 제작한 석탄 운반용 증기 기관차의 운행에 성공하다.
- **1879년** 에디슨이 필라멘트를 사용해 40시간 동안 사용할 수 있는 백열전구를 발명하다.
- **1903년** 라이트 형제가 최초의 동력 비행기인 복엽 비행기를 완성하다.

제임스 와트. 증기 기관 개량(1769년)

조지 스티븐슨. 석탄 운반용 증기 기관차 운행에 성공(1814년)

스코틀랜드
- 뉴캐슬
- 맨체스터
- 런던

유럽

캐나다

로버트 풀턴. 허드슨 강에서 증기선 운항(1807년)

에디슨. 백열전구 발명(1879년)

라이트 형제. 최초의 동력 비행기인 복엽 비행기 완성(1903년)

미국 엘론파크
- 뉴욕
- 볼티모어
- 키티호크

대서양

아프리카

영국의 산업 혁명

우리는 스마트폰, 텔레비전, 컴퓨터, 자동차, 비행기가 없는 세상을 상상조차 하기 어렵습니다. 만약 이 모든 것이 하나도 없다면 얼마나 불편할까요? 지금으로부터 약 200년 전만 해도 이런 물건 중 어느 것도 세상에 존재하지 않았습니다.

그동안 참으로 놀라운 일들이 벌어졌던 거예요. 스코틀랜드의 기계 공학자 제임스 와트는 과학의 마법을 부린 최초의 사람, 즉 최초의 발명가였습니다. 와트는 난로 위에 올려 둔 물 주전자가 끓는 모습을 보고 증기의 힘을 깨달았습니다. 증기가 주전자의 뚜껑을 들어 올릴 수 있다면 다른 것도 들어 올릴 수 있다고 생각했습니다. 그리고 증기를 이용해 피스톤이라고 불리는 장치를 밀어 올림으로써 바퀴를 돌리는 기계를 발명했습니다. 이것이 바로 최초의 증기 엔진입니다. 영국의 발명가 조지 스티븐슨은 와트의 엔진을 바퀴에 달아 엔진이 바퀴와 함께 돌아

○ 스티븐슨의 증기 기관차
영국의 발명가 조지 스티븐슨은 자신이 설립한 뉴캐슬의 공장에서 제작한 석탄 운반용 증기 기관차를 운행하는 데 성공했습니다. 런던 과학박물관 소장

가도록 만들었습니다. 이것이 바로 기관차입니다. '블루처'라고 불렸던 그 기관차는 화물 열차를 여덟 개나 달고 30톤의 석탄을 실은 채 달릴 수 있었어요. 그 후 스티븐슨이 아들과 함께 만든 기관차 '로켓'이 시속 58킬로미터로 달리는 데 성공함으로써 본격적인 철도 시대가 열리게 되었습니다.

증기 기관차가 출현하면서 유럽의 여러 나라에서 철도 건설 붐이 일어났습니다. 영국에 처음 철도가 놓인 지 10년 뒤에는 독일, 프랑스, 오스트리아, 러시아에도 철도가 생겼어요. 다시 10년이 지나자 유럽 전 지역에 철도가 놓였습니다.

철도망은 사회에 엄청난 변화를 가져왔습니다. 짧은 시간 내에 많은 상품을 만드는 것이 가능해졌고, 이렇게 대량 생산된 상품은 열차와 증기선 등 새로운 교통수단을 이용해 먼 곳까지 빠르게 운반할 수 있었습니다. 특히 풍부한 노동력과 지하자원을 가지고 있던 영국은 증기 기관과 방적기 등의 기계를 발명해 유럽에서 가장 먼저 산업 혁명을 일으켰습니다.

18세기 중엽 영국에서 일어난 산업 혁명은 유럽, 미국, 러시아 등으로 확대되었고, 20세기 후반에 이르러서는 동남아시아와 아프리카 및 라틴 아메리카로 확산되었습니다. 산업 혁명을 넓은 의미에서 농업 중심 사회에서 공업 사회로의 이행이라고 본다면, 산업 혁명은 인류 역사에서 아직도 끝나지 않았다고 할 수 있어요. 따라서 산업 혁명은 아널드 토인비가 말한 대로 격변하는 현상이 아니라 점진적이고 연속적인 기술 혁신의 과정이라고 볼 수 있을 거예요.

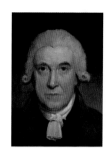

○ 제임스 와트
사실 제임스 와트는 증기 기관의 발명가가 아닙니다. 그는 영국의 과학자 뉴커먼이 설계한 증기 기관을 좀 더 효율적으로 개량한 인물입니다.

과학의 기적

놀라운 일은 그것으로 끝나지 않았습니다. 증기 기관의 등장으로 사회의 모든 것들이 변화하기 시작했습니다. 미국의 공학자 로버트 풀턴은 와트의 엔진을 달아서 움직이는 증기선을 만들었습니다. 사람들은 그가 만든 배를 '풀턴의 바보짓(Fulton's Folly)'이라고 불렀습니다. 그러나 풀턴이 만든 배는 보란 듯이 항해에 성공했고, 풀턴은 자신을 비웃었던 사람들을 똑같이 비웃어 주었습니다. 풀턴은 이 배에 클러몬트(Clermont)라는 이름을 붙였습니다. 그리고 시간이 날 때마다 배를 타고 강을 유람했습니다.

아울러 통신 기술의 발전은 인간의 의사소통 방식에도 큰 변화를 가져왔습니다. 전화의 아버지 격인 전신의 발명은 멀리 있는 사람과 좀 더 편하게 이야기할 수 있는 환경을 제공했습니다. 사용하는 방법은 그다지 어렵지 않습니다. 종이컵 두 개를 실로 연결한 장난감 전화기 원리와 비슷합니다. 우선 전신기를 톡톡 두드리면 그 전기가 전선을 타고 이쪽 끝에서 저쪽 끝으로 흘러갑니다. 아무리 먼 거리라도 상관없습니다. 짧게 두드리는 소리는 점으로 표시되고, 길게 두드리는 소리는 줄로 표시되는데, 점과 줄을 조합하면 알파벳으로 바꿀 수 있습니다. 점과 줄만으로 의사를 전달할 수 있다니 놀랍지 않나요? 이토록 근사한 발명품을 고안한 사람은 미국의 화가 새뮤얼 모스였습니다. 그는 볼티모어와 워

◑ 클러몬트 호
미국의 공학자이자 발명가인 로버트 풀턴은 1807년 로버트 리빙스턴과 함께 24마력짜리 증기 기관을 장착한 총길이 45미터의 증기선을 만들어 운항하는 데 성공했습니다. 풀턴은 증기선에 이어 증기 전함을 설계하기도 했습니다.

싱턴 사이에 처음으로 전신선을 설치하고, "하나님이 만드신 것이로구나!"라는 성경 구절을 송신하는 데 성공했습니다.

학교 교사였던 알렉산더 그레이엄 벨은 청력을 잃은 아이들에게 소리를 들려줄 방법이 없을까 늘 고민했습니다. 그렇게 해서 발명한 것이 바로 전화기입니다. 전신이 '톡톡'거리는 소리를 전달한다면 전화기는 말을 전달합니다. 점과 줄을 조합해 만드는 알파벳 사용법을 몰라도 전화는 누구든지 이용이 가능합니다. 전화가 있기 때문에 우리는 아주 먼 곳에 사는 친구와도 자유롭게 대화를 나눌 수 있습니다.

오늘날 우리가 사용하는 대부분의 발명품은 여러 사람의 창의성이 결합되어 만들어진 경우가 많기 때문에 "이 물건은 누가 처음 만들었다."라고 단정적으로 말하기 어렵습니다. 여러 사람이 기계에 전기를 공급해 작동시키는 방법을 고안해 냈습니다. 이것이 전기 모터입니다. 또 가스를 연소시켜 기계를 움직이게 하는 방법을 생각해 낸 사람들도 한둘이 아니었습니다. 이것이 바로 자동차에 쓰이는 모터입니다.

○ **알렉산더 그레이엄 벨**
영국 태생의 미국 과학자이자 발명가입니다. 자석식 전화기의 특허를 받아 1877년 벨 전화 회사를 설립했고, 이 발명으로 받은 볼타 상을 기금으로 볼타 연구소를 창설해 농아 교육에 힘썼습니다.

에디슨과 라이트 형제

전기를 발명한 사람은 토머스 에디슨입니다. 중세 시대에는 불가능한 일을 가능하게 만드는 사람을 마법사라고 불렀습니다. 하지만 에디슨은 그 어떤 마법사도 해내지 못한 일을 했습니다.

1859년 에디슨은 13세의 나이로 학교를 그만두고 철도 급사를 거쳐 견습 전신 기사로 일하다가, 1869년에 전신 인쇄기를 개발했습니다. 이를 시작으로 에디슨은 축음기와 영사기, 백열

○ 에디슨
세계에서 가장 많은 발명품
을 남긴 사람입니다. 1,093개
의 특허가 에디슨의 이름으
로 등록되어 있습니다. 에디
슨은 축음기, 전구 및 영화와
관련된 발명품을 고안해 냈
습니다. 에디슨만큼 실생활
에 필요한 발명품을 많이 만
든 사람은 없을 거예요.

전구 등을 발명했습니다. 1879년에는 전등을 발명했습니다. 그
전에도 전등이 있었지만 길어야 5초를 넘기지 못하고 꺼져 버
렸어요. 불을 밝히는 필라멘트가 강하지 못했기 때문입니다. 에
디슨은 탄소 성분의 필라멘트를 사용하고 전구 내부의 공기를
모두 제거해 진공 상태로 만들었어요. 그러자 전등은 수십 시간
이 지나도 꺼지지 않았습니다. 에디슨만큼 실생활에 꼭 필요한
발명품을 만들어 낸 발명가는 아마 없을 거예요. 세계에서 가장
많은 발명을 남긴 사람으로서 1,093개의 미국 특허가 에디슨의
이름으로 등록되어 있습니다.

사실 그는 어떤 왕보다 더 훌륭합니다. 창과 칼을 휘두르며 서
로 죽이는 것밖에 할 줄 아는 게 없었던 왕들은 차라리 태어나
지 않는 편이 나았을 거예요. 그랬더라면 세상은 지금보다 훨씬
더 살기 좋았을지도 모릅니다.

1895년에는 영사기가 발명되었습니다. 사진이 발명된 지 60

년도 되지 않아 동영상을 기록할 수단이 생긴 겁니다. 프랑스의 발명가 뤼미에르 형제가 발명한 이 영사기는 시네마토그라프라고 불렸습니다. 이 기계로 제작된 영화는 1분 정도의 분량이었어요. 에디슨이 발명한 영사기 키네토스코프의 원리를 발전시켜 만든 거예요.

과거에도 하늘을 날고 싶었던 사람들이 수없이 많았습니다. 그러나 대부분의 사람은 하늘을 나는 게 불가능하다고, 바보 같은 짓이니 그만두라고 비아냥거렸습니다. 심지어 하늘을 날려고 하는 것은 신에 대한 모독이라고 주장하는 사람도 있었습니다. 하나님께서 애초부터 새와 천사에게만 날 수 있는 능력을 주셨다는 거예요. 하지만 오랜 연구와 수많은 시행착오 끝에, 드디어 미국의 라이트 형제가 불가능을 가능으로 만들었습니다. 비행기를 만들어 하늘을 훨훨 날았던 거예요.

라이트 형제는 자전거 바퀴에서 영감을 얻었어요. 자전거 페

○ 라이트 형제의 비행기
미국 오하이오 주에서 태어난 라이트 형제는 어릴 때부터 기계 만드는 일에 흥미를 가지고 있었습니다. 1903년 형이 최초의 시험 비행에 나섰다가 실패하고, 3일 뒤 동생이 첫 번째 비행에서 36미터를 날아 공중에 12초 동안 머무름으로써 인류 최초의 동력 비행에 성공했어요.
워싱턴 스미소니언 박물관 소장

○ 굴리엘모 마르코니
이탈리아의 전기 공학자로
서 현대 장거리 무선 통신의
기초를 세웠습니다. 소리를
전기 신호로 바꾸는 마이크
로폰을 개발함에 따라 전파
방송의 가능성이 열린 것이
지요. 1906년 미국의 디 포
리스트가 신호를 증폭하고
전송하는 3극 진공관을 발
명한 이후부터 라디오 방송
이 가능해졌습니다. 마르코
니는 1909년 노벨 물리학상
을 수상했어요.

달을 밟으면 바퀴가 돌아가듯이 엔진에 프로펠러를 달면 그 힘
으로 글라이더가 뜰 수 있다고 생각한 거예요. 라이트 형제는 비
행에 성공할 때까지 무려 1,000번이 넘는 실험 비행을 했어요.
물론 1,000번의 실패를 했던 셈이지요.

결국 1903년 12월에 라이트 형제는 자신들이 만든 첫 비행기
를 타고 하늘로 날아오릅니다. 비록 36미터 높이로 12초 정도
날았지만 세상 사람들을 깜짝 놀라게 하기엔 충분했어요.

이탈리아의 물리학자 굴리엘모 마르코니는 라디오를 만들었
습니다. 이 밖에도 많은 사람이 세상을 놀라게 할 발명품을 만드
느라 매일 구슬땀을 흘렸습니다.

생활이 더욱 편해진 건 사실입니다. 하지만 동시에 더 복잡해
지고 위험해졌습니다. 소파에 기대앉아서 장작이 타는 소리를
들으며 책장을 넘기는 대신 전기난로를 쬐면서 텔레비전을 봅
니다. 바이올린을 켜고 노래를 부르는 대신에 오디오를 켭니다.
음악이 주는 가장 큰 즐거움인 작곡의 즐거움 따윈 잊은 지 오
래입니다. 혼자서 조그만 마차를 타고 흐르는 강물을 바라보며
울퉁불퉁한 시골 길을 달리는 사람과 빠르게 달리는 자동차에
앉아 혹시라도 사고가 날까 한시도 마음을 놓지 못하는 사람, 어
느 쪽이 더 행복할까요?

인간은 과학 기술의
주인일까요, 아니면 종일까요?

인간은 과학 기술을 버릴 수도 없고 버리지도 못합니다. 과학 기술이 없이
는 단 하루도 살 수 없기 때문입니다. 그러므로 과학 기술의 주인이라고 하
기 어렵습니다. 하지만 과학 기술이란 인간이 세계를 대하는 특정한 방식으
로서 인간과 기술, 기술과 사회의 관계 속에서 일정한 형태로 발전합니다.
그러므로 인간의 의지와 전혀 무관하지 않기 때문에 주인이 아니라고 말하
기도 어렵습니다. 따라서 인간은 과학 기술의 주인인 동시에 종인 셈입니다.
이를 그리스·로마 신화의 미궁에 비유할 때, 지금 우리에게 필요한 것은 날
개의 밀초가 녹는 줄도 모르고 하늘 높이 날아오른 이카로스의 어리석음이
아니라 비행하기에 적당한 높이를 찾아 하늘을 날았던 다이달로스의 지혜
로움입니다. 과학 기술에 대한 맹신은 위험합니다.

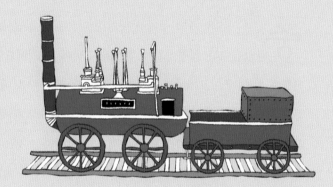

20 공산당의 나라 |
중국의 근대화

중국의 마지막 황제 푸이는 베이징 식물원의 정원사로 살다가 눈을
감았습니다. 하루아침에 황제가 평민이 된 거예요. 은 왕조로부터
시작해 청 대에 이르기까지 지속된 중국의 왕정이 막을 내리고 중화 인민
공화국이 탄생했기 때문입니다. 이제 중국은 더 이상 황제의 나라가 아니
라 인민의 나라입니다. 인민을 실질적으로 지배하는 것은 공산당이며, 중
국 공산당은 중국의 유일한 정책 결정 기구로서 세계 최대의 규모인 약
4,000만 명의 당원을 거느리고 있습니다. 하지만 중국 공산당은 일당 독
재라는 점에서 미국이나 영국처럼 양당제 국가도 아니고, 프랑스나 독일
처럼 복수 정당제 국가와도 다릅니다.

- **1911년** 현대식 장비로 무장한 우창[武昌]의 신군이 철도 국유화에 반대하는 세력을 진압하라는 명령을 거부하고 신해혁명을 일으키다. 타이완에서는 민중 봉기가 일어난 10월 10일을 국경일인 쌍십절(雙十節)로 기념한다. 이 시기에 우리나라에서는 신민회 회원을 비롯한 105명이 총독 암살 혐의로 기소되다. 이를 105인 사건이라고 한다.
- **1912년** 청조의 마지막 황제인 푸이가 위안스카이의 압력을 이기지 못하고 여섯 살의 나이로 황위에서 물러나다.
- **1934년** 중국의 홍군이 장시 성 루이진에서 산시 성 북부까지 장제스의 국민당과 싸우면서 1만 5,000킬로미터를 걸어서 이동하는 대장정을 시작하다.

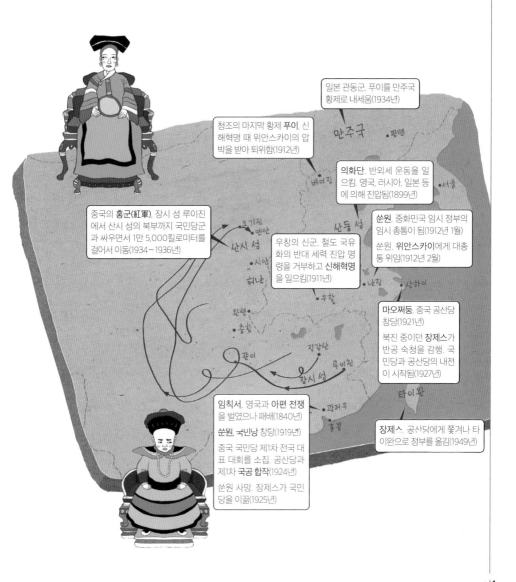

아편으로 병들다

18세기 후반 영국은 청으로부터 많은 도자기와 홍차를 사 갔습니다. 그러나 영국의 주요 수출품인 모직물은 중국에서 그다지 많이 팔리지 않았어요. 영국은 차를 수입하는 대금으로 중국에 많은 은을 지불했습니다.

은의 유출을 걱정하던 영국은 산업 혁명 이후 많은 은이 필요해지자 인도의 아편을 중국에 판매해 이를 해결하려고 했습니다. 아편은 중국 사람들의 건강을 크게 위협했을 뿐만 아니라 은이 대량으로 유출됨에 따라 중국의 재정이 대단히 어려워졌습니다. 청 왕조는 아편 수출입을 금지시키기 위해 임칙서를 광저우에 보냈습니다.

먼저 임칙서는 영국 여왕에게 편지를 보냈어요. "다른 나라 사람들이 영국에 아편을 팔고 영국인들을 부추겨 아편을 사서 피우게 한다면 여왕 폐하는 크게 분노할 것입니다." 임칙서의 편지에 영국 정부는 이렇게 답했습니다. "아편은 중국 상류 계급만 피우는 것입니다. 이는 마치 영국 상류 계층이 위스키를 마시는 것과 같습니다." 영국 정부의 무성의한 답변에 분노한 임칙서는 영국 상인들로부터 아편을 빼앗아 불태워 버리고 무역을 금지시켰습니다.

그러자 1840년 영국은 대함대를 파견해 중국 해안 지방을 공격했습니다. 이 전쟁에서 패한 청은 영국과 난징 조약을 체결했습니다. 난징 조약에는 광저우 등 다섯 개 항구를 개항하고 무역 독점권을 가진 공행을 폐지한다는 내용이 들어 있었습니다. 공행이 폐지됨으로써 영국 상인은 다섯 개의 항구에서 자유롭게

○ 임칙서
청의 대신 임칙서는 영국의 아편 밀수를 강경하게 단속해 아편 전쟁을 촉발시켰습니다.

장사할 수 있게 되었습니다. 또한, 홍콩을
영국에 넘겨줘야 했어요. 홍콩은 150년이
지난 1997년에야 중국으로 돌아왔습니다.
결과적으로 중국은 황무지 홍콩을 영국에
게 빌려 주고 노다지 홍콩을 돌려받은 셈

○ **아편 전쟁**
영국의 네메시스 호가 청의
배를 포격하고 있습니다. 제
1차 아편 전쟁을 승리로 이
끈 영국은 청과 난징 조약을
체결합니다.

이 되었습니다. 추가 조약에는 영국인이 청에서 죄를 지었을 때
그 재판권을 영국이 갖는다는 내용도 들어 있었습니다. 자국에
서 일어난 외국인 범죄를 자국의 법으로 재판하지 못한다는 조
항은 불평등 조약의 대표적인 예입니다.

난징 조약 이후에도 중국을 상대로 한 영국 무역은 생각만큼
개선되지 않았어요. 때마침 광저우에서 중국인 소유의 영국 해
적선 애로호에서 중국 관리가 영국 국기를 끌어내리는 사건이
발생했습니다. 이 사건을 핑계로 영국은 다시 전쟁을 일으켰지
요. 광시 성에서 일어난 선교사 피살 사건을 구실로 프랑스도 이
전쟁에 참가했어요. 이를 '제2차 아편 전쟁' 혹은 '애로 호 전쟁'
이라고 합니다. 중국은 태평천국 운동으로 어수선하던 때여서
영국과 프랑스 연합군에게 또 패배하고 말았어요. 그 결과 베이
징 조약이 맺어졌습니다. 이 조약 때문에 외국인 선교사와 상인
들이 마음대로 중국 땅을 드나들 수 있게 되었지요. 아편 전쟁
후에도 중국과 서양 각국의 무역 상황이 개선되지 않자 영국은
프랑스와 연합해 톈진과 베이징을 점령했습니다. 두 나라는 톈
진 조약과 베이징 조약을 맺어 중국으로부터 많은 이권을 빼앗
은 뒤 군대를 철수했습니다. 러시아는 이 사건을 조정해 준대가
로 연해주를 얻었지요.

종이호랑이

1842년 제1차 아편 전쟁에서 패한 중국은 종이호랑이로 전락했습니다. 이런 상황을 배경으로 홍수전이 농민과 유민들을 기반으로 군대를 일으켜 태평천국을 세웠습니다. 농민에게 토지를 고루 나누어 주고 남녀가 평등한 사회를 건설하자고 주장하며 일어난 태평천국 운동은 한인 관료들에 의해 실패했습니다.

태평천국 운동 이후 이홍장이 주축이 되어 유럽의 선진 기술을 받아들여 중국을 개혁하자는 양무운동이 일어났지만 청프 전쟁과 청일 전쟁의 패배로 인해 쇠퇴하고 말았습니다. 이후 캉 유웨이가 광서제를 설득해서 변법자강 운동을 전개하였습니다. 정부 조직의 개편과 군사력 증강, 과거 제도 개혁, 상공업 진흥, 베이징대학교와 신식 학교 개설, 입헌 군주제 도입 등의 개혁을 추진했지만 서태후의 제지로 100일을 넘기지 못했습니다.

이런 상황에서 중국인들은 기독교를 서양 침략의 앞잡이로 몰아붙이며 핍박했습니다. 산둥 지방에서 일어난 백련교의 비밀 결사인 의화단은 "청 왕조를 살리고 서양인을 몰아내자(부청멸양)!"라는 구호 아래 반외세 운동을 일으켰습니다. 이들은 맨주먹과 봉을 들고 싸웠는데, 특별한 주문을 외우면 칼이나 총에도 상처를 입지 않는다고 믿었습니다. 청 왕조는 이들을 이용해 열강을 몰아내고자 했으나 러시아, 영국, 프랑스, 일본 등 8개국 연합군은 의화단 운동을 진압하고, 청 왕조로부터 외국군의 베이징 주둔을 허락받았습니다. 말 그대로 북쪽에서는 러시아, 서쪽에서는 영국, 남쪽에서는 프랑스, 동쪽에서는 일본이 중국을 넘보고 있었던 것입니다.

○ 홍수전
청 말기에 기독교를 기초로 난징에 종교 국가인 태평천국을 세워 청 왕조를 타도하려 했습니다. 태평천국 운동은 중국 사회의 모순을 해결하고자 한 근대 민중 운동으로 평가받고 있습니다.

양무(洋務)운동
서양과 관련된 사무를 가리키는 이무(夷務)에서 나온 말이다. 서양의 지식과 기술을 힘써 배우자는 뜻이다.

변법자강 운동
'법을 바꾸어 스스로 국력을 강화하자.'라는 뜻을 지닌 운동이다. 단순히 서양의 기술만 받아들여서는 강해질 수 없다고 판단한 개혁파 지식인들이 더 근본적인 정치 개혁을 시도한 것이다.

꼭두각시 황제

당시 중국을 실질적으로 다스리던 서태후는 조카인 광서제가 의문사한 후, 푸이를 황제 자리에 앉혔습니다. 그때 푸이(연호는 선통제)는 고작 세 살이었어요. 그런데 광서제가 죽은 바로 그다음 날 서태후도 과식과 이질 때문에 숨을 거두었습니다.

고작 세 살이었던 푸이가 할 수 있는 것은 아무것도 없었습니다. 높이가 10미터나 되는 궁궐의 담은 푸이를 외부와 완전히 격리시켰습니다. 그는 일곱 살이 될 때까지 자기 또래의 아이를 본 적이 없었습니다. 청의 귀족들은 어린 푸이를 대신해서 중국을 통치했습니다. 그러나 그들 역시 일본과 영국이 시키는 대로 해야만 했습니다.

외세와 결탁한 청 왕조의 권신들이 나라를 혼란에 빠뜨리자 의사 출신의 혁명가 쑨원이 민족, 민권, 민생이라는 삼민주의를 이념으로 내세워 혁명 동지를 모았습니다. 1911년 마침내 혁명파들은 외국 세력을 몰아내기 위해 팔을 걷어붙이고 일어섰습니다. 혁명파였던 쓰촨 성 관리들은 중국 소유의 철도를 건설하려고 했지만 돈이 모자랐습니다.

이 사실을 안 청 정부가 공사를 맡겠다고 나섰지만, 쓰촨 성 관리들은 철도 공사를 정부에 넘겨주지 않았습니다. 그들은 청 정부가 외국 은행의 돈을 빌릴 것을 우려했던 거예요.

이때 청 왕조가 철도의 국유화를 발표하자, 우창에서 신군이 봉기했고 거의 모든 성이 독립을 선언했습니다. 혁명파는 쑨원을 임시 대총통으로 추대하고 중화민국의 성립을 선포했습니다. 이것이 바로 신해혁명입니다.

○ 서태후
동치제의 생모로서 중국 대륙을 약 50년 동안 수렴청정했습니다. 1900년 서태후는 아들에게 열강과 대항하도록 했지만 열강에 의해 베이징은 함락되었고, 서태후는 시안으로 도망갔습니다.

○ 푸이
청의 마지막 황제로서 일본이 세운 괴뢰 정권인 만주국의 황제를 지내기도 했습니다. 위안스카이의 반란으로 황제 자리에서 물러남으로써 청 왕조는 300여 년 만에 역사 속으로 사라지고 말았습니다.

황제가 없는 나라

신해혁명으로 난징에 중화민국 임시 정부가 들어설 당시, 총리 대신인 위안스카이가 조정의 실권을 잡고 있었습니다. 청 정부는 위안스카이에게 임시 정부를 없애 달라고 요청했습니다. 군권을 장악하고 있던 위안스카이는 즉시 군대를 출동시켰지만, 임시 정부를 바로 공격하지는 않았습니다. 쑨원이 "우리와 손잡고 왕정을 끝내면 대총통 자리를 넘겨주겠다."라고 제안했기 때문입니다. 야심이 컸던 위안스카이는 청 조정의 총리대신으로 있기보다는 중화민국의 대총통이 되기를 원했습니다. 그는 오던 길로 되돌아가서 황제 푸이를 협박했습니다. 어린 황제는 스스로 물러날 수밖에 없었습니다. 이제 중국은 황제가 없는 나라가 되었습니다.

드넓은 중국 땅 여기저기에서는 군벌들이 활개를 치고 있었습니다. 위안스카이가 그들과 전쟁을 치르고 있을 때 일본이 만주, 산둥, 내몽골을 넘기라고 요구했습니다. 군벌과 일본을 상대로 동시에 전쟁할 수 없었던 위안스카이는 어쩔 수 없이 일본의 요구를 들어주었습니다. 이후 위안스카이가 죽자 군벌들은 일본군에게 넘어가지 않은 중국 땅을 차지하려고 서로 다투었습니다.

광저우에 물러나 있던 쑨원은 군벌들을 몰아내고 중국을 통일하겠다는 결심을 굳혔습니다. 이를 실현하기 위해 그는 다시 국민당을 일으켜 세웠습니다. 소련의 도움을 받아 군사 학교를 열고 국민당 혁명군을 훈련시키기도 했습니다.

이윽고 장제스가 혁명군 총사령관이 되어 북벌 계획을 세웠습

○ 쑨원
의사 출신의 혁명가 쑨원은 민족, 민권, 민생이라는 삼민주의를 이념으로 내세워 혁명 동지를 모아 신해혁명을 일으켰습니다.

○ 위안스카이
청 조정이 쑨원의 임시 정부를 없애 달라고 요청했지만, 쑨원이 대총통의 자리를 제안하자 황제 푸이를 물러나게 했습니다.

니다. 비록 쑨원은 북벌이 실행되는 것을 보지 못하고 죽었지만, 장제스가 이끄는 혁명군은 베이징까지 밀고 올라가 중국 정부를 장악했습니다. 그리고 드디어 난징에 장제스를 총통으로 하는 국민당 정부가 세워졌습니다.

만주에 주둔한 일본 관동군은 국민당이 중국 대륙을 통일하는 것을 원치 않았습니다. 관동군은 만주국을 세우기 위해 푸이를 불러들였습니다. 그러나 푸이를 황제로 세우겠다던 일본은 그를 집정관으로 임명했습니다. 이에 중국인들은 분개했습니다. "일본이 푸이를 꼭두각시로 내세웠다! 푸이는 반역자다!"

관동군은 결국 푸이를 황제로 만들어 주었습니다. 그에게 돈도 듬뿍 주고 황궁도 지어 주었지만 권력만큼은 주지 않았습니다. 푸이가 할 수 있는 일은 어렸을 때와 마찬가지로 놀고먹는게 전부였습니다. 이때부터 만주국은 일본의 군사 기지 노릇을 담당해야 했습니다. 하지만 그 때문에 푸이는 제2차 세계 대전이 끝난 이후 10년 동안 전범 수용소에 갇혀 지내야 했어요. 풀려나온 뒤에는 베이징 식물원의 정원사를 거쳐 역사 집필 위원으로 활동하다가 암으로 생을 마감했습니다.

○ 장제스
중화민국의 총통과 중국 본토의 국가 원수를 지냈습니다. 그는 1930년대 대한민국 임시 정부의 활동을 적극 후원하기도 했습니다. 1949년 장제스는 공산당에 의해 본토에서 쫓겨나 타이완으로 정부를 옮겼습니다.

대장정과 중국 공산당

국민당은 소련의 도움으로 예전보다 훨씬 강해져 있었습니다. 많은 중국인은 소련을 중국이 따라야 할 나라로 여겼습니다. 이런 분위기 속에서 소련 공산당은 중국의 공산주의 교육을 돕기도 했습니다. 1921년에 공산주의에 관심을 가진 사람들이 중국 공산당을 만들었습니다. 마오쩌둥도 그중에 한 명이었습니다. 공산당 세력이 점점 불어나면서 국민당을 몰아내야 한다고 생각하는 당원들이 생겨났습니다. 하지만 공산당 대표들은 외세인 일본부터 물리쳐야 한다고 생각했습니다. 당시 국민당 총통이었던 쑨원도 공산당의 도움이 필요했습니다. 결국 국민당과 공산당은 서로 힘을 합치게 되었습니다. 이것을 국공 합작이라고 합니다.

쑨원이 죽고 장제스가 국민당을 이끌면서 국민당원들은 중국 공산당이 소련의 앞잡이 노릇을 하고 있다며 목소리를 높이기 시작했습니다. 장제스도 '공산당은 국민당의 적'이라고 선언했습니다. 결국 마오쩌둥은 국민당에 의해 쫓겨나 후난 성에서 봉기를 일으켰습니다. 그러나 그마저도 국민당에게 진압되고 말았습니다.

공산당은 험악한 산악 지대인 장시 성으로 쫓겨났습니다. 마오쩌둥은 홍군을 이끌고 온 주더라는 군사 지도자와 함께 지주들로부터 토지를 빼앗아 가난한 농민들에게 골고루 나눠 주었

○ 마오쩌둥
중화 인민 공화국 정부를 수립한 중국 공산당 지도자입니다. 마오쩌둥은 대장정을 마친 후 장제스를 물리친 혁명가로 평가받습니다. 하지만 대약진 운동과 문화 대혁명과 같은 급진적인 정책으로 수많은 인명 피해를 불러왔습니다.

습니다. 공산당 지도자들은 장시 성에 독립 정부를 세웠고, 마오 쩌둥이 중화 소비에트 공화국의 주석이 되었습니다.

장제스가 이끄는 국민당군은 10만 명의 병력으로 마오쩌둥을 공격했지만, 홍군에게 보기 좋게 패하고 말았습니다. 장제스는 다시 20만 명의 병력을 동원했지만 역시 실패했습니다. 그런데 5차 포위 작전의 상황은 달랐습니다. 장제스는 70만 명이나 되는 대군을 장시성에 보냈던 거예요.

결국 병력의 수에서 밀리던 홍군은 근거지인 장시 성의 루이진을 포기한 채 국민당의 포위망을 뚫고 후퇴하기 시작했습니다. 홍군을 비롯한 10만여 명이 국민당의 추격을 피해 서쪽을 향해 먼 길을 떠난 것입니다. 장시 성 경계에 있는 높은 산에 오르자 살을 에는 추위와 함께 진눈깨비까지 세차게 몰아쳤습니다. 결국 시간이 흐르면서 하나둘씩 쓰러져 죽었습니다. 이들은 산맥 18개, 강 24개를 건너 중국 서북 지방의 산시 성 북부에 도착했습니다. 그때 살아남은 사람은 고작 8,000명 정도였습니다. 그들은 368일 동안 1만 5,000킬로미터를 행군했습니다. 이 머나먼 행군을 대장정이라고 합니다.

이 장정을 통해 마오쩌둥은 중국 공산당에서 가장 강력한 지도자가 되었습니다. 반면에 국민당은 '일본군을 몰아내는 대신, 같은 중국인을 죽이는 조직'으로 인식되었습니다. 때마침 공산당 지도자들은 '같은 중국 사람끼리 싸워서는 안 된다.'라는 표어를 내걸었습니다. 그러자 국민당 내부에서도 공산당에 동조하는 사람이 생겼습니다. 1936년 급기야 국민당 지휘관 장쉐량이 장제스를 감옥에 가두고 홍군과 힘을 합쳐 일본군과 싸우라

○ 주더

개국 원수로 불릴 만큼 중화 인민 공화국 정부 수립에 공을 세웠습니다. 1만 명의 병력을 이끌고 마오쩌둥과 합류해 홍군을 조직한 주더는 게릴라전으로 토벌군을 격파하며 해방구를 늘려 나갔습니다. 워낙 신출귀몰하게 군을 지휘해, 축지법을 쓰는 초능력자라는 소문까지 생겨날 정도였습니다.

고 요구하기에 이르렀습니다. 장제스는 이 요구를 받아들이고

나서야 풀려날 수 있었습니다. 내전 중지를 요구한 이 사건을 시

안 사건이라고 부릅니다. 제2차 세계 대전이 계속되는 동안 민

심은 국민당보다 공산당에 더 기울어 있었어요. 공산당의 항일

투쟁이 국민에게 강한 인상을 남겼기 때문이죠. 제2차 세계 대

전이 끝난 후 장제스와 마오쩌둥은 전쟁을 끝내기로 협정을 맺

었지만, 장제스는 협정을 종잇장처럼 구겨 버리고 공산당의 거

점을 총공격했답니다. 처음에는 군사력에서 앞선 장제스가 유

리했지만, 민심이 기울면서 공산당 군대가 국민당 군대를 제압

하기 시작했습니다.

마오쩌둥은 홍군을 인민 해방군으로 개편하고 대대적인 반격

을 시작해서 장제스를 타이완으로 몰아냅니다. 1949년 10월 1

일 마침내 마오쩌둥은 톈안먼(천안문) 광장에서 중화 인민 공화

국의 수립을 선포했어요. 마오쩌둥은 경제 성장을 위해 1950년

대 후반 대약진 운동을 벌였지만 계속된 자연재해로 실패했습

니다. 또한, 자본주의 사상을 몰아내기 위해 1966년 문화 대혁

명을 일으켰지만 이 역시 지식인들의 목숨을 빼앗고 문화재를

파괴하는 결과만 초래했습니다. 🏛

생각해
보세요

민주주의 공화국인 우리나라와 공산주의
공화국인 중국의 정치는 어떤 차이가 있을까요?

민주주의 국가에서는 모든 국민이 정치에 참여할 수 있습니다. 선거를 통해
참정권을 행사할 수 있고, 자치 단체나 정당에 가입해 자신의 정치적인 신념
을 펼칠 수 있으며, 각종 이익 단체나 비정부 기구(NGO)에 참여해 활동할 수
도 있습니다. 민주주의 국가의 경우 정치에 참여하는 개인이나 집단이 매우
다양합니다. 그중 하나인 정당도 이념과 정치적인 목적에 따라 종류가 다양
합니다. 이에 비해 공산주의 국가에서는 실질적인 권력을 가진 공산당만이
정치를 좌지우지합니다. 이것이 중국의 정치 체제 중에 가장 특이한 일당 체
제라고 하는 거예요. 요즘 중국 정치는 일당 체제이기는 하지만 공산당 내에
서 다원주의가 허용되고 있습니다. 비록 한 개의 당이지만 그 안에서 다양한
목소리가 나오는 거예요.

21 근대화의 열기 |
아시아와 중동의 역사

유 럽 열강은 신항로 개척에 이어 과학 기술의 발달과 산업 혁명의 여파로 일찌감치 자본주의 체제로 전환했습니다. 그 결과 더 큰 시장이 필요해졌고, 17세기 초에 이르러 영국, 네덜란드, 프랑스는 아시아 지역에 대한 무역 독점권을 확보하기 위해 동인도 회사를 세웠습니다. 동인도 회사가 무역뿐만 아니라 식민지 개척에도 나선 거예요. 영국은 인도 대륙을 대영 제국에 귀속시켰고, 프랑스는 가장 먼저 인도차이나 반도를 손에 넣었습니다. 빈사 상태의 오스만 튀르크는 유럽 열강의 침략을 받아 영토가 축소되었습니다.

- **1757년** 프랑스군의 지원을 받은 무굴 제국의 벵골 태수 웃 다울라가 영국 동인도 회사의 밀무역이 벵골 경제에 커다란 타격을 준다는 이유로 플라시에서 전투를 벌였으나 패하다. 이는 영국이 인도를 식민지로 만드는 계기가 되다.

- **1839년** 오스만 튀르크의 술탄 아브뒬메시드 1세가 탄지마트(터키어로 '개혁'을 뜻함)를 시작해 유럽의 군사, 행정, 교육 제도를 받아들이다.

- **1884년** 프랑스가 청 왕조와 전쟁을 벌여 인도차이나 반도를 통째로 손에 넣다. 이 시기에 우리나라에서는 우정국이 설치되고 갑신정변이 일어나다.

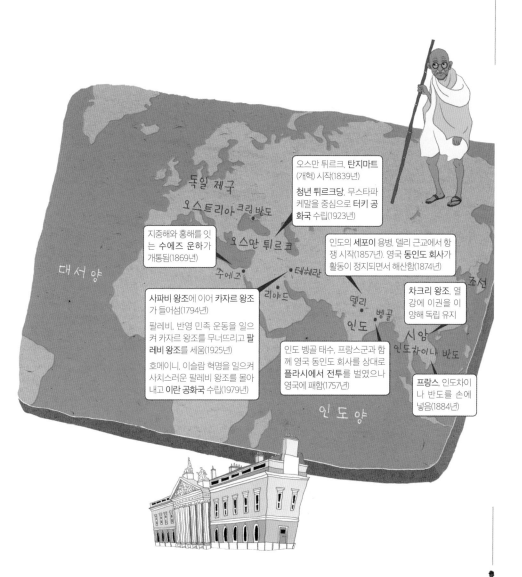

오스만 튀르크, 탄지마트 (개혁) 시작(1839년)

청년 튀르크당, 무스타파 케말을 중심으로 **터키 공화국** 수립(1923년)

지중해와 홍해를 잇는 수에즈 운하가 개통됨(1869년)

인도의 **세포이** 용병, 델리 근교에서 항쟁 시작(1857년). 영국 동인도 회사가 활동이 정지되면서 해산함(1874년)

사파비 왕조에 이어 **카자르 왕조**가 들어섬(1794년)

팔레비, 반영 민족 운동을 일으켜 카자르 왕조를 무너뜨리고 **팔레비 왕조**를 세움(1925년)

호메이니, 이슬람 혁명을 일으켜 사치스러운 팔레비 왕조를 몰아내고 **이란 공화국** 수립(1979년)

차크리 왕조, 열강에 이권을 이양해 독립 유지

인도 벵골 태수, 프랑스군과 함께 영국 동인도 회사를 상대로 **플라시에서 전투**를 벌였으나 영국에 패함(1757년)

프랑스 인도차이나 반도를 손에 넣음(1884년)

독일 제국

오스트리아

크림 반도

대서양

오스만 튀르크

수에즈

테헤란

리야드

델리

벵골

인도

조선

시암

인도차이나 반도

인도양

인도의 반영 운동

18세기 초 각 지방에서 무굴 제국에 대항하는 여러 정권이 등장하면서 인도는 분열하기 시작했습니다. 영국의 동인도 회사는 이 틈을 타 인도에 대한 지배를 확대해 나갔습니다. 이 과정에서 영국은 프랑스와 벵골 지역의 지배권을 놓고 세력 다툼을 벌였습니다. 영국은 1757년 플라시 전투에서 프랑스와 토착 세력을 무찌르고 벵골 지방을 지배함으로써 인도 지배의 기초를 다지게 됩니다.

또한, 영국의 동인도 회사는 인도인으로 구성된 유럽식 용병인 세포이를 양성함으로써 인도 전역에 대한 영향력을 확대했습니다. 이후 영국은 동인도 회사를 앞세워 인도에 면화를 재배하도록 하고 영국의 면제품을 팔았습니다. 인도가 영국의 원료 공급지이자 상품 시장으로 전락한 거예요.

동인도 회사가 고용한 세포이는 영국 병사에 비해 형편없는 대우를 받고 있었습니다. 세포이의 불만이 고조된 가운데 세포이에게 총기를 닦는 기름으로 돼지와 소의 기름이 지급되었다는 소문이 나돌았습니다. 힌두교는 소를 숭배하고 무슬림은 돼지를 기피하기 때문에 그들이 소와 돼지의 기름을 사용하지 않는 것은

○ 플라시 전투

벵골 태수는 영국 동인도 회사의 밀무역이 벵골 경제에 큰 타격을 주고 있다고 항의하면서 영국인들을 캘커타 시에서 추방했습니다. 동인도 회사의 초대 총독인 클라이브 장군이 이끄는 영국군은 소수의 프랑스군을 포함한 태수의 군대와 캘커타 북서부의 플라시에서 결전을 벌였지요. 그림은 플라시 전투 후 클라이브 장군이 태수를 만나는 장면입니다.

당연합니다. 세포이들은 거세게 항의했지만 무시만 당했어요. 영국의 침략에 대한 인도인들의 분노는 결국 세포이의 항쟁으로 폭발했습니다. 광범위한 계층의 인도인들이 이 항쟁에 참여했지만, 영국군에 의해 무자비하게 진압되었습니다. 그 후 영국은 인도 제국을 세웠고, 영국왕은 인도 제국의 황제를 겸하게 되었습니다.

영국은 반영 운동을 막기 위해 협조적인 관리와 지식인들을 모아 1885년에 인도 국민회의를 조직했습니다. 초기의 국민회의는 영국에 협조적이었으나, 영국이 벵골 분할령을 발표하자 오히려 반영 운동의 중심 세력이 되었습니다.

국민회의파는 스와데시(국산품 애용), 스와라지(인도인의 자치) 등 4대 강령을 결의하고 전국적인 저항 운동을 전개했습니다. 이때 등장한 간디는 비폭력·불복종 운동을 주도해 탄압을 받기도 했습니다. 간디가 이끈 독립 운동은 피켓 들기, 농성, 고의적인 법률 위반, 납세 거부, 영국 상품 불매 등과 같은 것이었어요. 이런 방식은 보통 사람들을 독립 운동에 끌어들이기에 아주 적합했다는 평가를 받고 있어요.

간디는 일생 동안 정치적인 목적을 위한 폭력을 거부했습니다. 그의 비폭력주의는 나라 안뿐만 아니라 국제적으로도 큰 영향을 주었어요. 우리나라의 3·1 운동도 간디의 비폭력주의에 영향을 받은 독립운동이지요. 1918년 간디는 인도 국민회의의 지도자 역할을 맡아 자유를 얻기 위한 투쟁의 선봉에 서면서 '위대한 영혼'이라는 뜻의 '마하트마(Mahatma)'로 불리게 되었습니다.

'위대한 영혼'인 간디는 부적절한 사생활이 알려지면서 비판의 대상이 되기도 했습니다. 간디 스스로도 성욕을 자제하는 것이 "칼날 위를 걷는 것과 같다."라고 어려움을 고백하기도 했습니다.

동남아시아의 민족 운동

인도차이나와 동남아시아도 인도와 비슷한 상황이었습니다. 프랑스는 1884년 청 왕조와 전쟁을 벌여 인도차이나 반도를 통째로 손에 넣었습니다. 프랑스는 여세를 몰아 동남아시아까지 지배하려고 했지만 어느새 영국도 발을 들여놓았어요. 이번에는 두 나라가 전쟁을 치르는 대신 서로 타협했습니다. 영국이 싱가포르와 말레이시아를, 프랑스가 나머지 지역과 타이의 일부 지역을 식민지화하기로 합의했던 거예요. 미국도 이에 뒤질세라 스페인이 점령하고 있던 필리핀을 빼앗았습니다.

유럽 열강의 지배가 강화되는 만큼, 동남아시아 각국에서는 식민지 지배에서 벗어나려는 운동도 거세게 전개되었습니다. 1885년 베트남 황제 함기는 근왕령을 반포해 프랑스의 침략에 저항해 온 백성이 들고일어날 것을 호소했습니다. 이 과정에서 황제가 솔직하게 자신의 책임을 인정하는 내용이 인상적입니다.

"짐이 부덕해 오늘에 이르러 프랑스의 침입이라는 상황에 처해 앞장서 나아갈 힘이 없다. 도읍은 함락되었고, 짐의 수레도 어디론가 사라져 버렸다. 이 모든 것에 짐은 한없는 부끄러움을 느낀다. 이에 만백성은 어떠한 고난도 참고 견디며 어떠한 위험도 피하지 말라. 이것만이 우리가 할 수 있는 의로운 길이다."

영국에 의해 인도 제국에 편입된 미얀마에서는 지식인과 불교 지도자들이 연합해 영국에 저항하는 민족 운동을 전개했습니다. 인도네시아에서는 지식인과 상인층이 수탈을 일삼던 네덜란드를 상대로 독립 운동을 벌였습니다. 필리핀에서는 지식인과 원주민 신부들이 계몽 운동과 반스페인 민족 운동을 전개했으며, 미국이 필리핀을 통치하려고 하자 반미 운동을 벌이기도 했습니다.

O 함기
베트남의 황제 함기는 베트남 산간 지대에 거점을 확보하고 근왕령(勤王令)을 반포해 프랑스의 침략에 온 백성이 들고일어날 것을 호소했습니다.

타이가 독립을 지킨 비결

동남아시아에서 식민지가 되지 않고 독립을 지킨 나라도 있습니다. 바로 타이예요. 타이는 영국과 프랑스가 서로 경쟁하는 바람에 독립을 유지할 수 있었습니다. 그러나 타이가 독립을 유지할 수 있었던 진짜 이유는 당시 시암 왕국이 국제 정세에 현명하게 대처했기 때문이에요. 시암 왕국은 제국주의 나라들에 재빨리 각종 이권을 넘겨주었을 뿐만 아니라 영토 일부를 프랑스에 떼어 주기까지 했습니다. 그 대가로 서구 제도를 도입해 근대화를 추진했습니다. 일본이 동남아시아에 진출했을 때도 협력해서 나라를 지켰어요.

시암 왕국을 소재로 한 '왕과 나'라는 영화에 그런 모습이 잘 그려져 있습니다. 젊은 미망인 안나는 몽쿠트 왕의 초청을 받고 아들 루이와 함께 방콕에 도착합니다. 하지만 도착한 첫날부터 약속을 지키지 않는 왕에게 실망해 영국으로 돌아가려고 합니다. 정숙한 영국 여인 안나는 다소 거칠고 자기밖에 모르는 왕과 사사건건 충돌하지만, 그러는 사이 시암의 근대화를 위해 다방면으로 노력하는 왕에게 묘한 애정을 느끼게 됩니다. 시암의 왕을 야만인이라고 모함하는 말이 영국 여왕의 귀에 들어가자, 왕은 깊은 고민에 빠집니다. 안나는 영국 대사에게 성대한 연회를 베풀어 왕이 야만인이 아니라는 것을 보여 주자고 왕에게 제안합니다. 그녀의 제안대로 연회가 성공적으로 끝나자 영국 대사는 깊은 감동을 받습니다.

실제로 몽쿠트 왕은 자발적으로 영국과 보링 조약을 체결해 처음으로 문호를 개방했습니다. 그는 직접 서양의 사교춤을 배우면서 서구의 문물을 받아들였어요.

❂ 타이의 근대화를 이끈 몽쿠트
시암 왕국(타이의 옛 이름)의 차크리 왕조 제4대 왕입니다. 몽쿠트 왕은 자발적으로 영국과 보링 조약을 체결해 처음으로 문호를 개방했습니다.

오스만 튀르크의 근대화 운동

오스만 튀르크는 1299년 오스만 1세가 소아시아에 기반을 두고 건국한 이후, 16세기에 들어서 헝가리와 북아프리카를 정복해 대제국을 이루었습니다. 그러나 신항로 개척으로 동방 무역의 이익이 줄어들면서 17세기 이후 점차 쇠퇴했습니다. 유럽 열강의 침략을 받아 영토는 계속 축소되었고, 제국 내 이민족들도 독립 운동을 벌여 나갔어요. 보스니아와 세르비아는 오스트리아에, 크림 반도와 흑해 연안은 러시아에 할양되었지요.

오스만 튀르크가 힘이 없다는 것을 알게 된 발칸 반도의 슬라브족 국가들도 민족주의를 내세우며 들고일어났습니다. 그리스는 1829년에 독립했고, 범슬라브주의를 표방한 러시아의 압력으로 세르비아, 몬테네그로, 루마니아, 불가리아 등도 독립했습니다. 오스만 튀르크는 누더기가 되고 말았습니다.

안팎으로 어려움에 처한 오스만 튀르크는 뒤늦게나마 1839년 탄지마트(개혁)를 시작해 헌법을 제정하고 의회도 개설했습

◐ 돌마바체 궁전
터키의 이스탄불에 있는 오스만 튀르크의 궁전입니다. 화려한 석조 건축물로 세워진 이 궁전은 원래 목조 건물이었으나, 대화재 이후 제31대 술탄 아브튈메시드 1세에 의해 1856년에 재건되었습니다. 유럽 스타일을 본떠 잘 다듬어진 대리석으로 지어졌으며, 호화롭게 꾸며진 사방의 벽을 보면 당시 생활을 짐작할 수 있습니다. 오스만 튀르크 후기에 여섯 명의 술탄이 일부 사용했습니다.

니다. 유럽의 군사, 징병, 행정, 토지, 교육 제도 등을 도입해 서구와 같은 근대 국가를 만들려고 했어요. 그러나 보수파의 반발과 러시아의 내정 간섭으로 큰 성과를 거두지는 못했습니다. 더욱이 유럽 상품이 밀려 들어오면서 토착 산업이 몰락하고 열강의 경제 침탈이 가속화되었어요.

오스만 튀르크는 지리적 요건 때문에 얼지 않은 항구를 찾아 남쪽으로 내려왔던 러시아와 자주 충돌했습니다. 러시아와 전쟁이 빈번하게 일어나자 오스만 튀르크의 술탄은 헌법의 효력을 정지시키고 전제 정치를 강화했습니다. 이때 학생과 청년 장교, 지식인들이 청년 튀르크당을 결성해 술탄의 독재에 저항했어요. 1908년 마침내 혁명이 성공해 입헌 정치를 부활시켰습니다. 오스만 튀르크가 제1차 세계 대전에서 패한 후, 청년 튀르크당은 무스타파 케말을 중심으로 터키 공화국을 수립하고 오스만 튀르크를 해체시켰습니다.

이란과 아랍의 근대화 운동

1501년 이스마일 1세가 티무르 제국이 멸망한 틈을 타서 이란 지역에 사파비 왕조를 열었습니다. 그는 서쪽으로 유프라테스강, 동쪽으로 아프가니스탄에 이르는 대제국을 건설하고 자기 자신을 '왕 중의 왕'이라고 불렀지요. 18세기 말 이란에서는 사파비 왕조에 이어 카자르 왕조가 들어섰습니다. 그러나 러시아와 영국에게 계속 이권을 빼앗겼습니다. 한술 더 떠 카자르 왕조는 유럽 열강에 각종 이권을 팔아넘기고 받은 돈을 사적으로 낭비해 민중의 반발을 샀습니다. 민중 사이에서 이권 회수와 입헌 정치를 요구하는 국민운동이 거세게 일어났습니다. 카자르 왕조는 이권 회수에 나섰으나 전제 정치에 실망한 민중은 입헌 혁명을 일으켜 새로운 헌법을 제정하고 의회를 구성했습니다. 그러나 이런 노력도 영국과 러시아의 간섭과 지도층의 무능으로 실패하고 맙니다.

오스만 튀르크의 지배를 받던 아랍 사회는 오스만 튀르크의 세력이 약화된 틈을 타고 독립을 시도했어요. 제국주의 열강은 이를 교묘하게 이용해 아라비아로 침투해 들어갔습니다. 18세기에 알 와하브는 유럽 문화를 배척하고 순수 이슬람교의 정신으로 돌아가자고 주장하며 와하브 왕국을 세웠어요. 그는 세속적인 욕심을 버리고 이슬람 교리를 실천하면서 아랍 국가들이 단결해야만 제국주의 침략을 극복할 수 있다고 생각했어요. 그러나 오스만 튀르크와 이집트의 공격을 받아 영토 대부분을 잃었습니다.

사우디아라비아의 수도가 리야드로 정해진 것은 와하브 운동이 리야드에서 일어났기 때문입니다. 와하브 운동은 아랍인들을 각성시켜 20세기 아랍 민족주의의 기반이 되었습니다.

'꿈의 항로'의 뒤안길

이집트는 오랫동안 오스만 튀르크의 지배를 받아 왔습니다. 1805년에 오스만 튀르크의 이집트 총독이 된 무함마드 알리는 적극적으로 이집트의 근대화를 추진했습니다. 알리는 관개 시설을 정비하고, 면화를 재배하게 해 농업 생산력을 높였고, 서구식 군사 제도를 도입했습니다. 1830년에는 그 힘을 바탕으로 팔레

◐ **수에즈 운하**
지중해와 홍해를 잇는 수에즈 운하는 1869년 11월 17일에 개통되었습니다. 운하의 북쪽 종착지는 시나이 반도 서쪽인 포트사이드고, 남쪽 끝은 수에즈 인근입니다. 수에즈 운하에는 갑문이 없으며, 바닷물이 지중해와 홍해에서 그레이트 비터 호로 자유로이 흘러 들어옵니다.

○ 무함마드 알리
오스만 튀르크의 이집트 총
독이자, 이집트 마지막 왕조
인 무함마드 알리 왕조의 창
시자입니다.

스타인 지역으로 영토를 확장하기도 했습니다. 덕분에 그가 통
치하던 시기에 이집트는 독립국이나 다름없는 지위를 누렸습니
다. 19세기 중엽 이집트 총독 사이드 파샤가 프랑스의 레셉스에
게 수에즈 운하 건설 특허권을 주었어요. 그리고 10여 년의 공사
끝에 1869년 지중해와 홍해를 잇는 세계 최대의 해양 운하가 개
통되었지요. 수에즈 운하의 길이는 162.5킬로미터에 달해 통과
하는 데만 15시간이 걸립니다. 그러나 수에즈 운하는 유럽에서
인도까지 가는 항로를 1만 킬로미터 이상 단축시켰습니다.

이집트는 이 항로의 건설로 막대한 외화 수입을 올릴 수 있을
것으로 기대했어요. 그러나 문제는 대규모의 공사를 감당할 경
제력이 없었던 이집트 정부가 프랑스 등으로부터 막대한 빚을
얻어 공사를 진행했다는 것입니다. 운하가 완성되자 빚 대신 발
행한 주식을 영국이 사들여 수에즈 운하의 경영권을 차지해 버
렸어요. 그 결과 운하에서 얻은 수입은 모두 프랑스와 영국에 돌
아갔지요. 게다가 영국은 운하 운영을 계기로 이집트 정치에도
간섭했습니다. '꿈의 운하'가 오히려 영국의 지배를 불러들인 셈
이 되었어요.

영국과 프랑스의 내정 간섭이 심해지면서 이집트인의 민족의
식도 높아졌어요. 군인이자 민족주의 운동가였던 아라비 파샤
는 '이집트인을 위한 이집트' 건설을 내걸고 외세 배격 운동을
일으켰습니다. 이에 영국은 군대를 동원해 이를 진압하고 이집
트를 보호국으로 삼아 버렸어요. 이집트는 1922년이 되어서야
비로소 영국의 지배에서 벗어날 수 있었습니다. 🏃

19세기 후반에 이르러 동남아시아 전역이 유럽 열강의 각축장이 된 이유는 무엇일까요?

첫째, 동남아시아는 유럽에서 동아시아로 연결되는 교통의 요지에 있어 경제적·전략적으로 매우 중요했습니다.

둘째, 열대 기후 지역으로 식물이 잘 자라고 자원이 풍부했습니다. 특히 동남아시아는 유럽인들이 즐겨 찾는 향신료의 주산지였습니다. 유럽 열강 중 가장 먼저 동남아시아에 진출한 포르투갈은 향신료를 수집해 막대한 부를 얻었습니다.

셋째, 노동력이 풍부했습니다. 네덜란드와 영국은 동남아시아 무역을 주도하면서 유럽을 상대로 향신료 무역을 하는 것에 머물지 않고, 원주민에게 강제로 원료 작물을 재배시키는 플랜테이션(재식 농업)에도 주력하게 되었지요. 서양 열강은 이런 이권 침탈을 위해 영토 확장에 온 힘을 기울였고, 19세기 후반까지 타이(옛 이름은 시암)를 제외한 동남아시아 국가 대부분을 식민지로 삼았습니다.

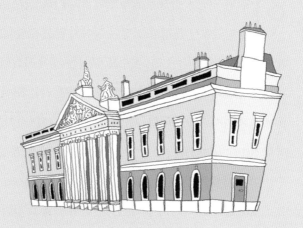

22 세계 정복을 꿈꾼 독일 |
제1차 세계 대전

인류 역사에서 전쟁은 끊임없이 되풀이되었습니다. 지금도 세계 여러 지역에서 분쟁과 전쟁이 끊이지 않고 있습니다. 물론 과거에 비해 전쟁의 규모가 작아지고 횟수도 줄어든 것이 사실입니다. 전쟁의 시대가 가고 평화의 시대가 온 것일까요? 어쩌면 지금의 이 평화는 공포가 만들어 낸 것인지도 모릅니다. 제1차 세계 대전(1914~1918)에 이어 제2차 세계 대전(1939~1945)을 치르는 동안, 인류는 지옥을 직접 보고 경험했기 때문입니다. 이후 시간이 흐르면서 재래식 무기를 대신해 최첨단 무기가 속속 개발되었어요. 따라서 만약 또 한 번의 세계 대전이 일어난다면 그 피해는 상상하기도 어려울 것입니다.

- **1898년** 이집트령 수단의 파쇼다 지역을 두고 영국과 프랑스가 벌인 영토 분쟁인 파쇼다 사건이 일어나다. 이 시기에 우리나라에서는 대원군이 사망하고, 이듬해에 대한 제국 성립을 선포하다.
- **1914년** 세르비아의 한 청년이 오스트리아 황태자 프란츠 페르디난트 부부를 암살한 사라예보 사건이 발생하다. 이 사건이 제1차 세계 대전의 도화선이 되다.
- **1917년** 제1차 세계 대전에 미국이 참전을 선언하다. 독일의 대형 잠수함 U보트가 1915년 5월 7일 영국의 정기 여객선 루시타니아 호를 피격해 128명의 미국인이 희생되었던 사건이 계기가 되다.

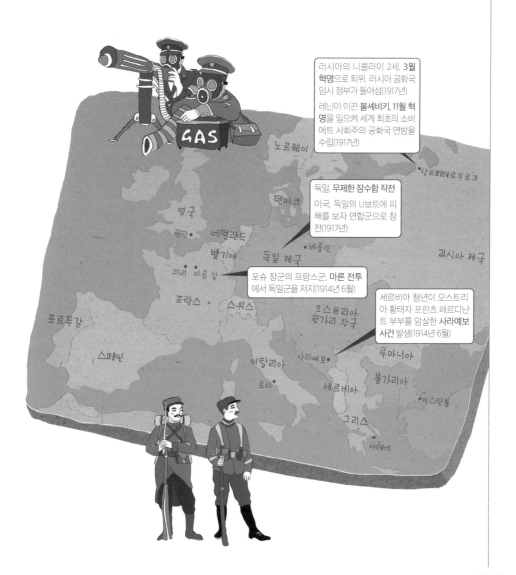

러시아의 니콜라이 2세, **3월 혁명**으로 퇴위. 러시아 공화국 임시 정부가 들어섬(1917년)

레닌이 이끈 **볼셰비키**, **11월 혁명**을 일으켜 세계 최초의 소비에트 사회주의 공화국 연방을 수립(1917년)

독일, 무제한 잠수함 작전

미국, 독일의 U보트에 피해를 보자 연합군으로 참전(1917년)

포슈 장군의 프랑스군, **마른 전투**에서 독일군을 저지(1914년 6월)

세르비아 청년이 오스트리아 황태자 프란츠 페르디난트 부부를 암살한 **사라예보 사건** 발생(1914년 6월)

노르웨이

상트페테르부르크

덴마크

영국

런던 네덜란드

벨기에

파리 마른 강 베를린

독일 제국

프랑스 스위스

포르투갈

스페인

오스트리아 헝가리 왕국

이탈리아

로마

사라예보

세르비아

러시아 제국

루마니아

불가리아

이스탄불

그리스

아테네

세계 대전은 이미 잉태되어 있었다

19세기 말에는 과학 기술이 진보하고 산업 혁명이 진전되어 자본주의가 크게 발달했습니다. 이에 따라 유럽 열강은 상품의 원료와 시장을 확보하기 위해 약소국을 식민지로 삼았습니다. 그런 나라를 제국주의 국가라고 합니다. 영국, 프랑스, 독일 등 제국주의 국가들은 더 많은 식민지를 확보하기 위해 군사력을 키워 나갔습니다.

리빙스턴과 스탠리의 탐험으로 아프리카가 서구에 알려지자 유럽 열강은 앞다투어 기회의 땅 아프리카로 진출했어요. 영국은 이집트로부터 수에즈 운하를 매수하고, 남아프리카 공화국의 케이프타운과 이집트의 카이로, 그리고 인도의 캘커타를 연결하는 종단 정책을 추진했습니다. 세 도시의 앞 글자를 따 3C 정책이라고 합니다.

이에 맞서 독일은 3B 정책을 내놓았습니다. 3B는 독일의 베를린, 터키의 비잔티움, 이라크의 바그다드를 가리키는 말입니다. 3C보다 규모가 작지만 영국이 뻗어 나가지 못하도록 길목을 차단하기에는 충분했습니다. 그리고 이즈음 독일의 팽창주의와 발칸 반도의 분쟁이 교묘하게 얽히게 됨에 따라 인류는 지금까지 한 번도 경험하지 못한 대재앙의 소용돌이 속으로 휘말리게 되었습니다.

독일을 통일한 비스마르크는 산업화를 추진해 열강의 대열에 합류했습니다. 독일은 영원한 숙적 프랑스를 고립시키기 위해 오스트리아와 이탈리아를 끌어들여 삼국 동맹을 맺었습니다. 독일의 팽창에 위협을 느낀 프랑스와 영국은 러시아를 끌어들여 삼국

종단 정책
영국이 케이프타운과 카이로를 잇는 종단 정책을 펼치자, 프랑스는 알제리와 마다가스카르를 잇는 횡단 정책을 추진했다. 1898년 프랑스가 먼저 나일 계곡에 있는 파쇼다에 도착해 자국의 국기를 게양하자 영국은 철수를 명령했다. 이것이 파쇼다 사건이다. 이 사건은 영국이 이집트를, 프랑스가 모로코를 각각 세력권에 두기로 하면서 쉽게 해결되었다.

협상을 맺었습니다. 삼국 동맹과 삼국 협상이라는 양대 세력으로 나뉜 유럽에는 태풍 전야의 고요함이 감돌고 있었습니다.

차 한 잔이 가져온 대재앙

역사상 가장 크고 끔찍했던 전쟁은 언제 일어났을까요? 동유럽의 발칸 반도에는 같은 남슬라브 민족으로서 형제 국가나 다름없는 세르비아와 보스니아가 국경을 맞대고 있었습니다. 오스만 튀르크의 지배를 받고 있던 두 나라는 1878년 오스만 튀르크가 러시아와의 전쟁에서 패한 후에 운명이 갈리게 됩니다. 세르비아는 독립했지만, 보스니아는 인접한 오스트리아에 무력으로 합병되었거든요. 세르비아의 불만은 커져만 갔습니다. 오스트리아가 형제의 나라를 점령했기 때문이에요.

그러던 중에 1914년 6월 28일 오스트리아의 황태자인 프란츠 페르디난트 대공과 황태자비 조피가 세르비아를 방문하게 되었습니다. 공교롭게도 그날은 오스만 튀르크가 세르비아 왕국을 정복한 날이었습니다. 보스니아를 무력으로 병합한 오스트리아의 황태자가 일부러 이날에 맞춰 보스니아의 사라예보에 방문한다는 소식을 들은 세르비아인들은 화가 날 수밖에 없었습니다.

세르비아의 열혈 청년 일곱 명은 오스트리아 황태자 프란츠 페르디난트 부부가 타고 가는 차에 폭탄을 던지기로

○ 프란츠 페르디난트 부부가 탔던 오픈카
오스트리아의 황태자 프란츠 페르디난트가 암살당할 당시에 탔던 자동차입니다.

모의했습니다. 그런데 폭탄을 던지기로 했던 청년이 실수하는 바람에 폭탄이 차의 꽁무니에 떨어지고 말았습니다. 혈기 왕성한 황태자는 그 폭탄을 주워 민첩하게 되던졌습니다. 폭탄 투척에 실패한 청년은 자살하기 위해 청산가리가 담긴 캡슐을 삼키려고 했습니다. 하지만 청년은 몹시 당황한 탓에 캡슐을 채 삼키기도 전에 붙잡혔습니다.

나머지 여섯 명의 청년은 재빨리 달아났습니다. 그중 가브릴로 프린치프는 한참을 달아나다 어느 정도 위험에서 벗어났다고 생각되었는지 근처의 카페로 들어갔습니다. 프린치프는 샌드위치를 먹고 차를 마시면서 혹시나 하는 생각에 주위를 두리번거렸습니다.

그때였습니다. 저쪽에서 멋진 자동차 한 대가 그를 향해 다가오고 있었습니다. 오스트리아 황태자가 탄 바로 그 차였습니다. 황태자는 차를 타고 가던 중에 자신의 경솔한 행동 때문에 많은 사람이 다쳤을 것이라고 생각하고 운전사에게 병원으로 차를 몰도록 지시했는데, 운전사가 그만 길을 잃어 그곳을 배회하고 있었던 거예요. 프린치프에게는 둘도 없는 기회였습니다.

카페에서 나온 프린치프는 가슴팍에 숨겨 두었던 권총을 꺼내 황태자를 향해 방아쇠를 당겼습니다. 황태자 부부는 그 자리에서 숨지고 말았습니다. 이 사건은 발칸 반도의 사라예보에서 발생했다고 해서 '사라예보 사건'이라고 부릅니다.

❂ 프란츠 페르디난트
오스트리아의 합스부르크 왕가 출신으로 오스트리아-헝가리 제국의 황위 계승자였습니다. 사라예보에서 세르비아 민족주의자 청년 프린치프에게 암살되면서 제1차 세계 대전이 촉발되었습니다. 아래 사진은 프린치프가 체포되는 장면입니다.

　만약에 프린치프가 차를 마시지 않았다면 결과는 어떻게 달라졌을까요? 프린치프는 황태자가 탄 자동차와 마주치지 않았을 것이고, 차 한 잔이 대재앙을 가져오는 일도 없었을 것입니다. 이 세상의 모든 일이란 우연과 필연이 교묘하게 반응하며 나타나는 것이 아닐까요? 세르비아는 자국 청년이 한 짓에 대해 오스트리아에 정중히 사과했지만, 오스트리아는 사과를 받아들이려고 하지 않았습니다. 세르비아에 대한 오스트리아의 공격을 시작으로 제1차 세계 대전이 본격화되었습니다.

전쟁의 불길이 번지다

예전에 작은 개 한 마리가 덩치 큰 소년을 무는 걸 본 적이 있습니다. 개의 주인으로 보이는 왜소한 소년이 달려와 덩치 큰 소년에게 미안하다고 정중히 사과했지만, 덩치 큰 소년은 그 사과를 받아들이지 않았습니다. 그는 소년을 때리며 개가 한 짓의 책임을 물었습니다. 곧 주위로 사람들이 몰려들었고 차츰 편이 갈렸습니다. 결국 사소한 싸움은 수많은 사람의 난투극으로 번지고 말았어요.

오스트리아와 세르비아의 경우도 마찬가지였습니다. 오스트리아와 우호 관계에 있던 독일이 오스트리아 편에 섰습니다. 굳이 그러지 않아도 오스트리아는 혼자서도 세르비아를 충분히 이길 수 있었습니다. 그러자 발칸 반도로 진출할 기회만을 노리던 러시아가 슬라브족인 세르비아의 편을 들었습니다. 독일은 내심 전쟁이 반가웠던거예요.

이미 강대국이었던 독일은 빌헬름 1세와 비스마르크라는 강력한 지도자의 지휘 아래 프로이센-프랑스 전쟁을 승리로 이끈 후에도 전쟁 준비를 게을리 하지 않았습니다. 그리고 이제 그 위력을 보여 줄 기회가 찾아왔던 거예요. 이번 전쟁에서 본때를 보여 주면 독일이 세계 최고의 강대국이 되는 셈이었으니까요. 그러면 원하는 건 뭐든지 빼앗을 수 있을 터였습니다.

그러나 독일은 세르비아로 진군하지 않았습니다. 그 작고 가난한 나라와 싸우는 데 독일까지 낄 필요가 없었거든요. 독일은 프랑스가 독일의 반대편, 즉 세르비아 편에 설 거라고 확신했습니다. 그래서 프랑스가 전투 준비를 마치기도 전에 미리 쳐들어 갔습니다.

그런데 프랑스로 쳐들어가려면 벨기에를 지나야만 했습니다. 처음에는 벨기에를 칠 생각이 없었지만 생각해 보니 벨기에를 공격한다고 해서 달라질 건 없었습니다. 그래서 독일은 벨기에로 쳐들어가 닥치는 대로 부수고 죽였습니다.

그런 다음 계획대로 프랑스의 수도인 파리로 돌진했습니다. 그런데 파리에서 30킬로미터쯤 떨어진 곳에 있는 마른 강에 도달했을 때 페르디낭 포슈 장군이 이끄는 프랑스군이 길을 막아

1914년부터 1918년까지 4년 4개월간 지속된 최초의 세계 대전은 오스트리아가 세르비아에 선전 포고를 한 것으로 시작되었습니다. 영국, 프랑스, 러시아 등의 주요 연합국과 독일, 오스트리아의 주요 동맹국이 싸웠는데, 약 900만 명이 전사했습니다.

섰습니다. 마른 전투는 역사상 가장 유명한 전투가 되었습니다.

만약 이 전투에서 독일이 이겼더라면 전쟁은 바로 종결되었을 것입니다. 독일이 승자가 되었을 것이며, 나머지 국가는 모두 독일의 식민지가 되었을 테니까요. 하지만 마른 전투에서 독일은 승리하지 못했고, 전쟁은 4년간이나 지속되었습니다.

권투에서는 상대의 배를 치면 안 됩니다. 그건 반칙이니까요. 마찬가지로 아무리 전쟁이라고 해도 지켜야 하는 원칙이 있는 법입니다. 그런데 독일은 모두가 입을 모아 옳지 않다고 하는 일까지도 서슴없이 저질렀습니다. 독가스를 사용해 적진을 무력화시키고, 맞서 싸울 준비가 전혀 되어 있지 않은 여객선이나 부상자 수송선까지도 공격했습

○ 서부 전선 이상 있다
벨기에의 파스샹달에서 첫 전투가 벌어진 다음 날 아침에 부상을 입은 병사들이
도움을 기다리며 황폐해진 들판의 진흙 위에 누워 있습니다.

니다. 제1차 세계 대전은 육지뿐만 아니라 공중과 해상에서까지 전투가 벌어진 역사상 최초의 전쟁으로 기록되었습니다.

영국은 프랑스와 러시아의 편에 섰습니다. 영국, 프랑스, 러시아 연합군이 독일, 오스트리아에 맞섰습니다. 처음에는 이들 다섯 국가만 전쟁을 치렀습니다. 하지만 전쟁이 끝날 때쯤에는 세계의 거의 모든 국가가 독일의 반대편에 서서 전쟁을 치렀습니다. 독일이 전쟁에서 승리하면 다른 국가의 권력을 무참히 파괴하고, 전 세계를 노예로 만들 것이 분명했기 때문입니다.

서부 전선 이상 없다

독일이 마른 전투에서 영국의 지원을 받은 프랑스군의 반격을 받아 전쟁은 장기전으로 돌입했고, 연합군과 동맹군은 서부 전선에서 밀고 밀리는 치열한 공방전을 계속했습니다. 양측은 엄청난 수의 희생자를 낳았습니다. 독일은 병사들이 부족해지자 학생들까지 동원하기 시작했어요.

독일 소도시의 한 고등학교에 제1차 세계 대전의 소식이 전해집니다. 열여덟 살 난 파울은 급우들과 함께 군에 입대합니다. 그들은 서부 전선에 배치되었습니다. 마음이 연약했던 빔은 충동적으로 참호를 뛰쳐나가 전사합니다. 전투가 치열하게 전개되면서 참호 속의 급우들도 차례차례 쓰러져 갑니다.

파울은 교회 근처에서 벌어진 전투에서 프랑스 병사를 죽였습니다. 서로 아무런 원한도 없이 다만 전쟁의 광란 속에서 공포에 사로잡혀 무의식적으로 상대를 죽인 거예요. 그는 죽은 병사의 주머니에서 나온 가족사진을 보고 망연자실했습니다. 과연

○『서부 전선 이상 없다』
독일 작가 레마르크가 쓴 반전 소설로, 영화로도 제작되었습니다.

누구를 위한 전쟁인가요?

오랜만에 전투가 소강상태로 접어들었습니다. 하늘마저 쾌청했고, 어디선가 하모니카 소리가 들려왔습니다. 병사들은 전쟁 중이라는 사실도 잊은 채 하모니카 소리에 가만히 귀를 기울입니다. 그때 어디선가 날아온 나비 한 마리가 파울의 눈앞으로 지나갑니다. 파울의 눈은 하늘을 날고 있는 나비를 따라갑니다. 나비가 그렇게 평화롭게 보일 수가 없었습니다. 파울은 자신도 모르게 나비를 따라 몸을 일으켰지요. 나비에게 손을 내미는 순간, 온몸에 전율이 느껴졌습니다. 저격병의 총격에 파울은 나비가 내려앉듯 그렇게 쓰러졌습니다.

그날 전선은 종일 조용했습니다. 전선의 사령부는 그날도 본국에 전문을 보냈습니다. "서부 전선 이상 없다."

제1차 세계 대전에 참전한 독일 작가 레마르크가 쓴 반전 소설의 줄거리입니다. 전쟁을 일으킨 독일인의 입장에서 전쟁의 참혹함과 비인간성을 고발한 작품이에요. '서부 전선 이상 없다.'라는 말 속에는 날카로운 아이러니, 즉 반전의 주장이 들어 있습니다.

○ 참호 속의 프랑스 병사들
마른 전투에 참가한 프랑스 병사들이 참호 속에서 독일군과 대치하고 있습니다. 제1차 세계 대전 발발 후 독일군의 진격이 마른 전투에서 멈춘 후 참호전으로 변했습니다. 이 전투에서 승리한 프랑스는 수도를 잃을 위기에서 벗어났고, 전쟁의 조기 종결에 대한 독일의 희망은 무산되었습니다.

미국의 참전

러시아에서는 전쟁 중에 갑자기 혁명이 일어났습니다. 러시아 시민들은 황제와 그의 가족을 죽이고 더 이상 전쟁에 관여하지 않겠다고 선언했습니다. 모든 상황이 연합군에 불리하게 돌아갔지요.

미국을 전쟁터로 끌어들인 나라는 다름 아닌 독일이었습니다. 바다에서는 영국이 독일보다 우세했어요. 이에 독일은 연합국의 군수 물자 수송을 방해하기 위해 해상에 나타나는 모든 배들을 격침시켰어요. 독일이 U보트라는 잠수함으로 무조건 공격했기 때문에 이 작전을 '무제한 잠수함 작전'이라고 합니다. 연합국의 배들은 독일의 신병기에 속수무책이었습니다.

고립주의 외교 노선을 고수하던 미국은 처음에는 전쟁에 참가하지 않았습니다. 그러나 전쟁이 발발한 지 3년이 지난 후인 1917년, 독일의 잠수함이 침몰시킨 여객선에서 128명의 미국인 희생자가 생기자 윌슨 대통령은 참전을 결정하게 됩니다.

유럽과 대서양을 사이에 두고 멀리 떨어진 곳에 있는 미국이 전쟁에서 큰 역할을 한다는 것은 거의 불가능해 보였습니다. 그

○ **죽음 뒤의 크리스마스**
서부 전선에도 크리스마스 이브가 찾아왔습니다. 영국군의 귀에 독일어로 「고요한 밤, 거룩한 밤」이 들려오자 전장은 갑자기 크리스마스 캐럴 아카펠라 경연장이 되었다고 합니다.

○ 독일 잠수함
독일의 잠수함 U보트는 영국 해군의 수송로를 차단하기 위해 북대서양에서 활동했고, 한때 영국을 궁지에 몰아넣기도 했습니다.

러나 미국은 아주 빠른 시일 내에 200만 명의 병력을 동원해 바다 건너 유럽 대륙으로 급파했습니다. 미국이 참전했다는 사실만으로도 연합국의 사기는 올라갔습니다. 미국의 참전 이후 독일은 빠른 속도로 무너지기 시작했습니다. 독일의 동맹국이었던 오스만 튀르크와 불가리아가 먼저 항복하고, 이어 오스트리아마저 항복했습니다.

미국의 존 퍼싱 사령관이 이끄는 미국군이 독일을 크게 물리치자, 독일에서 공화정을 주장하는 세력들이 마침내 혁명을 일으켰습니다. 공화주의자들은 빌헬름 2세를 왕좌에서 끌어내리는 데 성공합니다. 왕정을 끝내고 공화정을 선포한 독일의 혁명 정부는 1918년 11월 11일 마침내 연합군에게 항복합니다. 여기서 11월 11일이란 날짜는 숫자들이 두 손을 번쩍 들고 서 있는 것처럼 보이지 않나요? 독일이 연합군의 요구에 무조건 따르겠다는 내용의 합의서에 서명하면서 역사상 가장 참혹했던 전쟁은 드디어 막을 내렸습니다. 5년간 지속되었던 이 전쟁에서 군인만 최소 1,200만 명이 전사했고, 민간인도 수천 명이 목숨을 잃었습니다.

전쟁을 결정하는 사람들이 최전선에 투입되어야 한다면 과연 그들이 전쟁을 벌일까요? 그동안 인류는 전쟁의 참혹함에 몸서리를 쳤습니다. 그러나 인간은 망각의 동물인가 봅니다. 곧이어 더 참혹한 전쟁이 벌어졌거든요. 🎖

제1차 세계 대전의 교훈은 무엇일까요?

제1차 세계 대전은 강대국들이 이웃 나라와 평화로운 공존을 선택하지 않고 눈앞의 작은 이익에 급급해 욕심을 드러냄으로써 시작되었습니다. 오스트리아의 보스니아 합병이 그 좋은 예입니다. 이는 제1차 세계 대전이 끝난 직후에도 달라지지 않았습니다. 당시 독일은 항복할 때 무배상과 무보복의 약조를 받았습니다. 그러나 승전국들은 이에 아랑곳하지 않고 엄청난 배상금을 요구했습니다. 결국 독일은 1차 배상금을 지급하자마자 파산하고 말았습니다. 이런 상황에서 연합국은 독일의 탄광과 철광까지 강제 점거했습니다. 각국은 서로 이해관계가 얽혀 패전국에 철저한 보복을 가했던 것입니다. 심한 분노와 배신감을 느낀 독일인들은 복수를 다짐했고, 그 결과 제2차 세계 대전이 일어나게 되었습니다. 따라서 제1차 세계 대전의 교훈은 자기중심적인 생각보다 서로의 이익을 존중하고 타협하는 데 있습니다.

23 전쟁이 계속되다 |
제2차 세계 대전

제1차 세계 대전은 끝이 났습니다. 하지만 전쟁의 불씨는 꺼지지 않았어요. 제1차 세계 대전을 마무리하기 위해 승전국과 패전국이 체결한 조약의 내용이 문제가 되었습니다. 일방적으로 패전국에게 불리한 내용들이 많았거든요. 특히 독일은 경제 상황이 더욱 악화되었고, 실업자 수도 늘어나 극도의 혼란에 빠져들었습니다. 이런 와중에 독일에서는 아돌프 히틀러가 나타났고, 이탈리아에서는 베니토 무솔리니가 나타났습니다. 결국 1939년 독일의 폴란드 침공을 시작으로 이탈리아가 영국과 프랑스에 선전 포고를 하고, 일본은 미국을 기습 공격함으로써 제2차 세계 대전이 전 세계로 확산되었습니다.

- **1919년** 프랑스의 베르사유 궁전에서 영국, 프랑스, 미국 등의 연합국과 패전국 독일이 베르사유 조약을 체결하다. 이 시기에 우리나라에서는 3·1 운동이 일어나다.

- **1929년** 주식 투기의 거품이 걷히면서 주가가 폭락하고, 제1차 세계 대전을 거치면서 대량 실업과 불황에 시달려 대공황이 시작되다.

- **1939년** 독일이 선전 포고도 없이 폴란드를 공격하자 영국과 프랑스가 독일에 선전 포고함으로써 제2차 세계 대전이 시작되다.

소련, 독일이 기습 공격하자 영국과 상호 원조 조약을 맺고 **스탈린그라드 전투**를 시작으로 대대적 반격에 나섬(1942년)

영국, 프랑스, 미국 등의 연합국과 패전 국 독일이 베르사유 조약을 체결(1919년)

아이젠하워 장군의 연합군, 노르망디 상륙 작전에 성공(1944년)

신문 스크랩

신문팔이 소년이 큰 소리로 "호외요! 호외!"라고 외치며 골목골목을 누빈다면, 그건 아마도 역사에 기록될 만한 특별한 일이 일어났다는 것을 알리는 소리일 겁니다. 만약 이런 호외들만 모아 둔다면 역사의 흐름을 한눈에 볼 수 있겠죠? 역사란 '매일매일 새롭게' 일어나는 사건과 사고들을 모아 둔 것이니까요. 그렇다면 제1차 세계 대전 이후의 호외들을 한곳에 모아 둔다면 어떻게 될까요? 다음 사건들을 훑어본다면 당시 역사의 흐름을 쉽게 이해할 수 있을 거예요.

○ 우드로 윌슨

제28대 미국 대통령을 지낸 윌슨은 노벨 평화상을 받기도 했고, 10만 달러 지폐(액면가 1억 원 상당의 지폐로 연방은행 간 결제 수단으로 사용되었음)의 주인공이 되기도 했으나 부정적인 면도 많았습니다. 우선 윌슨의 민족 자결주의는 어디까지나 제1차 세계 대전의 승전국들이 패전국의 식민지를 가로채려고 만든 것이었습니다. 또한 윌슨이 의회와 타협해 국제 연맹에 가입했다면 제2차 세계 대전이 일어나지 않았을 수도 있었습니다.

베르사유 조약 체결

1919년 베르사유 궁전에서 개최된 파리 강화 회의에서 영국, 프랑스, 미국 등의 연합국이 독일과 조약 체결. 독일은 알자스 지방과 로렌 지방을 프랑스에 반환하고, 330억 달러가 넘는 천문학적인 전쟁 배상금을 지불하도록 결정.

독립의 물결

- 윌슨의 민족 자결주의 원칙에 따라 폴란드 · 체코슬로바키아 · 유고슬라비아 · 핀란드 · 헝가리 등 독립.
- 베트남은 전쟁 중에 프랑스에 협력하는 조건으로 독립을 약속받았으나, 전후에 프랑스가 이를 어기자 호치민을 중심으로 공산당을 결성해 독립 운동 전개.
- 인도네시아는 네덜란드에 대항해 수카르노를 중심으로 독립 운동 전개.

– 영국이 이집트의 독립을 인정하고 수에즈 운하를 제외한 모든 지역에서 군대 철수.

국제 연맹 창설

윌슨의 주장에 따라 1920년 파리에서 전승국과 중립국을 포함해 42개국 가입. 제창국인 미국이 의회의 반대로 가입조차 못했고, 침략을 막을 수 있는 군사력도 없었기 때문에 유명무실해짐.

하늘의 콜럼버스

1927년 미국의 린드버그가 세계 최초로 비행기를 타고 대서양 횡단! 아조레스 제도를 거쳐 포르투갈로 이동. 다른 비행기들도 곧 뒤를 따라 대서양을 횡단.

일본의 자작극, 만주 사변

대공황이 일어나자 침략 전쟁으로 문제를 해결하기 위해 1931년 일본 관동군이 펑톈(선양) 교외에서 만주 철도를 폭파한 뒤, 이를 중국군의 소행이라고 주장하며 만주 점령.

○ 린드버그의 비행기
워싱턴 항공우주박물관에는 하늘을 날아 최초로 대서양을 횡단한 비행기가 전시되어 있습니다.

일본군의 만행, 난징 대학살

1937년 난징을 점령한 일본군이 중국군의 항전 의지를 꺾으려는 의도로 일반 시민에 대한 학살을 감행. 일본군이 점령한 최초 6주 동안 난징과 난징 주변에서 살해된 주민과 포로 20만 명 상회.

러시아 혁명

'왕 중의 왕'이란 말이 있듯이 '호외 중의 호외'가 있습니다. 소련의 수립이 바로 그것입니다. 이 뉴스는 관련 기사를 묶어서 따로 기획 기사로 다루도록 하겠습니다.

러일 전쟁에서 패한 러시아는 점차 자유주의 개혁을 실시했습니다. 그러나 제1차 세계 대전에 참가한 후 거듭되는 패전과 물자 부족으로 러시아는 큰 혼란에 빠졌습니다. 굶주린 노동자들은 상트페테르부르크 광장에 모여 차르인 니콜라이 2세에게 자비를 구하는 청원서를 제출하기로 했지요. 14만 명의 노동자와 그 가족들은 '빵과 평화'를 외치며 궁전으로 향했습니다. 그러나 그들을 맞이한 것은 '빵과 평화'가 아니라 차르의 친위대가 발포한 무자비한 총탄 세례였어요. 이날 하루 동안에만 500명 이상이 사망했습니다. 1905년의 어느 일요일에 일어난 이 사건을 '피의 일요일'이라고 부릅니다. 바로 이 사건이 러시아 혁명의 출발점입니다.

제1차 세계 대전이 터지자 니콜라이 2세는 곧바로 참전을 결정했습니다. 전쟁에서 이기기만 하면 러시아의 오랜 꿈이었던 발칸 반도로 진출할 수 있었기 때문입니

○ 레닌
러시아의 혁명가로 볼셰비키의 지도자였습니다. 볼셰비키 혁명이 성공한 후 소비에트 연방의 초대 의장이 되었습니다. 마르크스의 공산주의 이론을 발전시킨 레닌주의의 창시자이자, 마르크스 이후 가장 위대한 혁명 사상가로 알려져 있습니다.

○ **볼셰비키 혁명**

1917년 3월 혁명에 이은 11월 혁명은 블라디미르 레닌의 지도하에 볼셰비키에 의해 이루어졌습니다. 마르크스 사상에 기반을 둔 20세기 최초의 공산주의 혁명이었지요. 그러나 11월 혁명의 주체는 민중이었습니다. 노동자와 사병들은 근위병의 탄압 속에서도 혁명가를 불렀어요.

다. 그러나 러시아는 많은 물자와 병력을 전쟁에 쏟아부었지만 전쟁에서 계속 지기만 했습니다. 참다못한 사람들은 '빵과 평화, 토지와 자유'를 외치며 곳곳에서 폭동을 일으켰습니다. 1917년에는 병사들조차 차르의 명령을 거부하고 시위대에 가담했을 정도였습니다. 마침내 3월 15일 니콜라이 2세는 퇴위를 선언하고 임시 정부가 수립되었습니다. 이를 3월 혁명이라고 합니다.

임시 정부는 여러 가지 개혁을 추진했지만 전쟁이 끝나기를 바라는 국민의 바람을 외면하고 독일에 대한 공격을 계속했습니다. 레닌이 이끄는 볼셰비키는 노동자, 농민, 병사의 대표 기관인 소비에트가 권력을 가져야 하고 전쟁은 즉각 중단되어야 한다고 주장했습니다. 결국 그들은 1917년 11월 무장봉기를 일으켜 소비에트 사회주의 국가를 수립했지요. 이를 볼셰비키 혁명 또는 11월 혁명이라고 부릅니다.

혁명 정부는 전쟁을 중단하고 토지 사유를 폐지한다고 선언했어요. 이어서 볼셰비키라는 명칭을 '러시아 공산당'으로 바꾸

었습니다. 1922년 드디어 15개 공화국으로 구성된 소비에트 사
회주의 공화국 연방(소련)이 수립되었어요. 1991년 해체될 때까
지 소련은 공산주의 국가의 중심에 서서 자본주의 국가의 중심
인 미국과 대립했습니다.

레닌의 뒤를 이은 스탈린은 철저한 공산화를 위해 강력한 독
재 체제를 바탕으로 경제 개발 5개년 계획을 추진했습니다. 공
장은 국가 소유로 만들었고, 농민들은 집단 농장에서 일하게 되
었습니다. 그 결과 소련은 1930년대에 경제 공황을 피할 수 있
었어요. 물론 그 과정에서 인민의 인권과 자유를 빼앗고 수많은
사람을 숙청했지요.

대공황의 늪

제1차 세계 대전은 미국에 '전쟁 특수'라는 커다란 선물을 안겨
주었습니다. 전쟁 직후 잠깐 불황이 찾아왔으나 곧바로 회복되
었습니다. 거리에는 다시 영화 포스터가 나붙고 자동차가 넘쳐
났으며, 감미로운 재즈 음악이 흘러나왔습니다.

하지만 선물의 효과는 오래가지 않았습니다. 선물을 안겨 주었
던 전쟁이 사라졌기 때문입니다. 창고에는 무기가 쌓이게 되었
고, 무기를 생산하던 공장 노동자들은 직업을 잃게 되었습니다.

1929년 10월 과잉 생산과 대규모 실업으로 주가가 폭락했습
니다. 제1차 세계 대전 후 세계 경제를 이끌며 번영을 누리던 미
국은 경제가 급속히 무너지면서 대공황에 빠져들었습니다.

루스벨트 대통령은 경제 공황을 극복하기 위해 시장에 모든
것을 맡겨 두던 자유방임형 정책을 버리고, 국가가 적극적으로

경제 문제에 개입하는 뉴딜 정책을 채택했습니다. 수정 자본주의 체제로 전환한 연방 정부는 농업 생산량을 조절하고 과잉 생산된 농산물은 정부가 사들여 수요와 공급을 맞추었으며, 각 생산 부문마다 최저 가격을 정했습니다. 최저 임금제와 주 40시간 근로제도 이때 도입되었습니다. 특히 종합적인 지역 개발을 위해 테네시 강에 다목적 댐을 건설한 것은 획기적인 정책으로 평가받고 있습니다.

미국의 도움으로 경제 건설을 추진하던 세계 각국도 미국과 더불어 순식간에 경제 공황의 늪에 빠져들었습니다. 참담한 경제 위기에서 벗어나기 위해 영국과 프랑스는 식민지 정책을 더욱 강화했으며, 독일과 이탈리아, 일본은 식민지 시장을 얻기 위해 다른 나라를 침략하는 정책을 선택했습니다. 먹을 것을 얻기 위해 다른 동굴로 쳐들어가 사냥감을 빼앗아 오던 원시 시대의 생존 방식이 20세기에 되풀이되었던 것입니다.

전쟁을 일으키는 것이 국가를 이끌어 가기 위한 수단 중의 하나가 될 수 있습니다. 프로이센의 전쟁 이론가였던 클라우제비츠가 지적했듯이, 전쟁을 일으키는 것은 전쟁 자체가 목적이 아니라 효과적인 통치 수단을 찾는 것입니다.

◐ 배급을 기다리는 어머니와 아들

캘리포니아에서 32세 여성 노동자가 아이들을 데리고 배급권을 얻기 위해 기다리고 있습니다. 1929년 10월 24일 이른바 '어두운 목요일'에 뉴욕 주식 시장이 대폭락하면서 대공황이 촉발되어 전 세계로 확산되었습니다. 이 때문에 기업들의 도산과 대량 실업, 디플레이션 등이 초래되었습니다.

전쟁의 불씨가 되살아나다

○ 나치스 집회에 참석한 히틀러
1921년 나치스의 수령이 된 히틀러는 국수주의 운동을 전개해, 제1차 세계 대전 이후 혼란에 빠진 민중의 마음을 사로잡았습니다.

독일과 이탈리아, 일본은 대규모 전쟁을 일으키기 위해 민족주의를 내세우며 독재 체제를 갖추었습니다. 독일의 히틀러는 '독일 민족이 최고'라는 인종주의를 내걸고 열광적인 민족주의와 대중 선동, 나치주의를 강조했습니다. 또 이탈리아의 무솔리니는 "국가 위에는 아무것도 존재하지 않는다."라는 파시즘(전체주의) 독재 체제를 강조했습니다. 한편, 일본은 국가 전체를 거대한 군대로 만들려는 군국주의 체제를 강조했습니다. 그리고 이 세 나라는 서로 손을 잡았습니다. 이탈리아와 조약을 맺은 독일은 일본과 방공 협정을 맺었습니다. 대규모 반칙을 저지르기 위해 전체주의 국가들이 힘을 합친 거예요. 심판이 막고 관중이 야유를 보내도 그들은 아무 거리낌 없이 반칙을 저지르기 위해 준비했습니다.

1939년 드디어 독일의 히틀러가 선전 포고도 없이 폴란드를 침공하면서 제2차 세계 대전의 포문을 열었습니다. 재미난 것은 극심한 공황에 시달리던 미국 경제가 다시 시작된 전쟁으로 부활하게 되었다는 사실입니다. 전쟁이 또다시 미국에게 선물을 가져다준 것입니다. 그렇다고 미국의 루스벨트 대통령이 히틀러에게 고맙다고 할 수는 없었을 거예요. 전쟁은 경제 공황보다 훨씬 더 참혹했으니까요. 전쟁을 일으킨 독일은 침공에 침공을 거듭했습니다. 폴란드 서부를 점령한 독일은 1940년에 덴마크와 노르웨이를 점령하고, 뒤이어 네덜란드와 벨기에를 짓밟으며 프랑스를 침공했습니다. 이때 이탈리아도 침공 대열에 뛰어들어 독일과 함께 프랑스 파리를 점령했습니다.

유럽 대륙의 대부분을 짓밟으며 진격하던 독일은 불가침 협정을 깨고 1941년에 소련을 기습 침공했습니다. 독일은 전쟁이 오래 지속될 것에 대비해 소련의 식량과 석유가 필요했던 것입니다. 소련은 영국과 손을 잡고 필사적으로 저항했습니다. 한편, 일본이 중국을 침략하자 미국과 영국, 그리고 소련은 일본을 경제적으로 묶어 놓기 위해 중국을 도왔습니다. 특히 미국의 도움이 갈수록 활발해지자 일본과 미국의 관계가 나빠지기 시작했습니다. 이에 1941년 12월 8일 일본은 진주만을 기습 공격했습니다. 이것을 계기로 미국이 전쟁에 참여하게 되었고, 비로소 태평양 전쟁이 시작되었습니다.

❂ 소련군을 공격하는 독일 병사
유럽 대륙의 대부분을 짓밟으며 진격하던 독일은 불가침 협정을 깨고 1941년에 소련을 기습 침공했습니다.

꽃다운 병사들을 삼킨 해변 이야기

노르망디 상륙 작전

1944년 6월 6일 미국과 영국의 연합군이 노르망디 반도로 진공한 상륙 작전입니다. 그동안 북아프리카와 시칠리아, 이탈리아 본토에서 경험을 쌓은 미군과 오랫동안 대륙 진공을 준비해 온 영국이 본격적으로 펼친 작전이었습니다. 이로써 연합군은 독일이 점령했던 프랑스를 해방시킬 수 있었습니다.

❷ 죽음의 도가니로 다가가다

1944년 6월 6일 미군 제1사단이 노르망디의 오마하 해변으로 접근하고 있습니다. 그러나 그들은 어떤 운명이 기다리고 있는지 전혀 알지 못했습니다. 해군의 엄호 사격으로 해변에 포연이 자욱합니다.

❸ 죽음의 문이 열리다

'피의 오마하'라 불리는 오마하 해변의 미군 병력들은 자신들이 상륙할 때까지 함대의 포격이 해변의 모래를 뒤엎어 놓았을 것이라고 예상했습니다. 그러나 안개 때문에 포격은 제대로 실시되지 않았습니다. 병사들은 앞으로 돌진했으나 모래 구덩이(간이 참호)는 없었고, 빗발치는 독일군의 총알만이 그들을 맞이하고 있었지요. 이 상황을 지켜본 한 미군 연대장은 이렇게 외쳤습니다. "이 해안에는 두 종류의 사람이 있다. 이미 죽은 자와 곧 죽을 자다."

삶이 멈춰 버린 '죽음의 공장' 이야기

1 아헨의 전쟁 포로

129킬로미터에 이르는 벨기에와 독일 국경 지대에서 미군과 독일군 간의 전쟁의 승패를 가르는 일전이 벌어집니다. 바로 이 전투가 제2차 세계 대전 사상 가장 길고 치열했던 '휘르트겐 숲의 전투'입니다. 1944년 9월 미군은 독일의 국경 도시 아헨을 포위 공격하면서 독일군의 지원 병력을 차단하기 위해 독일 국경과 휘르트겐 숲을 가로지르는 루르 강으로 진격합니다. 미군은 독일군의 강력한 저항에 부딪쳐 퇴각했다가 1944년 10월 말 다시 공격해 결국 아헨을 함락시킵니다. 아헨이 함락된 후 포로가 된 독일군들의 행렬이 끝없이 이어지고 있습니다. 미군은 이 전투에서 12만 명 가운데 3만 3,000명이 전사했고, 독일군은 8만 명 가운데 1만 6,000명이 전사했습니다. 노르망디 상륙 작전의 오마하 해변 전투에서 4,000명이 전사한 것과는 비교도 되지 않는 숫자입니다. 두 전투에 모두 참전했던 한 베테랑 병사는 "오마하보다 더 지옥 같은 전투였다."라고 회고했습니다.

2 죽기 일보 직전의 마루타들

과학 실험을 하는 오스트리아의 에벤세 수용소에서 굶어 죽기 직전의 유대인들이 1945년 5월 5일 미군 80사단에 의해 구출되었습니다.

3 삶의 건너편, 홀로코스트

굶어 죽거나 사살된 유대인들의 시체가 나치 독일의 노르트하우젠 수용소 마당을 뒤덮고 있습니다.

구름 속으로 사라진 두 도시 이야기

1 죽음의 버섯구름

핵무기가 실제로 전쟁에 사용된 시기는 두 번뿐입니다. 미국이 제2차 세계 대전 말기인 1945년 8월 6일 일본 히로시마에 떨어뜨린 우라늄 폭탄 '리틀 보이(Little Boy)'와 사흘 후에 나가사키에 떨어뜨린 플루토늄 폭탄 '패트 맨(Fat Man, 사진)'입니다.

2 히로시마 원폭 돔

제2차 세계 대전 중 미국이 히로시마에 투하한 원자 폭탄의 피해로 반파되고 남아 있는 전쟁 유적 중 하나입니다. 원자 폭탄이 폭발한 지점은 원폭 돔의 남동쪽 상공 약 600미터 지점이었습니다. 원자 폭탄이 폭발한 직후 건물은 0.2초 동안 고열에 노출되었고, 0.8초 후에는 폭발의 충격파에 의한 폭풍을 맞았습니다. 폭풍을 맞은 뒤 1초 정도가 지나기 전에 건물은 순식간에 붕괴된 것으로 추정됩니다. 3층 건물은 대부분이 완파되었지만, 중앙의 돔 부분은 외벽을 중심으로 건물 일부가 남았습니다. 폭발 당시 건물 안에 있던 약 30명은 열과 폭풍 때문에 즉사했습니다.

3 '리틀 보이'가 덮친 히로시마

미국의 원폭 투하로 히로시마 시가 흔적조차 찾기 힘들 정도로 초토화되었습니다.

4 '리틀 보이'폭탄의 외피

리틀 보이는 일본 히로시마에 투하된 핵폭탄의 코드 명입니다. 원자 폭탄 리틀 보이가 투하된 시각은 1945년 8월 6일 오전 8시 15분이었습니다.

사그라지는 전쟁의 불길

영국군은 1942년 이집트에서 독일과 이탈리아를 상대로 승리를 거두었습니다. 또한, 영국과 미국의 연합군이 북아프리카에 상륙하고, 소련이 스탈린그라드 전투에서 대대적인 반격에 나서면서 전세는 점점 침략자들에게 불리해졌습니다. 1943년 독일군 30만 명이 스탈린그라드에서 소련군에게 포위되어 전멸했고, 이탈리아는 제일 먼저 항복했습니다.

이탈리아가 항복한 후, 미국의 루스벨트 대통령과 영국의 처칠 총리, 중화민국의 장제스 총통이 이집트의 수도 카이로에서 회담을 가졌습니다. 카이로 회담에서 그들은 일본의 군사 행동에 대한 응징을 협의한 카이로 선언을 채택했습니다. 특히 이 회담을 통해 한국의 독립을 보장하는 국제적 결의를 다지게 되었습니다.

연합군은 반격의 고삐를 더욱 거세게 끌어당겼습니다. 1944년 연합군은 아이젠하워 장군의 지휘 아래 노르망디 상륙 작전을 펼쳤습니다. 그동안 북아프리카와 시칠리아, 이탈리아 본토에서 경험을 쌓아 온 미군과 오랫동안 대륙 진공을 준비해 온 영국이 본격적으로 펼친 작전이었습니다. 이로써 연합군은 독일이 점령했던 프랑스를 해방시킬 수 있었습니다. 그 후 연합군은 라인 강을 넘어 독일로 계속 진격해, 1945년 5월 7일 마침내 독일의 무릎을 꿇렸습니다. 동남아시아를 휘저으며 전쟁의 불길을 퍼뜨렸던 일본도 히로시마와 나가사키에 원자 폭탄이 투하되자 1945년 8월 15일 결국 두 손을 들고 말았습니다. "항복! 무조건 항복!"

○ 일본의 항복
1945년 9월 2일 미군 전함 미주리 호 갑판에서 맥아더 사령관(왼쪽)이 지켜보는 가운데 일본 외무부 장관 시게미츠 마모루가 항복 문서에 서명하고 있습니다.

제2차 세계 대전이
우리에게 남긴 것은 무엇일까요?

제2차 세계 대전은 죽은 사람이 약 5,000만 명에 달해 인류 역사상 사망자 수가 가장 많은 전쟁으로 기록되고 있습니다. 가장 큰 피해는 소련이 입었고, 유대인도 잔혹한 학살의 대상이었습니다. 농촌은 황폐해졌고, 산업 시설의 잔해 속에서 유럽과 아시아를 다시 일으킨다는 것은 거의 불가능해 보였습니다. 이로써 사회의 불안감은 더욱 커져 갔습니다. 그러나 유럽과 달리 미국은 전쟁의 직접적인 피해를 입지 않았으므로 우뚝 서게 되었습니다. 전쟁 이후 유럽의 식민지로서 고통받던 식민 국가 대부분이 독립하게 됩니다. 우리나라도 이때 독립했습니다. 하지만 국제 관계는 엄청난 긴장감에 휩싸였습니다. 서로 신뢰할 수 없어서 무기 경쟁에 들어간 거예요. 게다가 일본이 원자 폭탄의 공격을 받은 것을 보고 전 세계는 인명 살상의 잔혹함을 깨달았습니다. 전쟁이 남긴 것은 공포와 상처뿐이었습니다.

24 바통을 이어받은 선수들 |
현대 역사

역사 이전의 선사 시대에서부터 지금까지의 역사를 따라 함께 달려 오느라 수고했어요. 오르막길을 달릴 때처럼 어려운 이야기도 있 었고, 내리막길을 달릴 때처럼 쉽고 재미있는 이야기도 있었을 거예요. 역 사는 마치 포장되지 않은 길을 달리는 릴레이 경주 같아요. 선사 시대의 주자가 고대 사회로, 고대 사회의 주자가 중세로, 중세의 주자가 근대 사회 로, 그리고 근대 사회의 주자가 현대 사회로 계속 바통을 넘겨 달리는 것 처럼 말이에요. 지금부터는 이 책의 마지막 주자 이야기를 들을 거예요. 지 금 막 마지막 주자가 바통을 이어받아 출발했거든요. 마지막 이야기가 궁 금하지 않나요?

- **1943년** 카이로 회담에서 루스벨트, 처칠, 장제스가 일본의 침략을 저지하기 위한 전쟁의 수행을 합의하다. 특별 조항을 넣어 한국의 독립을 보장하다.
- **1945년** 크림 반도의 얄타 회담에서 루스벨트, 처칠, 스탈린이 독일을 분할 점령한다는 원칙을 세우고 일본의 처리를 협의하다. 포츠담 회담에서 트루먼, 처칠, 스탈린, 장제스가 일본에 대해 항복을 권고하고 한국의 독립 보장을 재확인하다.

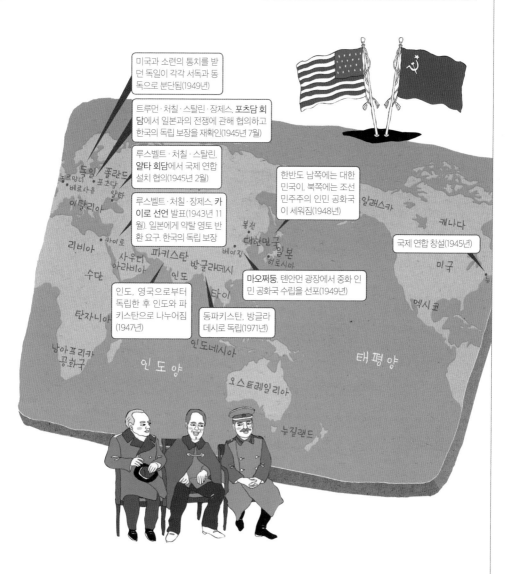

미국과 소련의 통치를 받던 독일이 각각 서독과 동독으로 분단됨(1949년)

트루먼·처칠·스탈린·장제스, **포츠담 회담**에서 일본과의 전쟁에 관해 협의하고 한국의 독립 보장을 재확인(1945년 7월)

루스벨트·처칠·스탈린, **얄타 회담**에서 국제 연합 설치 협의(1945년 2월)

루스벨트·처칠·장제스, **카이로 선언** 발표(1943년 11월). 일본에게 약탈 영토 반환 요구. 한국의 독립 보장

한반도 남쪽에는 대한 민국이, 북쪽에는 조선 민주주의 인민 공화국이 세워짐(1948년)

국제 연합 창설(1945년)

인도, 영국으로부터 독립한 후 인도와 파키스탄으로 나누어짐(1947년)

마오쩌둥, 톈안먼 광장에서 중화 인민 공화국 수립을 선포(1949년)

동파키스탄, 방글라데시로 독립(1971년)

독일 폴란드
노르망디 포츠담
베르사유 얄타
이탈리아
리비아
카이로
수단
사우디아라비아
파키스탄
방글라데시
인도
타이
탄자니아
인도네시아
남아프리카공화국
인도양
오스트레일리아
태평양
뉴질랜드
베이징
북천
대한민국
일본
히로시마
알래스카
캐나다
미국
멕시코

릴레이 경기

갑자기 하늘에서 뚝 떨어지는 릴레이 바통은 없습니다. 만약에 그런 바통이 있다면 세상이 얼마나 혼란스러울까요? 한번 생각해 보세요. 원시인들은 춥고 축축한 맨바닥에 낙엽만 깔고 잠을 잤습니다. 그런데 그 동굴에 21세기의 현대인이 따뜻한 옷을 걸친 채 나타난다면 어떨까요? 게다가 시끄러운 음악이 흘러나오는 블루투스 스피커라도 들고 있다면 그곳에 있는 사람들 모두 큰 혼란에 빠지고 말 거예요.

오늘날의 역사는 릴레이 경주처럼 차례로 바통을 이어가며 흘러가고 있습니다. 여기서 중요한 것은 바통을 이어받은 주자가 반칙을 하지 않고 얼마만큼 잘 달려 주느냐 하는 것입니다. 그런데 우리가 알고 있듯이 릴레이 경주는 계속해서 '전쟁'이라는 반칙으로 방해를 받아 왔습니다. 역사는 전쟁의 연속이라고 생각할 만큼 전쟁은 끊임없이 일어났어요. 그러다 제1차 세계 대전이라는 릴레이 바통을 이어받은 세계는 또다시 반칙을 저질렀고, 그 결과 제2차 세계 대전까지 일어났습니다. 그렇다면 제2차 세계 대전 후에는 어떤 선수들이 바통을 이어받았을까요?

제2차 세계 대전의 포성이 완전히 멈추기 전에 세 차례 주요 회담이 열렸습니다. 전쟁이 한창이던 1943년 11월 카이로에서 미국의 루스벨트와 영국의 처칠, 중국의 장제스가 회담을 갖고 일본 침략 저지를 위한 전쟁을 수행하기로 합의합니다. 여기에 특별 조항을 넣어 한국의 독립을 보장했어요. 독일이 패배하기 직전인 1945년 2월에는 미국의 루스벨트, 영국의 처칠, 소련의 스탈린이 크림 반도의 남쪽 해안에 있는 얄타에 모였습니다. 그

들은 국제 연합(UN)이라는 기구의 설
치와 독일의 전후 처리 문제 등을 협
의했는데, 이를 얄타 회담이라고 합니
다. 그해 7월에는 독일 베를린의 교외
에 있는 포츠담에서 미국의 트루먼,
영국의 처칠, 소련의 스탈린, 중국의
장제스가 모였습니다. 그들은 패전국

독일에 대한 즉각적인 통치, 일본과의 전쟁 등을 협의하고, 카이
로 선언에서 결의한 한국의 독립 보장을 재확인했습니다. 이를
포츠담 회담이라고 합니다. '포츠담은 네 명의 수뇌가 담소를 나
눈 회의'로 기억하면 잊어버리지 않을 겁니다.

　그러나 일본은 무조건적인 항복을 요구하는 포츠담 선언을
받아들이지 않았습니다. 결국 미국이 원자 폭탄을 투하하고 소
련까지 전쟁에 개입한 뒤에야 비로소 항복했습니다.

○ 얄타 회담
제2차 세계 대전이 막바지
로 치닫고 있을 무렵 이탈리
아가 항복하고 나치 독일이
패전할 기미를 보이자, 1945
년 2월 4일 소련 흑해 연안
에 있는 얄타에서 영국의 총
리 처칠, 미국의 루스벨트 대
통령, 소련의 당 서기장 스탈
린이 함께 모여 독일 패전 이
후에 대해 의견을 나누었습
니다. 삼국 수뇌자들은 나치
독일을 소련, 미국, 프랑스,
영국 4국이 분할 점령한다
는 원칙을 세웠어요.

조용한 전쟁, 냉전 시대

여기서 눈여겨볼 대목은 미국과 소련이 세계 질서의 재편에 주
도적으로 뛰어들었다는 점입니다. 즉 미국과 소련이 릴레이 경
주의 바통을 넘겨받은 것입니다. 이후 미국과 소련을 중심으로
한 냉전 체제가 형성되었습니다. '역사'라는 이름의 육상 경기장
에서 미국과 소련은 어떤 경기를 펼쳤던 걸까요? 그럼 간추린
신문 기사를 한번 살펴볼까요? 세계는 미국을 중심으로 한 자본
주의 세력과 소련을 중심으로 한 공산주의 세력으로 나누어져
릴레이 경주를 계속하게 됩니다.

"이겨라, 이겨라!"

이런 관중의 환호성과 열띤 응원과 함께 말입니다.

그러자 제국주의 국가들의 식민 지배를 받았던 아시아, 아프리카, 라틴 아메리카 국가들도 성장해 '제3세계'로서 릴레이 경주에 참가하게 됩니다.

국제 연합(UN)의 등장

제1차 세계 대전 이후 국제 연맹의 약점을 보완하기 위해 1945년 국제 연합 창설. 이후 국제 연합군 창설.

철의 장막

1946년 미국을 방문 중이던 영국의 처칠 총리가 소련 공산주의에 반대하는 연설을 하던 중 '철의 장막'이라는 용어를 사용.

냉전 시대의 막을 연 트루먼 독트린

1947년 미국의 트루먼 대통령이 공산주의의 위협을 받고 있던 그리스 정부와 소련의 팽창으로 압력을 받고 있던 터키에 대해 즉각적인 원조를 제공할 것을 공약한 '트루먼 독트린' 선언.

한반도 분단

1945년 12월 모스크바 3국 외무장관 회의에서 강대국들이 한국을 통치하기로 결정. 1948년 남쪽에 '대한민국' 수립, 북쪽에 '조선 민주주의 인민 공화국' 수립.

○ 트루먼

미국의 트루먼 대통령이 한국의 6·25 전쟁 개입을 선언하는 문서에 서명하고 있습니다. 1947년 트루먼은 공산주의가 확대되는 것을 저지하기 위해, 그리스와 터키의 반공 정부에 군사적·경제적으로 원조해 주었습니다. 공산주의 확대를 저지하는 트루먼의 외교 정책을 '트루먼 독트린'이라고 합니다.

독일 분단

서독과 동독의 탄생. 1949년 미국과 소련의 통치를 받던 곳이 두 나라로 분단됨.

세 나라로 나누어진 인도

1947년 영국으로부터 독립한 후, 힌두 교도가 많은 인도와 무슬림이 많은 파키스탄으로 분리. 1971년 동파키스탄이 방글라시로 독립.

제3세계의 등장

제2차 세계 대전 이후 아시아, 아프리카, 라틴 아메리카에서 80여 개 국가가 독립. 제1세계(미국 중심의 자본주의 세력)와 제2세계(소련 중심의 사회주의 세력), 그리고 어디에도 속하지 않는 나라를 제3세계로 명명.

제3세계 국가들은 식민 지배에 반대하고 평화를 유지하려는 비동맹 중립주의를 내세움. 국제 연합 총회에서 영향력을 행사할 정도로 세력을 형성.

세계 평화와 협력에 합의한 반둥 회의

1955년 인도네시아의 반둥에서 제2차 세계 대전 이후 독립한 아시아와 아프리카의 29개국 지도자들이 모여서 세계 평화와 협력을 위한 열 가지 원칙에 합의함. 반둥 회의는 미국과 소련 중심의 냉전 질서를 변화시키는 계기가 됨.

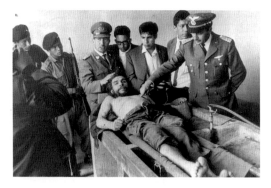

⚪ 체 게바라

아르헨티나의 부에노스아이
레스 의과 대학을 졸업한 엘
리트 혁명가입니다. 1955년
멕시코에 머무는 동안 카스
트로와 교분을 쌓아 쿠바 혁
명에 참가했습니다. 카스트
로가 정권을 잡자 '쿠바의 두
뇌'로서 국립 은행 총재, 공
업 장관 등을 지냈습니다.
1967년 혁명가의 기질을 버
리지 못한 체 게바라는 볼리
비아 산악 지대에서 게릴라
부대를 조직해 활동하다 붙
잡혀 총살당했습니다. 체 게
바라의 시신(사진)은 세계 언
론에 공개되었습니다. 그는
사후에 전 세계적으로 '체 게
바라 열풍'이 일어날 정도로
인기를 끌었습니다.

냉전의 한가운데에 선 쿠바

청년 변호사 피델 카스트로가 바
티스타의 독재를 비난하며 무장
투쟁 시작. 그는 농민들의 지지를
얻으며 자유 혁명가인 체 게바라
의 도움을 받아 1959년에 새로운
정부를 세움.

미국, 베트남 전쟁 개입

1964년 북베트남의 공산 정권이 남베트남을 넘보자 미국이
북베트남에 폭격을 가하면서 베트남 전쟁이 시작됨. 15년의
전쟁 끝에 미군이 철수하고 베트남은 사회주의 공화국으로
통일됨.

데탕트를 이끈 닉슨 독트린

1959년 소련 공산당 서기장 흐루쇼프가 처음으로 미국을 방
문해 평화 공존 외교의 막이 오름. 1969년 미국의 닉슨은 "미
국은 아시아 국가 내에서 벌어지는 내란이나 침략에 대해서
군사적 개입을 하지 않겠다."라고 선언. 1971년 '죽의 장막'을
친 중국이 미국의 탁구 대표 선수단을 초청하자, 닉슨도 다음
해에 베이징을 방문.

공산 국가의 장벽이 무너지다

1989년 베를린 장벽이 무너지면서 독일이 41년 만에 통일을
이룸. 같은 해 폴란드는 동유럽 최초로 자유선거를 실시, 민주

화 운동에 앞장섰던 전기공 출신의 바웬사
가 대통령에 당선됨.

역사 속으로 사라진 소련

소련의 고르바초프는 자본주의 경제 체
제를 도입하는 개혁(페레스트로이카)과 개
방(글라스노스트) 정책을 추진. 1991년 러
시아를 비롯한 11개 공화국이 연방에서
탈퇴해 독립 국가 연합을 결성했고, 러시
아 공화국의 보리스 옐친 대통령이 실질
적인 지도자가 됨.

❍ 베를린 장벽 위에 선 사람들
독일의 브란덴부르크 문 옆에 있는 베를린 장벽은 서베를린을 동베를린과 그 밖의 동독으로부터 분리하는 장벽입니다. 서베를린은 공산 국가 안의 유일한 자본주의 지역이라고 해서 '육지의 섬'이라고 불렸어요. 베를린 장벽은 1961년에 세워진 이후 점차 보강되었지만, 1989년 11월 9일 자유로운 왕래가 허용되면서 차례로 붕괴되었습니다.

어제, 오늘, 그리고 내일

자, 이후의 세계사는 여러분의 몫으로 남겨 둡니다. 신문과 방송
을 통해서 우리 시대의 역사에 관심을 갖길 바랍니다.

오늘날까지의 세계 역사는 전쟁의 역사라 해도 과언이 아닐
만큼, 크거나 작거나 짧거나 긴 전쟁들이 끊임없이 계속되었습
니다. 언제나 세계 어딘가에서 전쟁이 벌어지고 있었습니다. 전
쟁! 전쟁! 전쟁. 싸움! 싸움! 싸움. 어렸을 때는 서로 할퀴고 물어
뜯거나 발로 차면서 많이도 싸웠습니다. 하지만 나이가 들어 가
면서 주먹질이나 발길질까지 동원해서 싸우는 일은 거의 하지
않게 되었을 거예요. 그렇게 보면 싸움을 한다는 건 아직 어리다
는 의미인지도 모릅니다. 전쟁도 마찬가지입니다. 어쩌면 세상
도 우리도 아직은 너무 어리다는 뜻이 아닐까요? 알고 보면 우

리가 사는 이 세상은 겨우 한두 살짜리 아기와 비슷한가 봅니다.

세계사 이야기는 여기서 끝이 납니다. 하지만 역사는 끝없이 계속됩니다. 만약 여러분이 서기 1만 년의 학생으로 다시 태어난다면 그때는 우리가 마지막으로 배웠던 바로 그 이야기 이후의 사건에 대해서도 공부하게 될 거예요. 물론 제2차 세계 대전은 우리가 석기 시대의 전쟁을 배울 때처럼 까마득하게 느껴지겠지만 말이에요. 미래의 학생이 지금 우리가 훌륭하다고 말하는 발명품을 보면서 느끼는 감정은 우리가 구리나 청동으로 된 옛날 유물을 보면서 느끼는 감정과 같을 것입니다.

앞으로 1만 년이 될 때까지 전쟁은 또 일어날까요? 지구상의 전쟁이 끝나고 나면 외계인과 싸우게 되는 건 아닐까요?

전쟁이 사라진다면 역사는 어떤 이야기로 기록될까요? 새로운 발명품이나 새로운 발견이 이루어질까요? 지금도 이미 세계 구석구석을 샅샅이 알고 있지 않나요? 지구 내부나 외계, 영혼의 세계에 관해 알게 되는 건 아닐까요?

아마 그때가 되면 사람들은 더 이상 기차나 여객선, 자동차, 비행기 따위는 타지 않을지도 모릅니다. 원하는 곳만 말하면 어디든 데려다 주는 마법의 양탄자가 나올지도 몰라요. 전화나 텔레비전이 전혀 필요치 않은 세상이 올 수도 있습니다. 아무리 멀리 떨어져 있어도 서로의 생각을 읽을 수 있는 날이 올 테니까요.

그리고 그렇게,

세상은 계속됩니다. 🚶🚶

지금까지 역사를 차례대로 살펴보았습니다. 역사는 무엇일까요?

교과서에서는 역사를 '사실로서의 역사'와 '기록으로서의 역사'라는 두 가지 측면으로 나누고 있습니다. 전자가 객관적인 의미의 역사라면, 후자는 주관적인 의미의 역사라고 할 수 있어요. 사실로서의 역사는 시간적으로 현재에 이르기까지 일어났던 과거의 모든 사건을 의미합니다. 기록으로서의 역사는 과거의 사실을 토대로 역사가가 이를 조사하고 연구해 주관적으로 재구성한 것입니다. 이 과정에서는 필연적으로 역사가의 가치관과 같은 주관적 요소가 개입하게 됩니다. 이 경우 역사는 기록된 자료와 같은 의미가 됩니다. 그 밖에도 역사를 정의하는 방식은 여러 가지입니다. 유명한 영국의 역사학자 카는 "역사는 과거와 현재의 끊임없는 대화다."라고 주장했습니다. 역사가의 관점에 따라 역사가 달리 기록될 수 있기 때문입니다.